全国旅游专业规划教材

旅游线路设计

LÜYOU XIANLU SHEJI

（第3版）

吴国清　主编

北京·旅游教育出版社

前 言

随着科技的进步和社会的发展,旅游已成为人们的一种生活方式。何谓"旅游",目前还没有统一的定义,在世界上比较有影响的是"艾斯特(AIEST)"定义,即旅游科学专家国际联合会(International Association of Scientific Experts in Tourism)给旅游所下的定义:"旅游是非定居者的旅行和暂时居留引起的一切现象和关系的总和,旅游不会导致永久居留,并且不牵涉任何赚钱的活动。"旅游活动的过程,也可以说是旅游者的由"居住地—旅游目的地—居住地"构成的一种空间移动过程。

互联网时代的全面到来和以高速铁路为代表的快速交通网络的构建,使得人们外出旅游变得十分便捷,同时也推动着现代旅游业的深刻变革。一方面是旅游进入后旅行社时代,旅行社的角色定位发生了变化,从"提供产品"向"提供服务"转化,游客的自我意识越来越多地受到尊重和满足;另一方面是"智慧旅游"兴起,中国旅游业由信息化时代和数字化时代大步迈进智慧化时代迈进,很多消费者更加倾向于通过互联网主动感知旅游资源等方面的信息,设计有个人特色的自驾游、自游行、背包游线路,大众化、散客化、个性化和自助化的出游已经成为了一种潮流。

在旅游活动过程中,旅游线路一直都是连接旅游客源地与旅游目的地的重要环节。而旅游线路设计的意义在于:有利于旅游者有目的地选择、安排自己的旅游活动,避免"漫游";便于发挥各旅游点的功能以及旅游者合理利用时间;有利于旅游者有计划地支配旅游费用;有利于旅游者掌握旅游信息从而降低旅行风险;有利于旅游服务部门组织接待和活得更好效益等。

旅游本是享受,然而传统旅游的一成不变的模式,千篇一律的线路,成为游客集中抱怨的焦点,市场需要创新的、更适合游客的旅游产品。在生活节奏不断加快的今天,大多数旅游者希望在舒适度不受影响或体力许可的前提下,能花较少的费用和较短的时间尽可能游览更多的风景名胜。但是,传统的旅游线路已经难以适应一部分对个性化有着挑剔眼光的游客,这部分群体比较讲究旅行的品质、旅途的舒适性以及旅游内容的个性化,他们对行程和时间要求更加灵活自由,想要体验深度游。而实现以上这些目标意味着旅游组织者工作效率的提高、旅游企业成本的降低及竞争能力的增强,所以人们一直在寻求一种更好的旅游线路设计方法,以满足旅游企业与旅游者双方的共同要求。这也是编写本书的目的之一。

在本书修订过程中,一如既往遵循理论性与实践性相结合原则,努力做到体例清晰、严谨、内容简洁、新颖,力求深入浅出,通俗易懂;不仅对全书的疏漏、不足加以全面修订、补充与完善,而且对书中案例进行了系统精选、更新与规范,旨在更加适用于旅游管理专业学生学习,以及相关旅游从业人员参考使用。

全书共分十章,第一、二、八章由吴国清、李书剑撰写;第三、四章由吴国清、范玉娟撰写;第五、六章由李书剑、吴国清撰写;第七、九、十章由吴国清、程金龙撰写,其中各章案例由高婷、梁晓梅整理编写。本书由吴国清统稿、定稿。

本书修订得到了上海师范大学旅游学院的领导及同事的大力支持和关心;同时,本书的再版还得到了"上海高校高峰高原学科建设项目"的支持,在此一并表示感谢! 另外,在本书撰写过程中,参考引用了部分国内外学者的研究成果,在此对他们表示衷心的感谢!

在修订过程中,作者努力对书中的缺憾进行补救,但因水平有限以及相关资料不全等还会存在一些尚待探讨与商榷的问题,敬请各位同人和热心读者不吝赐教,以便今后作进一步的修改及提高。

作 者

2015 年 1 月于上海

目 录

第1章 导论 (1)
第一节 旅游线路的概念 (1)
一、旅游线路的定义 (1)
二、旅游线路的特征 (3)
第二节 旅游线路的类型 (5)
一、按旅行社组织的旅游方式分类 (6)
二、按旅游活动内容和性质分类 (7)
三、按旅游线路空间跨度分类 (8)
四、按旅游者行为和意愿的特性分类 (8)
五、按旅游线路的距离分类 (9)
六、按旅游线路的空间分布形态分类 (9)
七、按旅游线路所需的时间分类 (11)
第三节 旅游线路设计的研究内容 (11)
一、旅游线路设计的主体 (11)
二、旅游线路的组合形式 (12)
三、旅游线路设计研究的主要内容 (13)

第2章 旅游线路设计的理论基础 (17)
第一节 旅游线路设计的指导思想 (17)
一、创新精神 (17)
二、依托城市 (17)
三、区域协作 (18)
四、美学思想 (19)
五、生态观念 (19)
六、文化价值 (20)
第二节 旅游线路设计的原则 (20)
一、市场需求原则 (21)
二、符合旅游者意愿和行为原则 (21)

三、不重复原则 …………………………………………………… (23)
　　四、多样化原则 …………………………………………………… (24)
　　五、时间合理性原则 ……………………………………………… (24)
　　六、主题突出原则 ………………………………………………… (25)
　　七、机动灵活原则 ………………………………………………… (25)
　　八、旅途安全原则 ………………………………………………… (26)
　　九、效益兼顾原则 ………………………………………………… (26)
　第三节　我国旅游线路及设计研究述评 ……………………………… (27)
　　一、我国旅游线路及设计研究概况 ……………………………… (27)
　　二、我国旅游线路设计中存在的问题 …………………………… (28)
　　三、我国旅游线路设计的发展趋势及对策 ……………………… (31)

第3章　旅游者消费行为 …………………………………………… (35)
　第一节　旅游者消费构成及特点 ……………………………………… (35)
　　一、旅游动机的产生 ……………………………………………… (35)
　　二、旅游者消费构成 ……………………………………………… (39)
　　三、旅游者消费行为特点 ………………………………………… (40)
　第二节　旅游者的旅游决策 …………………………………………… (41)
　　一、影响旅游决策的因素 ………………………………………… (41)
　　二、旅游决策过程 ………………………………………………… (48)
　第三节　旅游者空间行为规律 ………………………………………… (51)
　　一、旅游者空间行为模式 ………………………………………… (53)
　　二、城市居民出游目的地的选择行为 …………………………… (56)

第4章　旅游餐饮 …………………………………………………… (59)
　第一节　旅游餐饮与旅游线路的关系 ………………………………… (59)
　　一、旅游餐饮的特点 ……………………………………………… (59)
　　二、旅游餐饮的构成 ……………………………………………… (63)
　　三、旅游餐饮在旅游线路中的地位及作用 ……………………… (64)
　第二节　旅游线路设计中的旅游餐饮选择 …………………………… (65)
　　一、旅游线路对旅游餐饮的基本要求 …………………………… (65)
　　二、我国饮食文化旅游资源的开发 ……………………………… (66)
　第三节　案例 …………………………………………………………… (67)
　　一、"舌尖之旅"旅游线路 ……………………………………… (67)

二、北戴河、秦皇岛特色美食行 ……………………………………… (68)

第5章 旅游住宿 ……………………………………………………… (71)
第一节 旅游住宿与旅游线路的关系 ……………………………… (71)
一、饭店的类型及等级 ……………………………………… (71)
二、旅游住宿选址分析 ……………………………………… (74)
三、旅游住宿在旅游线路中的地位及作用 ………………… (77)
第二节 旅游线路设计中的旅游住宿选择 ………………………… (77)
一、观光型旅游线路 ………………………………………… (78)
二、商务型旅游线路 ………………………………………… (78)
三、会议型旅游线路 ………………………………………… (78)
四、度假保健型旅游线路 …………………………………… (79)
五、娱乐消遣型旅游线路 …………………………………… (79)
六、生态/自助型旅游线路 ………………………………… (79)
第三节 案例 ………………………………………………………… (79)
一、意大利5日游住宿案例 ………………………………… (79)
二、"九寨沟—黄龙"三日游旅游线路 …………………… (81)

第6章 旅游交通 ……………………………………………………… (84)
第一节 旅游交通与旅游线路的关系 ……………………………… (84)
一、旅游交通的特性 ………………………………………… (84)
二、旅游交通方式与特点 …………………………………… (86)
三、旅游交通在旅游线路中的地位及作用 ………………… (91)
第二节 旅游线路设计中的旅游交通选择 ………………………… (92)
一、旅游线路对旅游交通的基本要求 ……………………… (92)
二、旅游线路设计中的旅游交通选择 ……………………… (97)
第三节 案例 ………………………………………………………… (98)
一、"船进神农架"旅游线路 ……………………………… (98)
二、西沙邮轮旅游线路 ……………………………………… (99)
三、"长安号"丝绸之路专列旅游线路 …………………… (100)

第7章 旅游景区 ……………………………………………………… (104)
第一节 旅游景区与旅游线路的关系 ……………………………… (104)
一、旅游景区的构成要素 …………………………………… (104)

二、旅游者对旅游景区的选择 …………………………………… (105)
　　　　三、旅游景区在旅游线路中的地位及作用 ……………………… (107)
　　第二节　旅游线路设计中的旅游景区选择 ………………………… (108)
　　　　一、旅游线路对旅游景区的基本要求 …………………………… (108)
　　　　二、旅游线路设计中的旅游景区选择 …………………………… (110)
　　第三节　案例 …………………………………………………………… (112)
　　　　一、四川旅游景区与线路 ………………………………………… (112)
　　　　二、"北纬30°·中国行"旅游线路 ……………………………… (114)

第8章　旅游购物 ……………………………………………………… (118)

　　第一节　旅游购物与旅游线路的关系 ……………………………… (118)
　　　　一、旅游购物的行为特征 ………………………………………… (118)
　　　　二、旅游购物的构成 ……………………………………………… (119)
　　　　三、旅游购物在旅游线路中的地位与作用 ……………………… (121)
　　第二节　旅游线路设计中的旅游购物选择 ………………………… (121)
　　　　一、旅游线路对旅游购物的基本要求 …………………………… (121)
　　　　二、当前我国旅游商品市场存在的问题 ………………………… (126)
　　第三节　案例 …………………………………………………………… (127)
　　　　一、美国纽约购物旅游线路 ……………………………………… (127)
　　　　二、韩国首尔购物旅游线路 ……………………………………… (129)
　　　　三、丝绸之路特色旅游线路 ……………………………………… (130)

第9章　旅游娱乐 ……………………………………………………… (134)

　　第一节　旅游娱乐与旅游线路的关系 ……………………………… (134)
　　　　一、旅游娱乐的特点 ……………………………………………… (134)
　　　　二、旅游娱乐项目 ………………………………………………… (135)
　　　　三、旅游娱乐在旅游线路中的地位与作用 ……………………… (136)
　　第二节　旅游线路设计中的旅游娱乐选择 ………………………… (137)
　　　　一、旅游娱乐项目的设计要充分体现当地文化特色 …………… (137)
　　　　二、把握消费潮流，在旅游娱乐项目中融入流行文化的元素 … (138)
　　　　三、提高旅游娱乐从业人员的文化素养 ………………………… (138)
　　　　四、把握文化娱乐活动方向，杜绝不健康东西滋生 …………… (138)
　　第三节　案例 …………………………………………………………… (139)
　　　　一、上海旅游节旅游娱乐项目与线路 …………………………… (139)

二、东方绿舟 ……………………………………………………… (144)

第10章　旅游线路设计实务 …………………………………… (147)

第一节　旅游线路的总体设计流程 ……………………………… (147)
　　一、旅游线路设计的步骤 ……………………………………… (147)
　　二、旅行社进行旅游线路设计的着眼点 ……………………… (151)
　　三、欧美国家旅行社产品的开发设计 ………………………… (155)
第二节　案例 ……………………………………………………… (158)
　　一、影视旅游线路设计 ………………………………………… (158)
　　二、养生专项旅游线路 ………………………………………… (162)

参考文献 ………………………………………………………… (167)

第1章

导 论

本章导读

旅游线路,是联系旅游者和旅游对象、客源地和目的地的重要环节;旅游线路设计,无论是对旅游目的地、旅行社还是旅游者来说,都具有十分重要的意义。本章是全书的基础概念性章节,对旅游线路的概念、旅游线路的类型等进行了概括性介绍和描述,并初步探讨了旅游线路设计研究的主要内容。

第一节 旅游线路的概念

一、旅游线路的定义

研究的角度不同,对旅游线路(routing of travel)会有不同的理解。目前,我国学术界还没有统一的规范性定义。关于什么是旅游线路,学者们分别从旅游景区规划与管理的角度、从旅游产品的角度,给出了不同的解释。

(一) 从旅行社产品设计的角度出发

此种概念广泛地为旅行社经营管理人员所采用,有些学者对旅游线路的分析也是建立在此种概念基础之上的。它是将旅游线路限定为具有某种组合弹性的商品形式,并认为旅游线路属于旅游产品的核心组成部分。

例如,徐明、谢彦君(1995)认为,旅游线路是旅行社或其他旅游经营部门以旅游点或旅游城市为节点,以交通路线为线索,为旅游者设计、串联或组合而成的旅游过程的具体走向。朱国兴(2001)的看法是,区域旅游线路是旅行社或其他旅游经营部门在特定区域内利用交通为外来旅游者设计的联结若干旅游点或旅游城市并提供一定服务的相对合理的线性空间走向,它将区域内各种单项旅游产品有机地组合在一起,并涵盖着旅游者在旅游目的地的各个旅游活动环节,从而表现出综合性的特点。陈志学(1994)在《导游员业务知识与技能》中提到,旅游线路是指旅行社生产的包价旅游产品,是根据旅游资源和接待能力以及旅游者的需要而规划出来的旅游途径。楚义芳(1992)虽然没有给出旅游线路的定义,但从他的分析看,也是从此角度展开的。

作为旅游产品,旅游线路在时间上从旅游者接受旅游经营者的服务开始,到旅游活动完成,脱离旅游经营者的服务为止,包含了旅游业的"食、宿、行、游、购、娱"六大要素。而从旅行社角度看,"旅游产品"销售最终也必须落实到具体的旅游线路上,一个地区旅游线路的开发水平、完善程度及销售成功与否,最终会影响到该地区旅游开发的成败。当然,旅游线路销售的成败与旅游线路设计水平的高低是密切相关的。

(二)从区域(景区)旅游规划的角度出发

从区域规划角度讨论的旅游线路,可以被认为是对未来区域内景区、景点的可能组合提出的一些线路设想,至于是否采用这些设想、如何实现这些设想则需要依据实际情况而定;换个角度看,此种视角讨论的旅游线路也可被认为是一种区域内的产业布局,是区域内的空间协调、关联与组织等。总体来看,此类定义虽然通常情况下也建立在空间维度之上,但大都是具有很大柔性的组合空间的弹性线路。

例如,马勇(1992)从区域规划的角度出发,认为旅游线路是指在一定的区域内,为使游人能够以最短的时间获得最大观赏效果,由交通线把若干旅游点或旅游城市合理地贯串起来,并具有一定特色的路线。许春晓(2001)认为,旅游线路是旅游经营者或管理者根据旅游客源市场的需求、旅游地旅游资源特色和旅游项目的特殊功能,考虑到各种旅游要素的时空联系而形成的旅游地的旅游服务项目的合理组合。林南枝、陶汉军(2000)的定义是从旅游目的地角度出发,认为旅游产品是指旅游经营者凭借旅游吸引物、交通和设施向旅游者提供用以满足其旅游活动需求的全部服务。具体讲,一条旅游线路就是一个单位的旅游产品。

(三)从景观设计的角度出发

景观设计专家从景区、景点、景观设计的角度出发,界定旅游线路的含义。事实上这些学者几乎不使用旅游线路这个词语,而是使用"风景线"、"园林观光路"等词语。例如,吴为廉(1996)把风景园林路分为风景旅游道路和园(景)路,指出园(景)路即是分割各景区的景界,又是联系各个景点的纽带,是造园的要素,具有导游、组织交通、分划空间截面和构成园景的艺术作用。对于这些学者来说,他们关心的是景观的规划设计,是在一个固定的地域空间上为方便游客观赏行为而设计的行动路线。

景观设计的视角非常重视空间维度,强调区域的分割与整合。这类定义与前两类定义的差别是显而易见的,其中最突出的地方在于这一视角是实体线路,具有刚性的特点。景观设计者在设计景区内的园路时,考虑的艺术与美学因素是为了给旅游者提供审美体验,并尽可能给游客的游览提供方便,此外也要从旅游景区的企业角度考虑施工建设的成本。

总体来说,旅游线路是指在一定地域空间内,旅游部门(旅行社、旅游景区等)针对旅游目标市场,凭借旅游资源及旅游服务,遵循一定原则,专为旅游者旅游活动设计,并用交通线把若干旅游目的地合理地贯串起来的路线。旅游线路不仅是旅游者在整个旅游过程中的运动轨迹,更重要的是包含了旅游者在整个旅游活动中的日程安排和为旅游者提供的"食、宿、行、游、购、娱"等一切服务内容及其价格。

二、旅游线路的特征

(一)综合性

作为一种以无形服务为主的特殊产品,旅游线路的综合性首先表现在它是由多种旅游吸引物、交通设施、住宿餐饮设施、娱乐场地、各项活动以及相关服务构成的复合型产品,能够同时满足旅游者在"食、宿、行、游、购、娱"等方面的综合需求,它既是物质产品和服务产品的综合,又是旅游资源、基础设施和接待设施的结合。其次,旅游线路的综合性还表现在旅游线路的设计涉及众多行业和部门,其中既有直接为旅游者服务的饭店业、餐饮业、娱乐业、交通运输业以及旅行社业等,又有间接为其服务的农副业、商业、建筑业、制造业等行业和海关、邮电、通信、公安、银行、保险、医疗卫生等部门。美国工业标准分类(SIC)系统的一项调查表明,有30多种主要工业部门为旅游者服务,其中涉及旅游业的其他行业和部门多达270多个。

(二)不可储存性

旅游线路是一种不可储存的特殊产品,旅游产品的这种不可储存性加深了旅游线路产品供需之间的矛盾,这就需要旅行社采取相应的措施来改变不利局面。首先要设法使旅游线路产品的开发能力具有一定的弹性,在具体安排上加以调节,例如旅游淡季可以调整甚至停掉一些线路;其次是调节需求量,使其与供给相适应,即通过各种有效渠道,如用价格等手段削减高峰期需求量和刺激低峰期需求量,使旅游需求量在结构上稳定分布。

(三)不可分割性

由于旅游线路是一种经过深度加工的高附加值产品,原来分散存在于各个行业的不同的产品,经过旅游经营者的设计、开发,组合形成旅游线路并进行销售,大大提高了其原有的价值,且其所含的价值内容有相当大部分是由即时劳务所构成,所以决定了旅游线路的设计、开发和销售获利具有高度的一致性,即生产与消费的同一性。因此,旅游线路产品的销售与旅游者的旅游活动是同步的,一旦旅游者作出购买选择,他就同时拥有了旅游线路的使用权,当其消费行为结束时,这种使用权也就自然消失了。

(四)分权性

在旅游消费活动中,旅游线路的所有权、经营权与使用权是分开的。一般而言,旅游线路的所有权在任何时候都是属于目的地所有的,作为旅游中间商的旅行社只拥有旅游线路的经营权,当旅行社销售旅游线路时,旅游者获得的是对旅游线路一定时间段内的使用权。旅游者通过购买获得这种暂时性的使用权，必须承诺在使用过程中保持旅游产品的物质和非物质构成的完好无损。由于旅游产品的这一特性，很容易造成旅游线路在促销宣传和销售上的困难，因为旅游者对购买某一旅游线路产品可能怀有较高的风险预期，如何帮助顾客克服消极的心理预期，是旅游市场营销成功与否的关键。

（五）可替代性

旅游消费是建立在人类的基本生活需要之上的一种高层次的需求，会受到政治、经济、文化、环境状况等各方面复杂因素的影响而表现出较大的需求弹性和可替代性。不同的旅游线路之间的替代性很强，日益增多的旅游线路的数量和类型使旅游者有了更多的选择余地，从而增加了其选择的随机性。实践证明，旅游线路的需求价格弹性、需求收入弹性和交叉弹性都比较高，因而使旅游线路的销售具有很大的风险，竞争也很激烈。

（六）脆弱性

首先，旅游线路中"食、宿、行、游、购、娱"各部分的构成比例关系会因旅游者的规模、需求不同而有不同的组合方式，如接待一定量的旅游者需要多少不同规模、档次的饭店、餐饮设施；多大的交通运载能力，什么样的运输方式；需要多大的游览娱乐空间，什么类型的吸引物；不同层次的旅游服务人员各需多少等，都要有一个合理的数量结构。在旅游接待过程中，任何一部分的超前或滞后都会影响旅游活动的正常运转，进而影响到旅游线路整体效能的发挥。

其次，旅游线路往往受到季节和假日等外部因素的制约，表现出明显的季节性特点，例如四季温差造成旅游市场淡旺季需求的差异，传统节假日休闲时间的增多，会引起旅游需求量的变化。

最后，旅游活动必然涉及人与自然、人与社会、人与人之间的多层次关系，因此诸如战争、社会动乱、安全事故、自然灾害和国际关系、政府政策、经济状况、汇率等许多因素都会引起旅游者需求的变化，继而影响旅游线路的销售状况。例如，2004年年底东南亚地区的海啸，使得各旅行社推出的东南亚旅游线路受到惨重打击。

（七）后效性

只有在全部旅游过程结束后，旅游者才能对旅游线路的质量作出全面、确切的评价。旅游者对旅游线路质量的理解，是其期望质量与经历质量相互作用的结果。期望质量，是旅游者在实际购买之前，根据所获得的有关线路的各种信息对其质量进行的预期判断；经历质量，是旅游者以其实际获得的感受对线路质量所作的评价。如果期望质量高于实际的经历质量，旅游者就会对该旅游线路，甚至对旅游目的地或负责经营的旅行社产生不满。因此，必须进行市场跟踪调查，重视市场的反馈.，及时发现旅游线路存在的问题，并根据旅游者的意见或建议对旅游线路加以改进。

(八)周期性

旅游线路的生命周期是指旅游线路开发出来之后,从正式推向市场开始,直到最后被市场淘汰、退出市场为止的全部过程,一般包括四个阶段,即投入期、成长期、成熟期和衰退期。旅游线路生命周期的各个阶段通常是以销售额和利润额的变化来衡量的。图1-1为一个典型的旅游线路生命周期(Product Life Cycle,PLC)曲线。

◆投入期(Introduction Stage),也称作引入期或介绍期,是旅游线路引入市场、销售缓慢增长的时期;

◆成长期(Growth Stage),是旅游线路被市场迅速接受和利润大量增加的时期,开发和销售的费用都有所下降;

◆成熟期(Mature Stage),是旅游线路已被大多数的潜在购买者所接受,市场需求量渐趋饱和而造成销售增长趋缓的时期;

◆衰退期(Decline Stage),是旅游线路销售下降的趋势日益增强,利润迅速减少的时期。

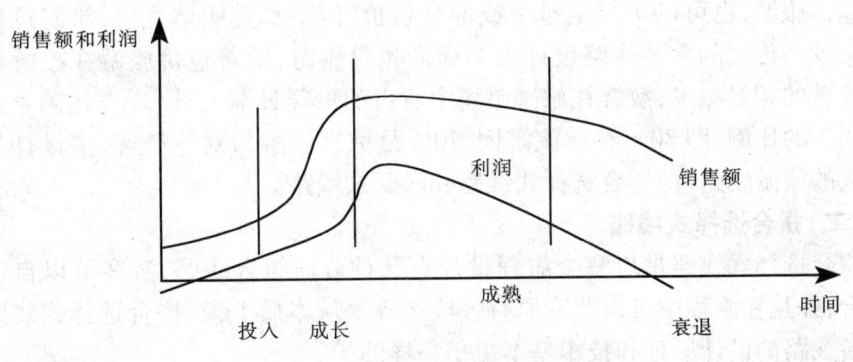

图1-1 产品生命周期曲线

第二节 旅游线路的类型

管宁生(1999)认为,一个旅游区域内的若干景点各在不同的空间位置,对这些景点游览或活动参与的先后顺序与连接,可有多种不同的串联方式,由此产生、组合成不同的旅游线路[①]。根据旅游者在旅游过程中的位移距离,所涉及的时间及空间范围、运动轨迹和组织形式、线路组织设计者的思路及线路本身的用途等因素,

---

① 管宁生.关于游线设计若干问题的研究.旅游学刊,1999,(3):32-35.

可以将旅游线路划分为多种不同的类型。

一、按旅行社组织的旅游方式分类

根据旅游者在旅游过程中的组织形式,旅游线路可分为包价型旅游线路、拼合式旅游线路、自助型旅游线路等。

(一)包价旅游

包价旅游(package tour),为"综合服务包价旅游"的简称。指从旅游者出发开始,直至旅游者重新回到出发地点的整个过程都由旅行社来设计完成,即:旅游企业根据市场需求及旅游地的类型,组合成的旅游路线。路线上的"食、宿、行、游、购、娱"等各项活动内容、日程、价格均安排计划好,并通过一定渠道销售给旅游者。根据市场需求的不同,目前有两大类包价旅游:团体综合服务包价旅游和散客综合服务包价旅游。

团体包价旅游一般是15人以上的一个旅游团,旅游款项一次性预付给旅行社,各种相关服务全部委托一家旅行社来办理,其综合服务可以全包,也可以部分包。团体包价旅游的约束多,集体活动时间多,但价格优惠,对旅游者来说有安全感。散客包价旅游,也可以实行全包价或部分包价,但不享受团体优惠,旅游过程中集体约束少。传统的旅游线路设计大多面向包价旅游,随着包价旅游在旅游市场中所占比重的相对减少,散客在旅游市场中所占的份额日渐上升(现发达国家基本维持在3:7的比例,即30%参加旅游团,70%是散客旅游),对于散客,多设计另外两种形式的旅游线路,即拼合选择式线路和跳跃式线路。

(二)拼合选择式线路

拼合选择式线路是指整个旅程设计有几种分段组合线路,游客可以自己选择和拼合;并且在旅程中可以改变原有分段选择。从本质上说,拼合选择式线路与包价旅游线路的设计原理和技术基本上是一样的。

(三)跳跃式线路

跳跃式线路是指旅行社根据游客的具体要求提供整个旅程中几小段或几大段线路服务,其余皆由旅游者自己设计。旅行社提供的单项服务主要有:导游服务、接送服务、订房服务、订票服务、订车服务、订参观游览门票服务、代办签证服务、代办旅游全员保险服务、提取及托运行李服务、全程陪同服务、代客回电服务等。相对于包价旅游线路、拼合选择式线路来说,跳跃式线路的设计相对简单。

一般来说,散客需要的旅游线路零散、复杂,多是分段拼合式旅游线路、小段旅游线路,甚至只有旅程中的几项服务,人均利润额较低,但随着这一市场规模的不断扩大,带给旅行社的利润总额也会增大;且销售给散客的旅游线路,旅行社本身投入少,因而单位成本带来的效益显著提高。当然,在多数情况下,旅行社须充当情报信息中心的角色,在游客咨询旅游信息的过程中,扩大宣传,吸引甚至留住游客。

(四) 自助型线路

自助型线路是指旅游者无须借助旅行社,完全按照自己的选择进行线路安排的方式,旅游过程中的"食、宿、行、游、购、娱",所有事情全由旅游者自己操持完成。随着旅游的蓬勃发展,越来越多的旅游者,不满足于对已有旅游线路的被动选择,他们更乐于进行 DIY 式的自助旅游,以获取更大的旅游满足,在一些发达国家,已没有我国传统意义上的组团游,人们习惯于直接到旅行网站查询、预订"机票 + 酒店"式便捷、极富个性化的自助"套餐"(自助旅游)来安排自己的游程。旅行网站为游客提供了极其便捷、极富个性化的自助旅行系列产品,例如:位列美国三大旅行网站之首的 Expedia,仅可供游客挑选的世界各国旅游目的地一项就多达 480 个。目前,我国的自助游市场,还缺乏个性化"菜单"。

二、按旅游活动内容和性质分类

大致可分为游览观光型、休闲度假型、会议型、商务型、探亲型、研修型、专题型、奖励型旅游线路等。不同性质的旅游线路在组织上有不同的特点。

(一) 游览观光型

该类型线路是为一般无特殊要求的观光旅游者设计的,常以内容丰富多彩的自然风光和民族风情为主来满足多数旅游者观光游览的需要,属于旅游中的基本层次。相对而言,此种旅游线路要求所包含的旅游点多,而在每一旅游点停留的时间较短。由于游客重复利用同一线路的可能性较小,因而旅游线路成本较高。如我国推出的西南旅游线路(广州—昆明—贵阳—重庆—成都)、华东旅游线路(北京—南京—扬州—镇江—无锡—苏州—上海)等。

(二) 休闲度假型

休闲度假型线路多用于满足游客休息、度假的需要,旅游线路串联的旅游点少(一般只有 1~2 个),而游客在每个旅游点停留的时间长,旅游线路重复利用的可能性高,因此,旅游线路的设计要简单、经济得多。

(三) 专题型

专题型线路是一种以某一主题内容为基本思路串联各点而成的旅游线路。全线各点的旅游景物(或活动)有比较专一的内容或同属性,因而具有较强的文化性、知识性和趣味性。由于各条线路的主题多种多样,因而受到不同兴趣爱好者的欢迎。

2009 年,国家旅游局公布了《中国国家旅游线路初步方案》,首批推出的备选名单有 12 条专项旅游线路:丝绸之路、香格里拉、长江三峡、青藏铁路、万里长城、京杭大运河、红军长征、松花江—鸭绿江、黄河文明、长江中下游、京西沪桂广、滨海度假旅游线路,国家旅游局对广泛认同的线路将分批推出。

三、按旅游线路空间跨度分类

根据旅游者所涉及的地理区域或行政区域的等级，可分为洲际旅游线路、国际旅游线路、国内旅游线路、省内旅游线路、市内旅游线路、县内旅游线路等。空间跨度不同的旅游线路，其服务对象各有差别。旅游距离的远近，很大程度上取决于旅游者的经济支付能力高低和闲暇时间长短。

此外，按旅游线路空间跨度也可分为大中尺度旅游线路和小尺度旅游线路。有学者认为大中尺度旅游线路即通常所说的旅游线路，通常指一个较大范围内各种旅游点、旅游项目与旅游交通线路的空间组合，涉及面广，很强调"旅"的过程；而小尺度旅游线路应称为游览线路，是景区内联系各个景点的观览线，涉及面小，主要是景区规划所要关注的内容，相对来说侧重"游"。可以说，旅游线路与游览线路既有区别又有联系。

四、按旅游者行为和意愿的特性分类

根据旅游者在旅游过程中的活动轨迹，旅游线路可分为周游型旅游线路、逗留型旅游线路等。

（一）周游型线路

周游型线路（touring tourism）即观光周游型旅游线路，其特点在于旅游的目的是观赏，线路中常包括有多个旅游目的地，从经济角度而言，周游型线路成本较高，而同一位旅游者重复利用同一条线路的可能性较小。

（二）逗留型线路

逗留型线路（destination tourism）即度假逗留型旅游线路，其特点是线路中包含的旅游目的地数量相对较少，旅游的目的多是度假，主要在于休息和娱乐，不在乎景观的多样和变化，因此度假线路所串联的旅游目的地较少，同一旅游者重复利用同一线路的可能性大，且旅游者一次在目的地停留和活动的范围较小，因而要求社会总投入相应减少。以度假、探亲访友、公务为目的的旅游者大多是逗留型游客，通常旅游时间限制较大，但日均消费额高。逗留型旅游线路的设计要比周游型相对简单、经济一些。

无论是周游型旅游者，还是逗留型旅游者，其具体的行为属性都不外乎属于成本（费用、时间、距离）最小化行为或非成本最小化行为（单纯的满足最大化行为）。因而在具体的旅游线路设计中，可分为下列四种：成本最小化周游型、成本最小化逗留型、满足最大化（非成本最小化）周游型、满足最大化（非成本最小化）逗留型。

就国际旅游而论，通常按旅游的目的将旅游客流分为度假观光、探亲访友、公务和其他四大类，其中度假观光、公务两项占70%以上。除了观光度假客流中

有一小部分客流在旅游费用、时间、距离等方面的成本上不特别计较外,其他大部分客流都是以旅程中时间、花费或距离最小化为特征的。因此,在国际市场上,成本最小化的周游型与逗留型线路在旅游线路销售中占据着主要位置。我国的情况也大体类似,即所销售的旅游线路中,主要为成本最小化的观光度假周游型线路。

旅游线路作为旅游产品销售的实际形式,包含多方面的组成因素,要将多个因素有机地组合起来以适合不同游客市场的工作难度是相当大的。而且,在现实生活中,任何旅游者都不会是绝对的成本最小化行为者,也不会是绝对的单纯满足最大化行为者,而恰恰是处于两者之间,只不过偏向程度不一而已。因此,旅游线路设计在总体上应该保持一定的弹性。

五、按旅游线路的距离分类

根据旅游者在旅游过程中的位移距离及活动范围,可将旅游线路分为远程旅游线路、中程旅游线路、短程旅游线路。

(一)短程旅游线路

短程旅游线路游览距离较短,活动范围较小,一般多为区内旅游或到附近周边的城镇、远郊旅游。这类旅游线路与一日游线路经常是重合的。例如上海市的十条旅游专线,就都是市区游或近郊游。

(二)中程旅游线路

中程旅游线路游览距离较远,活动范围一般在一个省级旅游区以内或跨省级旅游区的周边地区,如湖北省推出的名山接力旅游线路(武汉—庐山—九华山—黄山)即属此类。

(三)远程旅游线路

远程旅游线路游览距离长,旅游者活动范围大,一般指跨省级旅游区范围以上,包括海外旅游线路、边境旅游线路和国内长距离旅游线路。

六、按旅游线路的空间分布形态分类

可分为两点往返式旅游线路、单通道式(单线贯通式)旅游线路、环通道式(环行贯通式)旅游线路、单枢纽式(单点轴辐式)旅游线路、多枢纽式(多点轴辐式)旅游线路和网络分布式旅游线路(图1-2)。

(一)两点往返式

两点往返式在远距离旅游时主要表现为乘坐飞机往返于两个旅游城市之间,若在旅游城市内则表现为住地与景点的单线连接,此种线路易使旅游者感到乏味。

(二)单通道式

此类线路远距离以乘火车进行旅游为典型,在旅游城市中则表现为若干景点

被一条旅游线路串联,旅游者一路上可以观赏不同的旅游项目。如铁路部门开行的哈尔滨—深圳的旅游专列,一路上既能体会到东北黑土地的广袤富饶,又能感受到京九铁路沿线老区的红色革命精神。

(三)环通道式

该类线路是上述单通道式旅游线路的变化形式,由于此种线路没有重复道路,基本不走"回头路",接触的景观景点也较多,旅游者会感到游览行程最划算。

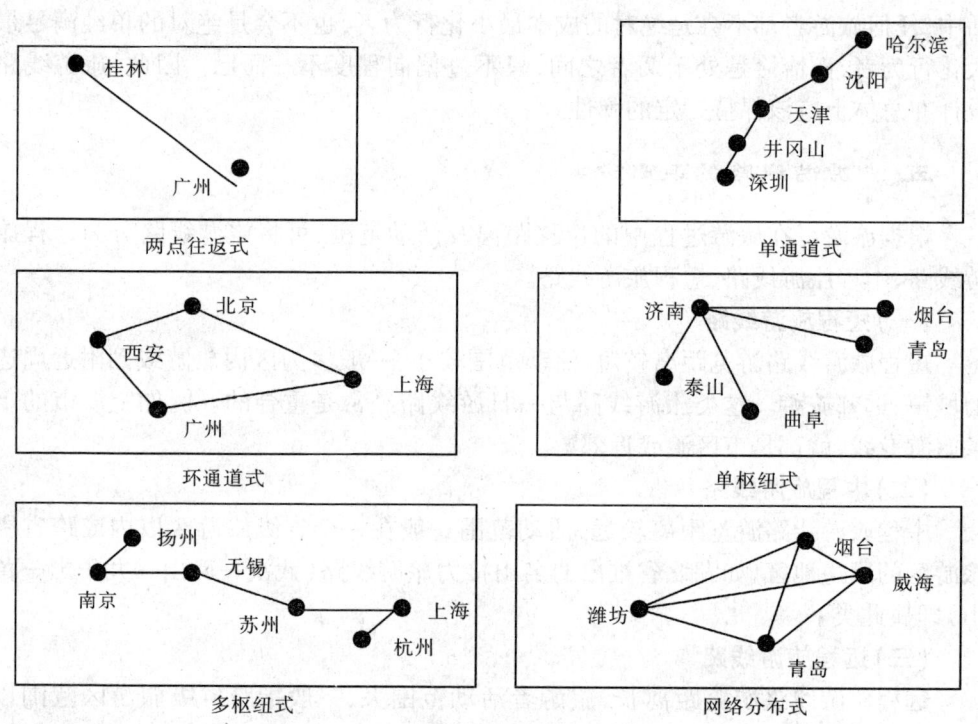

图 1-2 不同空间布局形态的旅游线路

(四)单枢纽式

该类线路以一个旅游城市(镇)为核心,其他所有旅游目的地都与之连接,形成一个发射系统,其特点是有明显的集散地,便于服务设施的集中和发挥规模效益。旅游者选择一个中心城市为"节点",然后以此为中心向四周旅游点作往返性的短途旅游(大多为一日游)。

(五)多枢纽式

该类线路以若干个重要的旅游城市(镇)为枢纽连接其他的旅游目的地,几个枢纽旅游城市(镇)间有线路直接相连,该线型一般运用于旅游大区,这种分散客流聚集点的方式有利于缓解某一枢纽在旅游高峰时的承载压力。例如"宁—沪—杭"旅游线路就有多个枢纽旅游城市，在一定程度上缓解了长三角地区的客流压力。

（六）网络分布式

此种网络通过公路将区域内各景点覆盖其中，可供旅游者任选景点与道路，是比较理想的旅游线路。

七、按旅游线路所需的时间分类

根据旅游者一次出游活动所需的时间，可分为一日游旅游线路、二日游旅游线路、三日游旅游线路等。

此外，旅游线路还可按旅游交通工具分为徒步旅游路线、自行车旅游路线、水上旅游路线、飞机旅游路线、汽车旅游路线等。

第三节　旅游线路设计的研究内容

一、旅游线路设计的主体

（一）旅游管理相关部门

从旅游目的地角度出发，旅游线路作为一种旅游产品，其质量高低、内涵丰富与否、地域风貌体现如何都关系到当地的旅游形象，优秀的旅游线路是区域旅游资源的精华所在。因此它对区域旅游在未来一段时期内的发展十分重要，应得到当地旅游管理相关部门的重视。

旅游管理机构设计的旅游线路一般是指在旅游目的地、旅游景点和旅游景区内部，将旅游目的地、旅游景点之间或者旅游景区内部相关的旅游内容串联起来，组成的旅游线路。这种旅游线路的设计是旅游目的地和旅游景区规划与开发的重要内容，需要科学合理地规划，同时需要当地政府、旅游相关部门，以及当地群众的有效配合。

（二）旅行社

人们外出旅游时，往往受到金钱和时间的制约，在有限的资金和闲暇时间的限制下，旅游者总是希望游览更多的景点，感知更丰富的信息，获得更大的收益，但又不能太过紧张疲劳。因此，设计科学合理的旅游线路，做到景点众多，内容丰富，时间安排紧凑，游览与休闲相结合，把各景点的特色展示给游客，从而取得旅游线路销售的成功，是一个事关旅行社效益的重要问题。

旅行社设计属商业经营设计。旅行社是旅游中介机构，担负着旅游景区（点）及旅游线路的销售和为游客服务、介绍旅游线路的双重任务。对旅行社来说，一个景区（点）、一条线路，仅仅是旅行社向外推出旅游产品的组成要素。这些要素经过旅行社的加工、组合，根据不同时期赋予不同的内涵，会形成一个个新的旅游线路产品，供游客多次享用。

（三）旅游者

对于自助型旅游者而言，旅游者便是旅游线路设计的主体，自助型旅游者根据自己的旅游动机、旅游偏好、旅游目的、旅游经验和旅游信息等为自己设计旅游线路。这种自助型旅游线路因为旅游者个体差异内容差别很大，线路的详略程度差别也很大，有的甚至不需要书面的记录仅储存在旅游者脑中即可。

二、旅游线路的组合形式

旅游活动涵盖了"食、宿、行、游、购、娱"等旅游要素，是一项综合性的活动，旅游线路的组合应以游客获得最大的享受为目标。

（一）旅游线路的项目组合

旅游线路中应包含多种旅游活动，一条旅游线路如果活动太少，就不能激发旅游者的游兴，旅游者会感到兴味索然，没有意思。比如一条生态旅游线路，在旅游中如果增加野炊烧烤、生存锻炼、竞技比赛、农家访练、劳动体验等活动项目，旅游者会在满足生态旅游需要的同时，增长知识，有所感悟，增进与他人的友谊、愉悦心情。

（二）旅游线路的时间组合

时间组合是旅游长短强弱节奏的组合。旅游就像一篇乐章，要有轻重缓急、高低起伏，这样才能给人美的享受。在时间安排上，旅游活动衔接要紧凑而不紧张，其过程要舒缓而不拖拉，快节奏和慢节奏要交叉变换，刺激性活动和悠闲活动要穿插进行。

（三）旅游线路的空间组合

空间组合是景区（点）地域密度上的组合。景区（点）地域密度集中的适合观光度假旅游，景区（点）地域跨度大的适合主题较突出的旅游，例如推出的古代官衙参观旅游线路（北京故宫皇家官邸—保定直隶总督衙门官邸—南阳知府衙门官邸—内乡知县衙门官邸），各景点距离远，交通占用时间长，但主题突出，深受旅游者欢迎。

（四）旅游线路的旅游者组合

旅游者组合是针对不同消费群体所进行的组合。消费者组团有散客团、家庭团、单位团，以及朋友、同事、同学团等。前三类旅游团的团员年龄、文化、爱好多不相同，适宜推出综合性强的旅游组合线路。后一类的旅游团一般旅游目的比较一致，适宜推出主题针对性强的旅游组合线路。

（五）旅游线路的功能组合

功能组合是针对一个特定的景区（点）而言的。有些景区（点）本身的主题比较突出,要想增强吸引力,除靠主题外还应围绕主题增加服务功能,在"食、宿、行、游、购、娱"等方面多下功夫,增添、变换、创新服务内容和形式,形成功能强大的旅游组合线路,让游客"来得畅、住得下、吃得香、游得乐、购得好、走得顺",乐意多次游赏。

三、旅游线路设计研究的主要内容

一条完整的旅游线路应包含的内容主要有以下几个方面。

◆旅游时间。包括总的旅游时间以及整个旅游过程中的时间安排。

◆旅游目的地。包括主要旅游资源的类型、级别,主要游览景区、景点的特色等,旅游目的地决定了旅游活动的主要内容。

◆旅游交通。包括旅游交通方式及工具,即:从旅游客源地到旅游目的地的交通方式和等级、旅游目的地内部的交通方式和等级、某些特种交通方式的使用等。

◆旅游食宿。包括旅游住宿的酒店或宾馆的等级和客房的标准、旅游餐饮的种类和标准等。

◆旅游活动安排。是旅游线路设计的核心所在和重点内容,旅游活动的安排直接影响到旅游线路对旅游者的吸引力。

◆旅游服务。主要以接待和导游的服务为主,旅游服务的好坏,直接影响旅游线路的质量和旅游活动的效果。

◆价格。是一项非常敏感的内容,目前绝大多数旅行社向社会推出的旅游线路只有一个笼统的总报价,若能有比较详细的分项报价可能会更受旅游者的欢迎。

旅游线路有很多构成要素,从旅游供给角度来考虑,各旅游线路都是由旅游资源、旅游设施、旅游可进入性、旅游成本因子(价格、时间)、旅游服务等要素所构成的,它们就是旅游线路设计所要研究的主要内容。

(一)旅游资源

2003年版《旅游资源分类、调查与评价(国家标准)》对"旅游资源"的定义为:"自然界和人类社会凡能对旅游者产生吸引力,可以为旅游业开发利用,并可产生经济效益、社会效益和环境效益的各种事物和因素。"而在欧美等西方国家,常把旅游资源称为旅游吸引物(Tourist Attraction),指旅游地吸引旅游者的所有因素的总和,不仅包括旅游资源,还把接待设施和优良的服务,甚至快速舒适的旅游交通条件也涵盖在内。

旅游资源是进行旅游线路设计的核心和物质基础,是旅游者选择和购买旅游线路的决定性因素。旅游资源的吸引力决定了旅游线路的主体与特色。旅游线路的设计必须最大限度地体现出旅游资源的价值。它是一个地区旅游业存在和发展的基础,也是旅游者选择旅游地的决定因素。在旅游线路设计中它是起影响作用的基础因子,也是旅游线路上旅游内容的最主要构成,同时也是影响旅游线路竞争力的主导因素。

旅游资源的存在形式,既可以表现为具体的实物形态,如自然风景、历史文物(黄山、长江三峡、长城、兵马俑、海市蜃楼、佛光等);也可以表现为不具有物质形态的文化因素,如地区节事活动、民族风情等。旅游资源蕴藏于自然环境和人类社会之中,代表着各旅游地的不同特色。旅游资源的分类标准很多,如按资源特性作为分类标准,可以分为自然旅游资源和人文旅游资源。

(二)旅游设施

旅游设施是完成旅游活动所必备的各种设施、设备和相关的物质条件的总称,是旅游经营者向旅游者提供旅游服务所凭借的各种物质载体,是旅游者实现旅游目的的保证。旅游设施不是旅游者选择和购买旅游线路的决定性因素,但它能影响旅游活动开展的顺利与否以及旅游服务质量的高低。因此,旅游设施的完善与否,直接影响到旅游者的旅游效果。在旅游线路设计中必须充分考虑旅游者的客观条件与旅游过程中设施的方便性,使旅游者获得最佳旅游效果。旅游设施一般包括专门设施和基础设施两大类。

1. 专门设施

专门设施是指旅游经营者专为旅游者提供服务的凭借物。通常包括餐饮、住宿、娱乐、游览设施等。餐饮设施指为旅游者提供餐饮服务的场所和设备,包括各种餐馆、咖啡屋、饮食店、冷饮店等;住宿设施主要指不同类型的宾馆饭店;娱乐设施指为旅游者提供娱乐活动的场所和设备;游览设施指旅游景点为游客登临、游览、歇息以及保证游客安全的各种设施设备。

2. 基础设施

基础设施是指旅游目的地建设的基本设施。这些设施不单是为了旅游者而建设的,旅游地居民在日常生活中也可使用这些设施。主要包括道路、桥梁、供电、供热、供水、排污、消防、通信、照明、路标、停车场等,还包括旅游地在环境绿化、美化、卫生等各方面的建设。旅游地的基础设施状况对旅游活动的顺利进行是十分重要的。一般而言,旅游专门设施作用的发挥,都要建立在基础设施的基础上。一个旅游地没有良好的基础设施,旅游业的发展也就无从谈起。

(三)旅游可进入性

旅游可进入性是指旅游者进入旅游目的地的难易程度和时效性。旅游活动异地消费的特点,决定了旅游产品的提供只能存在于旅游目的地,旅游者是否能够按时顺利到达旅游目的地是构成旅游线路设计的重要因素。因此,旅游可进入性是连接旅游者需求与各种具体旅游产品的纽带,是旅游线路实现其价值的前提条件。旅游可进入性的具体内容包括以下几个方面。

1. 交通状况

旅游者的异地空间转移,依靠的是交通工具。现代交通工具的不断发展,是现代旅游业发展的基本条件之一。可以说没有现代航空业的出现,就不会产生现代的国际旅游业。因此,良好的交通条件是旅游者进入旅游目的地的基本保证。交通条件不仅仅关系到旅游者能否抵达旅游地,更重要的是能否安全、舒适和快速地抵达旅游地。

2. 通信条件

通信设施也是旅游者能否顺利进入旅游地的重要条件。没有便捷的通信条件,难以使旅游者、旅游经营者和旅游目的地之间及时准确地沟通,会给旅游者的旅游活动的顺利实现带来很大的盲目性和不确定性。因此,旅游线路产品中通信设备的规模、能力及配套状况等,也会对旅游地的可进入性产生影响。

3. 手续的繁简程度

国际旅游中入境、出境手续的难易、繁简程度,以及办理效率的高低,不仅决定进入到旅游地的难易程度,而且对旅游产品的成本、质量、吸引力等都有重要影响。

4. 旅游地的社会环境

旅游地的社会环境对旅游者进入的难易程度也有很大影响。比如旅游地的民族文化中是否具有排外性因素,以及社会公众对旅游开发的态度、社会治安状况、管理水平等,都可能成为影响旅游可进入性的重要因素。

(四) 旅游成本因子

1. 旅游时间

旅游时间包括旅游线路总的旅游所需的时间以及整个旅游过程中的时间安排。因旅游客源地、旅游目的地、出游季节、旅游者闲暇时间等不同,旅游线路中的时间安排也不一样。从旅游经营者角度考虑,旅游时间就是旅游者对各种旅游产品的消费时间,旅游时间长短直接影响旅游消费,二者成"正比"关系。旅游者逗留的时间越长,旅游经营者获利也就越多。

2. 旅游价格

旅游价格(费用)是旅游者为满足其旅游活动的需要所购买的旅游产品的价值的货币表现。它受到很多外在因素的影响,如旅游供求关系、市场竞争状况、汇率变动及通货膨胀等因素,都会对旅游价格产生一定的影响。我国的旅游市场价格体系主要由旅游景区景点门票价格、旅行社价格、旅游饭店价格、旅游交通价格、旅游商品价格等相关价格要素构成。

(五) 旅游服务

旅游服务是旅游经营者向旅游者提供劳务的过程,旅游服务质量直接影响旅游线路的质量,没有上乘的旅游服务水平,就没有优质的旅游线路。因而旅游服务是旅游线路设计的核心内容,它在旅游线路设计中是不容忽视的。

本章小结

> 通过本章的学习,能够了解和掌握关于旅游线路的基本概念、旅游线路的基本特征、旅游线路的类型、旅游线路的组合形式以及旅游线路设计研究的主要内容等知识点,能对旅游线路及设计有一个全方位和框架性的认识。

思考与练习

1. 旅游线路是什么?可以从哪些角度去理解?
2. 旅游线路有哪些特征?
3. 旅游线路主要有哪些类型?分类的依据是什么?
4. 旅游线路的组合形式有哪些?
5. 简述旅游线路设计的主要研究内容。

第 2 章

旅游线路设计的理论基础

本章导读

从某种程度上说,在最想去的地区找自己最想去的旅游点,仔细地研究旅游交通图,将旅游点以最经济、最方便、省时的交通方式串联起来即成为"旅游线路"。本章首先对旅游线路设计的指导思想进行了初步探讨,分析研究了旅游线路设计应遵循的原则,并对我国旅游线路及设计概况、存在的问题及发展趋势进行了一些思考。

第一节 旅游线路设计的指导思想

旅游线路设计(planning of tourist route),又可称旅程设计(planning of touristitineraries),是根据现有旅游资源的分布状况以及整个区域旅游发展的整体布局,采用科学的方法,确定最合理的游线,使旅游者获得最丰富的旅游经历的过程。旅游线路设计主要从两个方面来考虑:一是尽可能满足旅游者的旅游愿望,使旅游者获得最佳的游览效果;二是便于旅游活动的组织与管理。旅游线路设计是一项技术性与经验性非常强的工作,其意义是便于旅游者有目的地选择、安排自己的旅游活动,有计划地支配旅游费用,避免"漫游";有利于发挥各旅游点的功能和便于旅游服务部门组织接待等。

一、创新精神

任何产品都要经历从投入到衰退的阶段,旅游线路也遵循这一规律。旅游市场具有不稳定性和可选择性,因此旅游线路的设计要随着市场的不断变化而不断创新,才能使旅游线路具有强大的吸引力和生命力。旅游线路的设计在适应旅游产品不断变化的情况下要不断更新,对传统线路应该有所改进和突破,对旅游资源、交通等要素进行新的组合,以实现旅游线路的可持续发展。

二、依托城市

一个地区除了旅游资源以外,基础设施、旅游接待设施以及交通设施也是影响旅游业成败的关键因素,而这些因素大都要依托于一定的城镇体系,在旅游线路设计中起着骨架支撑作用。区域中的主要城镇往往也是主要的旅游中心,它们不仅是旅游客源地,更重要的是旅游接待中心、旅游集散中心,一些机场、火车站、汽车站、码头总是布局在那里,并且有较好的接待条件和较强的容纳能力。城镇体系的建设与旅游业的发展是相辅相成的,基础设施、旅游接待设施以及交通设施都良好的城镇一般来说也是旅游业发展比较好的地方,而旅游业的发展也促进了这几个方面的建设。

旅游线路不能脱离旅游中心。目前,我国的一些旅游区与依托城市之间的关系有以下几种。

(一)资源优良、区位条件与区域经济基础好

这种情况以我国沪、宁、杭地区和北京市及其郊区最为典型。比上述地区稍微差一些的旅游风景区,有西安地区、广州及珠江三角洲地区等。

(二)资源品位高、区位条件与经济背景较差

这种类型在我国占有很大比例,如安徽黄山与九华山、湖南张家界、宜昌长江三峡、贵州黄果树、四川峨眉山等。其共同点是,依托城市经济基础稍差或距离依托城市较远,经济条件不够优越,交通也欠发达。这些情况在一定程度上制约了区域旅游的发展。

(三)资源品位较差、区位与经济条件好

这类地区主要有湖北武汉、四川成都等地。武汉和成都本身的旅游资源较少,邻近的周边地区资源类型单调,档次不高,而一些著名的风景区又距离这些城市较远。往往是游客到访这些城市之后,匆匆一游便很快离去,便捷的交通反而为送走客人提供了方便条件。

三、区域协作

区域协作日益受到人们的重视,因为每一个区域都不是孤立的,都需要和周边地区进行交流和协作。在旅游业的发展中,这种跨区域的协作显得尤为重要。旅游是一种空间消费行为,旅游产业具有强烈的地域关联性。多个区域的协作在资源上能够互补,并且可以相互输送客源,旅游线路设计的时候要有"大环线"的思想,使具有同质特性的一定区域进行整合,显示出强大的合力。

可以按照合作旅游线路开发的需要,建立一些不完全独立、不完全固定的地域旅游合作系统。例如,以长江游船为主题的沪、苏、皖、赣、鄂、湘、川、渝合作旅游线路;以黄河历史文化为主题的青、甘、宁、陕、晋、豫、鲁合作旅游线路;以中国南方岩溶景观为主题的闽、粤、桂、滇、贵合作旅游线路;以山海联运为主题的沪、苏、浙、鄂、湘、川合作旅游线路和闽、粤、赣、湘合作旅游线路;以都市生态为主题的京、津、青、藏合作旅游线路和沪、宁、杭、甘、新合作旅游线路等。

在具体的旅游线路的组合与设计中,应以区域旅游为主。为了串联更多的景

点,又避免线路重复,以最大限度满足旅游者观景和享受的需要,旅游线路必须与既定的旅游网络格局相配套。在一定范围内,依赖方便舒适的游览路线将不同类型、各具特点的景区或景点,联结成纵横交错、经纬交织的完整网络,从而构成合理而高效的旅游地域景区(点)结构系统。旅游线路的理想模式是:旅途时间短,游览时间长,人在景中行,景在游线边。

以黄山市为例,从资源类型组合关系、资源地域分布结构及有利于旅游经济发展的角度考察,可将旅游线路网络按"一线三块五点多环"的"蛛网"结构形成体系。一线即依据旅游点线联系的紧密性,旅游设施配套的完善性,一定行政区划的完整性,设计屯溪、黄山风景区、黄山区、太平湖这条旅游主线。三块即屯溪区、黄山风景区、黄山区,它们具有较完整旅游功能的圈层旅游空间及相对完善的旅游配套设施。五点即齐云山风景区、黟县古民居风景区、徽州区古建长廊旅游区、歙县历史文化风景区、太平湖景区。依据这三块核心和五个观光点,可以构建游览地域结构的多条环线。

四、美学思想

旅游美学的最根本意义在于,其具有促进和提升旅游实践品位和格调的功能。旅游是现代人对美的高层次的追求,是综合性的审美实践。旅游线路设计就是要在旅游资源中发现美,并按照美学原理创造美,使分散的美集中起来,形成相互联系的有机整体,使复杂、粗糙、原始的美经过设计与开发而变得更纯粹、更精致、更典型,符合旅游审美要求,并使易逝性的美经过创造和保护而美颜永驻、跨越时空、流传久远。

旅游线路设计者必须了解游客的需求,即旅游者对景观的审美偏好、审美习惯,以最大限度满足旅游者的审美需要,进而获得社会的认可和回报。美的最高境界是自然的意境美、艺术的传神美、社会的崇高美和悲壮美,这也是旅游线路设计中所追求的最高目标。旅游产品的美学特征越突出,知名度越高,旅游吸引力和市场竞争力就越大。

五、生态观念

生态旅游的产生是人类认识自然、重新审视自我行为的必然结果,体现了可持续发展的思想。生态旅游是经济发展、社会进步、环境价值的综合体现,是以良好生态环境为基础,保护环境、陶冶情操的高雅社会经济活动。生态旅游在国外,尤其是在美国、加拿大、澳大利亚以及很多欧洲国家已经发展非常成熟,成为现代世界上非常流行的旅游方式。它所提倡的"认识自然,享受自然,保护自然"的旅游概念将会是21世纪旅游业的发展趋势。专家认为,草原、湖泊、湿地、海岛、森林、沙漠、峡谷等生态资源和文物一样,极易受到破坏,并且破坏了就很难再生,甚至可能在地球上消失。

六、文化价值

由于人们生活的地理环境、文化背景、历史条件的不同使不同区域内的人们形成了不同的生活方式和文化。这些因方言土语、时令习俗、饮食习惯、婚丧嫁娶礼仪的不同而形成的文化上的差异,都可能成为旅游产品的一部分,成为旅游线路的重要组成部分。

目前构成旅游市场主流的中青年旅游者多受过良好的教育,求知欲强,希望在旅游的过程中了解不同的文化,提高自身的文化素养。同时目前多元文化差异和各民族的文化遗产普遍被认为是人类的共有财富。文化差异越大,旅游的吸引力就越大,这要求在旅游线路设计时注重挖掘旅游产品的文化价值,提升旅游产品文化含量,开发多样化的产品,适合不同层次、不同文化背景的游客。

青藏铁路开通以后,出现了大批以西藏为中心的旅游线路,例如"拉萨—山南泽当藏文化起源地风光游"、"拉萨—羊卓雍错—江孜—日喀则—尼木—拉萨的圣湖和后藏宗教文化游"等路线,这些路线吸引了大批游客前往。这些路线之所以受到游客欢迎,一方面因为西藏对于游客而言是神秘的、陌生的;另一方面是西藏和游客居住地存在的显著文化差异,吃糌粑、喝酥油茶的饮食文化差异,藏袍的服饰差异,住帐篷的民居差异,以及藏传佛教的宗教文化等。正是这些民族风情上体现出的文化差异迎合了旅游者的需求,同时也提高了旅游线路的文化价值。

第二节 旅游线路设计的原则

旅游线路是联系客源地与旅游目的地,联系旅游客体与旅游主体的重要环节。旅游线路如串珠,旅游交通是线,旅游目的地(景区、景点)如珠,旅游设施与服务如加工装饰,几者协调地组合在一起,才能显现串珠的美丽(王昕,2000)[①]。旅游线路之所以有所谓的"黄金旅游线"与"温冷旅游线"、"全天候旅游线"与"季节旅游线"的区别,除了线路本身固有的一些客观存在的制约因素外,旅游线路设计者的设计能力和技巧,也是关键因素之一。

在生活节奏不断加快的今天,对于多数旅游者来说,在舒适度不受影响或体力许可的前提下,能花较少的费用和较短的时间尽可能游览更多的风景名胜,是他们最大的愿望。而这一目标的实现要求旅游线路的设计必须遵循科学的原则,只有在正确的原则指引下才能够设计出合理的旅游线路。

---

① 王昕.关于旅游线路设计的思考.重庆师范学院学报(自然科学版),2000,17(增刊):34-36,46.

一、市场需求原则

按照国际旅游业发展经验,人均国内生产总值(GDP)达到1 000美元时,国内旅游就兴旺起来,达到3 000美元时,就会出现到周边国家旅游的热潮。2014年,我国人均GDP已超过7 000美元,大众旅游已兴起,国内旅游市场需求呈现出普遍化、消费化、集中化、组织化和多元化的特点。旅游者地区、年龄、文化、职业的不同,对旅游市场的需求是不一样的,随着社会经济的发展,旅游市场的总体需求也在不断变化,成功的旅游线路设计,必须首先对市场需求进行充分的调研,以市场为导向,预测市场需求的趋势和需求的数量,分析旅游者的旅游动机,并根据市场需求不断地对原有旅游线路进行加工、完善、升级,开发出新的旅游线路来符合旅游者的需要,这样才能最大限度地满足游客的需求,对旅游者有持续的吸引力。

根据旅游者的需求特点,同时结合不同时期的风尚和潮流,设计出适合市场需求的旅游线路产品,可以创造性地引导旅游消费。例如在经济发达地区,因用于旅游的闲暇时间多、经济支付能力强等因素,以观赏为主的旅游早已让位于以度假为主的旅游;再如现在越来越多的年轻人喜欢富于冒险、刺激的旅游活动,野外露营、攀岩、漂流、蹦极、沙漠探险等户外活动,既充满挑战,又满足了人们的猎奇心理,很快得到年轻人的青睐成为流行时尚。因此,针对不同的旅游市场,除了要以人为本,强调线路产品的普适性与个性化的结合,设计出多种类型的旅游线路以满足旅游者的现实需求,还要从发掘潜在的需求和创造未来需求的角度去设计旅游线路,以此来刺激旅游者,开辟未来旅游市场。

二、符合旅游者意愿和行为原则

旅游者是旅游活动的主体,在设计和销售旅游线路时,必须以旅游者的意愿为出发点,最大限度地满足旅游者的需求。一般情况下,旅游者的可达机会随距离增加而急速衰减,例如,就中国城市居民旅游和休闲出游市场而言,80%集中在距城市500公里的范围内(吴必虎等,1999)。旅游者出游决策和实施同旅游景观的吸引力(旅游价值)达到某一最低值相对应,即当旅游成本已经确定的情况下,整个旅程带给旅游者的体验水准只有等于或大于某一确定水平时,旅游者才会成行。而随着旅游成本的增加,旅游体验水平只有呈等于或高于与旅游成本增加速度成比例的某一速度增长时,旅游者对于旅游线路才会有满意的评价。

(一)旅游体验效果递进

总体来看,旅游者对旅游线路选择的基本出发点是以最小的旅游时间和旅游消费比来获取最大的有效信息量和旅游享受。楚义芳(1992)认为,旅游者的行为不外乎是成本(费用、时间、距离)最小化行为或非成本最小化行为(单纯的满足最大化行为),旅游市场偏向于成本最小化是国际旅游业发展所必然导致的结果。就旅游者的空间行为而言,高级别的旅游目的地是首选,因此在一条旅游线路中应包含必要数量的、著名的、最有价值的旅游地,特别是自然环境和文化环境与常住地差异较大的旅游地。最受旅游者欢迎的是将主要购物地安排在最末一站,既有利于旅游者大量采购各种物品,又没有携带不便的困难。

同样的旅游项目,会因旅游线路的结构顺序与节奏的不同而产生不同的效果。在交通合理方便的前提下,同一线路旅游点的游览顺序应由一般的旅游点逐步过渡到吸引力较大的旅游点,这样才能极大地调动旅游者的游览兴趣,促使游程顺利完成。

例如"康西草原—龙庆峡—八达岭"二日游:第一天,直抵康西草原;第二天,乘中巴去龙庆峡游览,午饭后再乘中巴抵八达岭,游完长城后,再乘长途汽车进京。该线路的第一站康西草原是一处融山、水、草原为一体的天然草场风景区,住宿于蒙古包或仿清小楼、民族式家庭小院,品尝蒙古特色的烤全羊、手扒肉、宫廷活鱼等,别具特色;第二站龙庆峡,是以登山划船为主要内容的旅游区,素有"小三峡"、"小漓江"的美誉;最后一站游览雄伟壮观、举世闻名的八达岭长城,使旅游活动达到高潮。这一线路的设计要明显优于逆向设计。

在旅游线路设计中,必须充分考虑旅游者的心理状况和体能,并结合景观类型组合、排序等,使旅游活动安排做到劳逸结合、有张有弛;遵循体验效果递进原则,把高质量的旅游景点放在后面,使旅游者兴奋度一层一层地上升,在核心景点达到兴奋顶点。一条好的旅游线路,就如同一首和谐优美的"交响乐",要有"序幕→发展→高潮→尾声",其中有时是激昂跌宕的旋律,有时是平缓的过渡,富于节奏感、韵律感。当然,旅游线路的节奏安排还应注意游客的特点,例如,对于中老年人来说,节奏慢、旅途舒适的线路较为适合;而节奏快、富有挑战性和刺激性的旅游线路会更受年轻人的青睐。

(二)新奇与熟悉相结合

旅游者的旅游动机尽管多种多样,但究其共性都是追新猎奇。新奇的事物令人兴奋、愉快、满足。一条旅游线路中,除了包括必要数量的旅游热点景区外,根据旅游线路的主题和市场需求,有针对性地选择一些对于旅游者来说还不是很熟悉的、新奇的旅游冷点景区;往往会收到出人意料的效果。但在新的环境中,一点熟悉的因素也没有,又会有个适应和熟悉的过程。新奇和熟悉,既是矛盾的现象,也是平衡的现象。在组合旅游线路时要正确处理,使二者有机结合起来,才能使旅游者在旅游活动中既得到追求新奇的满足,又不产生孤独、陌生及思乡之感。当然,追求新奇应是占主导地位的,也是旅游线路设计的主要依据,在辅助环节中可以穿插一些旅游者熟悉的内容,为旅游者创造一个既有新奇感又有安全感的环境。

三、不重复原则

在设计旅游线路时,应慎重选择构成旅游线路的各个旅游点,最佳旅游线路应是由一些旅游依托地和尽可能多的、不同性质的旅游点串联而成的环形(或多边形)路线,应力避往返旅途重复。当依托地周围的那些旅游点之间距离较近时,可将它们分作几组安排在同一天游览;若各旅游点与旅游依托地距离在一天行程以上时,旅游者便没有必要返回依托地过夜,而是就近住宿,然后前往下一组旅游地,这便形成了环形旅游支线(图2-1)。

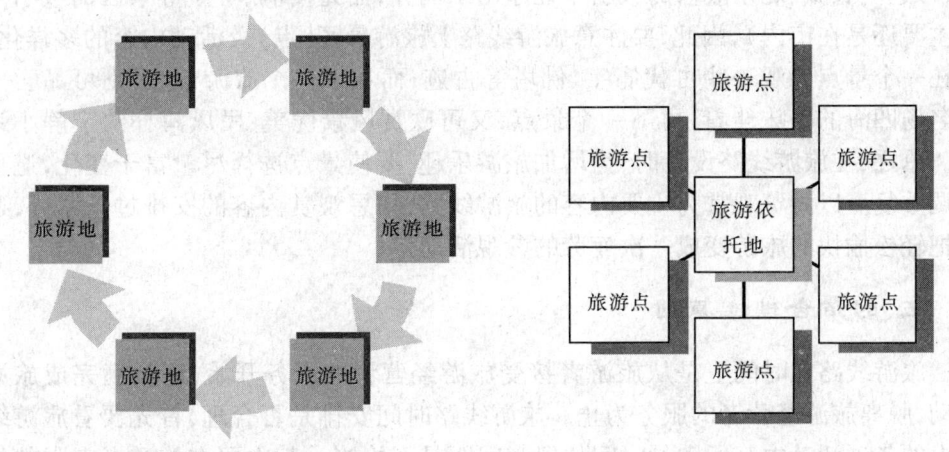

图 2-1　环形旅游支线示意图　　　　图 2-2　放射形旅游支线示意图

事实上,旅游者的游览活动并不仅仅局限于旅游景点上,旅途中沿线的景观也是旅游观赏的对象。在游览过程中,如果出现走回头路,就意味着要在同一段游路上重复往返,相同的沿途景观,要再浏览一遍,旅游者会感到乏味,减弱旅游的兴趣。这种重复,对旅游者来说,就是一种时间和金钱上的浪费,是旅游者最不乐于接受的。因此,在旅游线路设计时应尽量避免。

当依托地周围的那些旅游点之间距离较远,而它们都与旅游依托地距离在一天行程之内时,为减少改换住宿地点的麻烦,增加游客的安全感,一般是重返原住宿处过夜,然后再前往其他旅游点,这就形成了放射形旅游支线(图2-2)。采用这种类型的旅游线路的原因在于:一是由于旅游者对中心城市有归属感,觉得中心城市食、宿条件比周围景点或小城市好得多;二是周围城市之间没有方便的交通联系,或者虽有交通也不及与中心城市的联系方便;三是路程短,可以在一日内游览完并返回。多种因素使游客宁愿走回头路也不愿在周围景点过夜,或是用环线把它们连接起来。目前,这种旅游线路在国内的短途旅游中常见。

四、多样化原则

组成旅游线路的各项内容,如旅游景点、旅游活动项目、餐饮、住宿、交通、服务的类型很多,完全有条件组合成多种类型的旅游线路以供市场选择。任何一次旅游中交通费用和食宿费用均占相当大的比例,在具体的旅游线路组合时,可以选择不同类型的旅游点和不同等级的宾馆(甚至是租用不同等级的房间),分别组合成不同档次的线路供游客选用,以适应不同经济水平的旅游者的需要。

各旅游景区(点)有等级、功能之分,分别有各自不同的吸引半径(例如同属北京,八达岭长城、北京故宫的吸引半径超出了国界;而龙门涧、十渡等景区的吸引半径主要还是在市内),因此,要注意旅游线路上旅游景区(点)及活动内容的多样化,如在一个景点参观一些古代庙宇、佛塔等古迹,而在下一个旅游景点,则可品尝一些名扬四海的美味佳肴,再下一个景点,又可欣赏风景优美、民风淳朴的宁静小镇等。总之,在旅游线路设计时,为增加旅游乐趣,要使景点选择尽量富于变化,避免单调重复。以游览观赏为主要内容的旅游线路,切忌观赏内容的安排过于紧张,避免把轻松愉快的旅游变成一次疲劳的参观活动。

五、时间合理性原则

旅游线路在时间上是从旅游者接受旅游经营者的服务开始,到圆满完成旅游活动,脱离旅游经营者的服务为止。旅游线路时间安排是否合理,首先要看旅游线路上的各项活动内容所占的时间位置和间距是否恰当。其次要在旅游者有限的旅游时间内,尽量利用快捷的交通工具,缩短单纯的交通运行时间,以争取更多的游览时间,并减轻旅途劳累。因旅游交通费用往往是主要开支,故最好能将旅游目的地附近的景点顺便一览,当然,如果遇到一些美丽的景观公路,则另当别论。最后,不论是为期一天的短途旅游,还是为期一个月的长途旅游,都要适当留有自由活动时间,同时,还要留出时间,以应付旅途中随时可能发生的意外,如果时间紧张的话,要抓住重点,宁可放弃一些次要的旅游点。在旅游消费过程中,以时间为序的各项空间活动的准时性,也是反映旅游业管理水平的重要标志之一,如交通工具是否准点、从业人员是否正点迎送等,都有可能影响整个旅游体验。

以我国推出的"澳洲经典十日游"的日程安排为例,其活动时序安排如下:旅游者经过10小时的飞行之后,首先安排在墨尔本市区观光,参观教堂、艺术中心等景点。因为旅途劳顿,且环境生疏,故先安排以"艺术之都"著称的墨尔本市内景点游览,不仅体力消耗较少,也便于熟悉环境。然后前往被喻为"考拉之都"的布里斯班观赏澳洲特产动物;在冲浪者天堂——黄金海岸,参加对游人极具吸引力的水上活动如沙滩排球、游泳、冲浪等;到悉尼参观举世闻名的悉尼歌剧院,从而形成旅游三大高潮。作为尾声,安排以宁静的"大洋洲花园之都"著称的堪培拉市区观光。此时旅游者的情绪有所放松,几天紧张而兴奋的旅游活动之后,体力和精神都得到调整,结束愉快的澳洲之旅。

就人体的生物钟规律来说,经一夜睡眠的充分休息后,每天上午是人在一天之中精力最为充沛的时候。对于旅游者来说,上午的猎奇、感知欲最旺盛,心理上希望、并且在实际上能够收集和感知的环境信息量最大。因此,上午的游览最好是安排在沿途及景点上的景物比较丰富的景区,以满足此时游人想多感知信息的心理需求。如果上午游览的景观的丰富度和环境信息量不足,就容易使人产生该条游线的游览内容不够丰富,甚至平淡的感觉。经过上午半天的参观游览,尤其是中午进餐之后,人体的血液多流入胃肠消化道,而大脑则处于相对缺血的状态,于是出现常言所说"饭饱神虚"的现象。此时旅游者对获取和感知环境信息的欲望大为减退。因此,中饭之后的沿途及景点上的景观安排,应当相对淡化一些。午餐一两个小时之后,人的大脑又逐渐兴奋起来,这时的游览内容也应当相应地丰富起来。总之,游览内容的丰富度应尽量与游人一天中对旅游环境感知欲望的强弱相吻合,恰到好处地为游人提供适量的感知景物对象,以满足其旅游感知需求。

六、主题突出原则

主题和特色可使旅游线路充满魅力,具有强大的竞争力和生命力。个性化旅游需求推动旅游走向主题化,主题旅游线路、主题旅行社、主题旅游宾馆度假村、主题旅游项目蓬勃发展。

旅游线路的特色或主题的形成主要依靠将性质或形式有内在联系的旅游点串联起来,并在旅游交通、食宿、服务、娱乐、购物等方面选择与此相适应的形式。就一条观光旅游线路来说,应尽量安排丰富多彩的游览节目,在有限的时间里让游客更多地参观和领略当地最具代表性的风景名胜和社会民族风情,在组合旅游吸引物时要尽可能地将最著名的景点连接起来,这样才能使旅游者在游览后对整体线路有深刻体会。例如"丝绸之路"旅游线,即是将西安、敦煌、吐鲁番乃至中东、欧洲的与古代丝绸贸易有关的旅游点串联成线,其中包括参观文物古迹、了解民族风情、观赏仿古歌舞(如仿唐乐舞《丝路花雨》等)、品尝历史名菜佳肴、下榻有地方和民族特色的饭店、骑骆驼或乘坐毛驴车,旅游购物则有古碑刻拓片、唐三彩等,以使游客充分体验古代"丝绸之路"的情调。

七、机动灵活原则

旅游过程牵涉面广,即使做了最充分的准备,意外的情况有时仍难以避免,如遇到不可抗力的灾害而只能改变旅行计划,或由于某些缘故而必须临时变更部分旅行安排等。因此,在旅游线路设计时,日程安排不宜过于紧张,应留有一定回旋余地;执行过程中,也须灵活掌握,允许局部变通。

例如,在设计欧洲旅游线路时,当地的罢工问题不容忽视。每年7～9月阳光最充沛的夏天大假期之后,法国往往就会进入罢工的高峰季节,银行、邮局、电力、航空、铁路、地铁、公共汽车的职员罢工十分常见,罢工的人多,次数多,警告性罢工、"瓶颈"式罢工、轮流式罢工、声援性罢工等名目种类繁多。对于罢工造成的不便,多数法国人都表示理解,因而境外游客自然也不便对法国的民生民权多说什么。但对游客行程计划,尤其是返程国际航班的波及,却是很大的。

八、旅途安全原则

就旅游消费心理而言,安全是人们最基本的需要。出门旅游,旅游者最担心的就是安全问题;组织旅游团,旅行社最担心的也是安全问题,因而在旅游线路设计时,应遵循"安全第一"的原则。旅游安全涉及旅行社、旅游饭店、旅游车船公司、旅游景点景区、旅游购物商店、旅游娱乐场所和其他旅游经营企业,常见的旅游安全事故包括交通事故(铁路、公路、民航、水运等交通事故)、治安事故(盗窃、抢劫、诈骗、行凶等治安事故)以及火灾、食物中毒等。因此,在旅游线路设计的过程中,必须重视旅游景点、旅游项目的安全性,把游客的安全放在首要地位,"安全第一,预防为主",高标准严要求地对待旅游工作的每一个环节,对容易危及旅游者人身安全的重点部门、地段、项目,提出相应的要求并采取必要的措施,消除各种潜在隐患,尽量避免旅游安全事故的发生。

九、效益兼顾原则

旅游效益是旅游者、旅游企业和全社会共同追求的。旅游者在一次旅游行程中,希望能以最少的时间、最省的精力、最小的费用获得最大的旅游满足。旅游企业从自身发展的需要出发,希望获得良好的经济效益。全社会追求的是旅游带来的综合效益,包括旅游带来的经济效益、社会效益和环境效益。这就要求在设计旅游线路时兼顾旅游者、旅游企业和全社会三方面的利益,达到经济效益、社会效益、环境效益的最大化。

目前一些旅行社在组织旅游线路时,为了追求经济利益的最大化,热衷于把一些知名度高,需求旺盛的景点串联起来,这在一定程度上造成了旅游热点景区的拥挤,尤其在节假日和黄金周时期,大量游客的进入一方面造成了旅游热点景区的游客量超载,破坏了旅游景区的环境;另一方面旅游景区的拥挤大大降低了游客的游览质量。所以设计旅游线路时,在选择知名度高的旅游景区的同时,适当的加入一些温、冷的旅游景点,不仅有助于保护旅游热点景区的环境,也带动了温冷旅游景点的发展,有利于社会的协调发展,兼顾了经济、社会和环境效益。

第三节 我国旅游线路及设计研究述评

一、我国旅游线路及设计研究概况

随着旅游业的飞速发展,许多学者开始关注旅游线路及其设计研究领域,并涌现出了一批研究成果,取得了一定成绩。但是,国内旅游学术界对旅游线路及其设计的研究尚不成熟。究其原因,不外乎两个:第一,旅游学本身就是一门新兴学科,旅游理论尚处于不断发展和完善之中;第二,旅游业本身独立性不强,由许多其他行业相辅而成,人们往往可以从不同角度理解旅游线路。

关于旅游线路类型的划分,保继刚、楚义芳等(1999)指出,从空间尺度划分,旅游线路可分为两种基本类型,一是大尺度的旅游线路,二是小尺度的游览线路(并认为在很大程度上与旅行社无关,而是旅游地规划的内容)。阎友兵(1997)曾专门著书论述这一专题。

楚义芳的《关于旅游线路设计的初步研究》(1992)是对于旅游线路设计具有里程碑意义的论文,提出了线路设计中涉及的关键因素,并绘制了具有一定可操作性的曲线图。许兴臣、冯玉清(1992)对线路制作及其向旅行商的推销进行了探讨。冯若梅(1998)在其硕士论文中,以1996年年底在上海举行的"1997中国旅游产品交易会"上所有参展旅游企业的主要线路产品宣传材料为研究素材,对中国旅游线路的特点、空间系统、组织要素、空间结构进行了分析。李旭、马耀峰(2003)对海外旅游者对旅游目的地和旅游线路的选择进行了研究。

关发兰(1992)以四川省为例,利用区域旅游系统网络结构分析等,研究了以交通线路设计为主要表现手法的区域旅游网络结构及设计。黄万华(1997)以湖南省为例,马勇(1992)以湖北省为例,黄婧(2000)、黄婧和何彤慧(2001)以宁夏回族自治区为例对区域旅游线路设计进行了初步研究。陈俊鸿(1995)对风景区自助旅游线路进行了理论结合案例的研究;田贵君(1997)对张家界名牌游览线的开发进行了研究;居怀祥(1992)、蒋祖云(1992)分别进行了区域旅游线路的实际设计。周尚意、李淑方、张江雪(2002)以苏州一日游线路设计为例,对行为地理与城市旅游线路设计的关系进行了论述。

刘振礼、王兵(1997)提出的旅游线路设计的原则包括:市场原则、主题突出原则、不重复原则、顺序与节奏安排、留有余地和激动灵活。许兴臣、冯玉清(1992)、管宁生(1999)提醒规划设计人员在进行旅游线路设计时要注意:对客源市场的需求和偏好要有较好的研究和理解;有利于充分体现游线上各景点的景色风貌;有利于充分发挥游线上各旅游点的功能;有利于节省途中时间,避免走回头路;有利于购物活动的实现;旅游节奏的松紧、景点游览的动静应有适当的交错;景点游览的顺序在总体上应符合"越来越好"的趋向,要有创新精神以便带给旅游者更多的信息;还应注意人体生物节律性对游览心理的影响、景物光照的变化、朝霞夕照的借助等技术问题。

李山等(2005)通过对以北京、上海和广州为旅游出发地的旅游线路的统计分析进行研究得出结论:在中国国内观光旅游线路设计中,游时(出游时间与游览时间的统称)随客源地至目的地之间的距离呈对数增长,其中出游时间(一次旅游的总耗时,单位为天)与出行直线距离(客源地与目的地之间的球面距离,单位为公里)之间具有方程所描述的统计关系,而游览时间(游客在目的地逗留的时间,单位为天)与出行直线距离之间具有方程所描述的统计关系。研究还发现,旅行社每日安排游览的景区(点)数目具有随出行距离呈"U"形曲线的特点,平均而言,在目的地逗留期间每天安排游览的景区(点)约为5个;从交通方式上看,随着出行距离的增加,呈现出汽车—火车—飞机交替演变的特点;旅游报价与出行直线距离之间存在线性相关性。

综上所述,可以看出,国内学者在旅游线路设计理论方面的研究多感性认识和一般性理论探讨,关于旅游线路的定义还没有形成一个统一的较为明确的意见,对具体设计的深层面的机制分析明显薄弱,对影响旅游线路设计的要素分析尚有待深入。可以说,我国关于旅游线路设计的研究尚处于起步阶段,尚未形成一套完整的理论体系。因此,加强对这方面的深入探讨显得尤为迫切,它对于指导区域旅游线路的开发与规划,促进整个旅游业的可持续发展意义深远。

二、我国旅游线路设计中存在的问题

就旅游者而言,对旅游线路的期望是最大化地满足其消费需要,成本最小,日程安排最方便;对旅行社来说,则希望在满足旅游者需求的前提下,降低成本、提高效益,并可应对突发事件及时调整线路;旅游景区在规划设计时就要考虑景区内线路空间布局的合理性、科学性,在管理中也要考虑如何合理分流、控制游客数量等问题[①]。优秀的旅游线路在其投入运行前就应该已具备对游客的足够吸引力,运行中能使游客感到舒适和不断出现新奇感,运行结束后仍然能使游客保持一种长久的余味无穷的体会。

我国对旅游线路问题的研究历史比较短,由于对旅游线路还没有统一的规范性定义,加之学者的专业背景各不相同,使得许多名为旅游线路的研究,实质内容之间差别较大。这一方面说明旅游线路研究还处于探索性阶段,另一方面也说明旅游线路研究涉及不同的维度。吴凯(2004)在对旅游线路研究文献分析的基础上,认为目前旅游线路研究有以下几个特点:定性研究多,定量研究偏少;个案研究

---

① 吴凯.旅游线路设计与优化中的运筹学问题.旅游科学,2004,18(1):41-44,62.

较多,通则性研究较少;跨学科性质显著,但研究的层次较低。旅游线路设计的两个传统领域是景区景观线路设计和旅行社组合旅游线路设计,现在关于旅游线路的设计,更多地倾向于前一个领域,明显带有实用主义的色彩,虽然针对性强,但缺乏一般性的解释。

旅游线路设计是一种空间行为决策,包括宏观、中观、微观三种尺度。目前,国内的旅游线路设计不管是大中尺度还是小尺度,大多还不成熟,存在很多不足,但同时也有很多有待拓展的空间。关于旅游线路设计中目前存在的问题,陈亮[①]、谭彩荷[②]等认为主要反映在以下几个方面。

(一)就线路论线路

我国国内旅游线路设计中就线路论线路的现象十分明显,忽视了其他因素和合力效应。旅游业涉及"食、宿、行、游、购、娱"等,旅游线路在设计当中也应该综合考虑这六大要素,避免因遗漏某一因素带来的不足和缺陷。

目前,旅游线路设计的研究尚处于起步阶段,从研究区域而言,我国学者的研究只局限于对国内和区域性旅游线路的策划及设计研究,对于跨国(国际性)旅游线路的研究不多,对旅游线路及其设计研究的深度和广度都应该拓宽。在基本理论上,旅游线路设计的理论在指导实践方面尚显不足。在研究方法上,目前国内对旅游线路设计的研究多采取个案研究方式,即:对某个特定区域的旅游线路进行归纳总结,缺乏共性和一般规律性研究,对蓬勃兴起的旅游活动的现实指导意义不强。旅游线路设计研究应向多学科、多层次综合研究发展,包括旅游学、地理学、美学、生态学、环境科学等,特别是要吸收现代休闲理论和区位理论的内容和方法。此外,对旅游线路设计的定量研究还处于起始阶段,理应得到更多的重视。

(二)线路设计不合理

在线路设计不合理现象中冷热点搭配不当显得尤为突出。旅游线路设计片面追求将所有热点串起来,既不能使游客心理上获得最大的满意,又造成了不必要的资源浪费。缺乏对客源市场的调查分析,旅游线路创新的主要依据应该是客源市场最新的动态变化,但目前旅行社对于客源市场调查分析以及所投入的资金都相当有限。

从研究成果而言,对国外相关研究成果的论著介绍和翻译不多,即使是国内的著作,专门对旅游线路进行理论研究的书籍也很少,而且大多是对已经比较成熟的旅游线路作介绍。许多研究成果是根据区域旅游资源的状况得出的结论,具有相当程度的主观性,而国外相当多的研究成果是建立在市场抽样调查数据基础之上,

---

① 陈亮.中国4A级旅游景区(点)与旅游线路的对应关系分析——以华东地区为例.桂林旅游高等专科学校学报,2003,14(6):65-69.
② 谭彩荷.旅游线路设计的问题及实证研究.重庆工学院学报,2004,18(4):66-68.

具有较强的客观性。

(三)线路类型不符合市场需求

目前的线路设计无论是区域线路还是短途线路都主要集中在周游型线路,逗留型的线路不多。随着旅游业不断发展,市场不断拓宽,人们的需求越来越多样化,参与性旅游产品备受青睐,对逗留型旅游线路的需求增强。从旅游经济学角度来看,周游型线路表面上带来比较高的人均利润额,但该类型线路的单位产出所需的社会总投入较高,对交通部门的压力较大,如果从旅游收入中减去为销售这些线路而投入的人力、资本和资源,和逗留型线路相比,其实际的旅游净收入较少。而逗留型线路,使同一旅游者重复利用线路的可能性变大,且旅游者在目的地停留和活动的范围比较小,因而要求的社会总投入相应减少。

我国旅行社所面对的国内市场以观光客人为主,且消费层次不高,消费经验欠缺,比较热衷于走马观花式的游览。另外,我国的旅行社缺乏引导市场消费、开拓新产品的能力和运作经验,因此,众多的旅行社长期局限于在同质、缺乏个性的旅游线路产品上进行竞争。这些项目千篇一律地使用周游型线路,而要想在激烈的同质化市场竞争中取胜就必须压低价格,低价成了取悦潜在市场的法宝。此外,虽然各旅行社中都设有散客部,但由于散客旅游经营的人均利润额较低,各旅行社大多还没有重视正日益兴旺的散客旅游市场,旅行社经营销售的基本为一体化服务的包价旅游线,散客线路少。

(四)线路设计更新缓慢

旅游线路老化是旅游业内公认的通病,其中的一个重要原因,就是旅行社对旅游新产品的开发缺乏主动性。据有关部门统计,我国现已拥有各类景区景点1万多处,旅游资源可谓十分丰富,但遗憾的是为数众多的旅游资源并没有转化为具有吸引力的旅游产品。即便是在国内旅游主要客源地的上海,400多家旅行社推出的旅游线路,也只有六七十种,远不能满足市场的需求。

目前,国内旅游线路一旦设计形成后,基本没有更新,对游客缺乏吸引力,特别是对回头客。因此,旅游线路不应该是一成不变的,要不断翻新花样。唯有如此,旅游线路所反映的旅游活动项目和内容才具有强大的吸引力和持久的生命力。

(五)线路设计研究人员较少

由于人们对旅游线路所发挥的重要作用没有引起足够的重视,因此,国内对旅游线路设计研究较为深入的学者并不多,其研究也没有形成规范的体系,在旅游线路设计理论方面的研究多感性认识和一般性理论探讨,对具体设计的深层面的机制分析明显薄弱,对影响旅游线路设计的要素分析尚有待深入。

(六)旅游线路设计以旅行社为中心

旅游线路在实施过程中很大程度上是以旅行社的意志为核心的,没有考虑旅游者的意愿。而且大部分旅行社都从经济利益出发做短期的盲目的设计,毫不顾及旅游者的感受和作长期的打算。另外,旅行社对于线路缺乏创新意识,许多热门线路在不同的旅行社是相同的,事实上线路的创新是旅行社发展的重要途径,但是总得不到很好的实施。

目前,我国对旅游线路产权尚没有明确的界定。一方面,旅行社开发旅游线路的行为得不到补偿,挫伤了旅行社开发新线路的积极性;另一方面,大小旅行社竞相角逐有限的热点旅游线路,旅游线路拥挤使用现象十分突出[①]。近年来,旅游线路专营一时成为中国旅游界讨论的一个热点。孙建超[②]等认为,旅游线路专营的提出,源于旅游线路开发中的外部经济问题,对这一问题的解决,旅行社的纵向一体化同旅游线路专营相比,应是更合理的选择。由于产权制度的完善不可能一蹴而就,以及交易费用和策略性行为的存在,仅仅界定旅游线路的产权是远远不够的[③]。旅游线路专营作为一种新型的经营方式,它可以降低旅游线路的价格,减少线路开发中的外部性。但也存在诸如契约的有效性较低,旅游旺季时旅游线路的专营很难得到相应保障等问题[④]。

三、我国旅游线路设计的发展趋势及对策

随着我国十多年来各地区旅游资源的大规模开发和景点景区的大量营建,旅游业逐渐成为区域经济发展的支柱产业和区域经济新的增长点。旅游客源市场越来越大,而同时舍旅行社而去的旅游者却越来越多。他们并非不知道自助旅游要比随团出游更费力、费钱,但这种旅游充满了新、奇、闲、趣,极具吸引力。与此同时,大大小小的旅行社也如雨后春笋般争相涌入旅游市场,面对竞争激烈的旅游市场。旅行社要在旅游线路设计中取得优势,必须采取一定的措施。

(一)我国旅游线路设计的发展趋势

未来的旅游线路设计将朝着市场化、专题化、精致化方向发展,将更加体现人文、生态和可持续发展理念,未来旅游线路设计将出现以下趋势。

◆ 旅游线路设计将更加具体、深入和专业,带有研究和探索性的地方性线路规划是一个发展方向;

◆ 未来旅游业将进入理性化发展时期,旅游线路设计必定朝着精致化的方向发展;

◆ 随着我国旅行社行业对外开放步伐的加快,境外旅游线路设计和咨询公司将越来越多地介入我国旅游线路设计领域中,中外同行的竞争态势将更加明显,国外的先进理念对我们也是一种冲击,在学习先进理念的同时,我们还要注意创新意

---

① 刘旺.论旅游线路产权的界定和保护.四川师范大学学报(社会科学版),2003,30(6):100-103.
② 孙建超,谭白英.旅游线路专营的经济学分析.旅游学刊,2002,17(6):61-63.
③ 阳宁东,周幼平.关于旅游线路专营的思考.旅游学刊,2003,18(5):66-69.
④ 潘永涛.我国旅行社旅游线路专营浅析.河南商业高等专科学校学报,2004,17(1):74-75.

识的开发；

◆ 根据国外旅游线路设计研究的历程推测，未来我国旅游线路设计理念将更加重视人文精神的发展，生态旅游将越来越得到社会的承认和重视，可持续发展思想深入人心。

（二）旅行社在旅游线路设计中应采取的措施

1. 细分市场，做好旅行社产品的市场定位

欧美国家的旅行社业发展到今天的结构格局，经过了一系列竞争、淘汰、分化、整合的市场变迁过程。以旅游批发商为例，他们竞争的关键就是低廉的价格和物有所值的产品。有实力的批发商可以从旅游单项产品供应商那里获得更低的买入价格，而实力较小的批发商在同类产品中无法获得更大的竞争优势，经过了市场的选择和淘汰，其中一些旅游批发商转变自己的市场定位，专门从事生产满足特种需要的旅游产品，在较小的市场份额中凝聚起产品优势，构建起自己的市场壁垒，直接避开大型批发商的价格优势，稳固了自身的生存空间。

在我国，旅行社之间长期处于一种恶性价格竞争的态势。这种状况对旅行社业的发展是极为不利的。当然，也许正是需要这样一段痛苦的过程完成旅行社行业内部的优胜劣汰、分化整合，才能使市场变得有序而成熟。但是现阶段各家旅行社可以吸取西方发展的经验，评价自身的优势和市场需求的形势，找到最契合的市场位置，提早避开价格竞争。因此，根据需求细分市场，进行准确的线路市场定位是在顾客导向的市场观念植入旅行社企业之后的最优道路选择。

针对日益兴旺的散客旅游市场，旅行社应积极开发适于自助旅游的产品，拓展经营空间，为散客设计拼合式旅游线路，或担当起旅游出行信息提供者、咨询顾问的角色，根据旅游者的特殊需求为其量身定做，以便在富有个性的旅游线路上有所创新和发展。

2. 寻找旅游产品中的差异化要素

在旅行社的产品市场上，构成线路产品的旅游资源和旅游空间具有明显的公共物品的性质，各旅行社与景点组成的旅游线路之间不存在产权关系，所有旅行社对这些线路的消费都是非竞争性的，不存在进入壁垒，所以任何一家旅行社都不可能对某一线路具有垄断的经营权。这就是造成当前中国旅行社产品雷同、绝大多数旅行社不进行产品开发的根本原因。为了旅行社行业的健康发展，应该对现有产品进行深入细致的开发，寻找雷同旅游产品中的差异化要素。

（1）一个旅游区域内的若干旅游景点分布在不同的空间位置，对这些景点游览的先后顺序的各种串联方式形成不同的游览线路，由于各个景点的类型和吸引力级别的差异，不同顺序的游线会给游客带来不同的整体感受。

（2）在游线中串联着的若干景点，每个旅游景点因自身的构景特征不同而各有其不同的最佳观赏时间。例如，主景为水体的景点以清晨游览为佳；观赏植物为主

的景点多以下午为佳;以山体为主的景点一般傍晚较好。

(3)不同的游览行进方向还会使游人对沿途景物的观赏角度发生变化,而同样的景物若以不同的角度观赏,会产生不同的观赏效果。所谓"横看成岭侧成峰"就是以不同的视角对同一山体的不同观感的写照。

旅行社通过以上三个层面对旅游线路细致地再安排再设计,能够实现相同要素组合产品的感受差别化,从而提高旅游者的体验质量。

3. 注重价值创造、价值增值,塑造全新的价值链模式

迈克尔·波特认为,企业的竞争优势来源于企业以比竞争对手低的成本完成所必需的活动,或者以增加顾客价值的特定方式完成某些活动。他提出,竞争优势从根本上来自于每个企业在设计、生产、销售、配送等过程中所进行的既相互联系又相对独立的各种活动,这些活动中的每一项都有助于确立企业相对竞争优势,奠定差别化基础。价值链就是对这些企业活动进行分解的工具,其分析的目的是确定企业整个价值增值活动的各个环节如何才能以最小的支出增加顾客认为最有价值的产品特性。

因此,对于旅行社来说,当务之急是在价值链尽可能多的环节中开展创新,以每个环节的细小差异,塑造出整体上与其他旅行社迥然有异、特立独行、立体全息的旅游线路产品。比如,一些旅行社可以与保险业、银行业密切合作,形成战略同盟关系。在旅游服务、保险产品(如旅游质量险等)和金融支持(如银行提供小额的旅游融资或者对旅游者的长期旅游计划进行财务管理、理财建议等)的结合上做足文章,从而使提供种类众多、量身定做、尽可能满足顾客需求的立体全息旅游线路产品成为可能。在这种情况下,竞争对手完全"克隆"整条价值链,生产出完全相同产品的难度将远远超乎想象,而旅游线路同质化的问题自然会迎刃而解。

本章小结

> 通过本章的学习,能够了解和掌握关于旅游线路设计的指导思想、旅游线路设计原则等知识点,并对我国旅游线路设计中存在的一些问题及应采取的措施、旅游线路设计的发展趋势等,有一个概括性的了解。

思考与练习

1. 简述旅游线路设计的指导思想。
2. 旅游线路设计应遵循哪些原则?

3. 我国旅游线路设计中主要存在哪些不足？
4. 简述我国旅游线路设计的发展趋势。
5. 旅行社在旅游线路设计中应采取哪些措施？
6. 案例分析：某旅行社组织一个旅游团，途中顺便游览某市内的一处著名景点，下午当旅游团从景点出来后，游客便被一群算命先生围住。这群人能言善辩，且强拉游客算命，他们事先说算命不要钱，可是算完后却非收钱不可，甚至伸手去游客兜里掏钱，弄得游客游兴全无，纷纷指责导游，说旅行社不应该安排类似景点，表示要投诉。请分析一下，这是旅游线路设计中的哪个环节出了问题？旅行社应该吸取怎样的教训？

第3章

旅游者消费行为

本章导读

旅游者是旅游活动的主体,不同的旅游者,其消费行为是有差异的。本章首先讨论了旅游动机的产生、旅游消费的构成以及旅游者消费行为的特点,分析研究了旅游者旅游决策的过程、旅游者的空间行为规律等,这些都是旅游线路设计研究的基础。

第一节 旅游者消费构成及特点

一、旅游动机的产生

20世纪50年代以来,随着经济的发展、人们闲暇时间的增多和生活水平的提高,以及现代科学技术的进步,世界旅游业蓬勃发展,旅游正在成为人们重要的生活方式和社会经济活动。

(一)旅游者产生背景分析

1. 自然地理背景

旅游需求的动因之一是地理环境的区域差异。它是激发人类旅游最早的因素,也是最持久的因素。据世界旅游组织(UN WTO)统计,在世界旅游者中,观光旅游至今仍是主流。

2. 文化背景

文化地理环境是在自然环境的基础上形成的。文化背景的差异,也是激发旅游者产生旅游动机的又一个重要客观因素,是旅游需求和消费多元化,旅游空间分异等旅游行为差别的原因之一。

3. 经济背景

人们的收入水平、年龄、职业以及社会地位、经济地位的不同,其旅游需求和消费水平不同。世界经济地理环境的地区差异,有两种不同的划分标准:以经济发达程度为标准,可划分为两大基本背景区,即经济发达地区和经济发展地区;以经济发展性质为标准划分,也有两大基本背景区,即城市和农村。总体来看,经济发达地区以及城市往往既是主要的旅游客源地,又是重要的旅游接待地。

4. 环境质量背景

环境质量,指自然环境原始性质、状态的变化程度,它与人类活动密切相关,对人类的旅游活动有重要影响。衡量标准主要有:(1)生态环境的退化程度;(2)环境污染程度。发达国家主要表现在环境污染程度日甚,而发展中国家则以生态环境退化为主。良好的生态环境背景会吸引越来越多的旅游客流。

(二)旅游者需求特点

旅游需求是指在一定时期内,在一定价格基础上,旅游者愿意而且能够购买的旅游产品的数量。影响旅游需求的因素较多,概括起来主要包括两个方面:一方面关系到旅游客源地,涉及旅游客源地的旅游需求水平和旅游者个人的经济情况等;另一方面为旅游目的地的供给情况,主要是旅游资源的吸引力、旅游价格、交通条件和接待设施等。可以说,影响旅游需求的因子主要包括客源地人口特征(特别是城镇人口规模)、客源地经济发展水平等,其中居民的收入水平,特别是可支配收入的高低直接决定了出游力的强弱。

深入分析人们的旅游消费需求波动,把握旅游消费行为及其变化模式,才能对旅游的客源市场作出准确的预测和判断,并通过对旅游资源的有效规划,吸引旅游者消费,促进旅游地的发展①。目前,旅游业已进入稳定发展的阶段,旅游者的需求呈现出新的特点。

1. 出游决策理性化

对旅游有了新的认识,把它作为生活的一部分,追求物质和精神享受。每次旅游活动的目的性、计划性明确,按照自己的经济能力和时间状况安排活动,那种随机性、冲动性的消费群体逐渐减少。

2. 旅游需求精致化

旅游者文化层次的提高,要求在旅游线路设计中对旅游线路涉及的内容进行深加工,增加生态文化含量,设计内涵丰富、外观新颖、反映时代潮流和地区文化特色的旅游项目。目前,知识性生态旅游产品和项目已成为时尚。

3. 旅游形式两极化

旅游形式出现动、静两极分化,动的方面向参与型、娱乐型发展;静的方面则表现为崇尚自然,返璞归真,游客对生态旅游、文化旅游越来越青睐。

4. 出游方式多样化和个性化

最初的旅游活动多为大众性的观光旅游,客源市场比较单一,现已经被各种细分市场所代替,各个市场都有一定的特点,并且需求各异,从而构成总体旅游需求的多样性和每一细分市场的特殊性。目前,散客已成为当今市场的主体,游客多以个人、家庭、亲友组成小单位形式出游。

---

① 林璧属.试析旅游规划中的客源市场分析.旅游学刊,2001,16(6):54-56.

(三) 旅游动机和旅游行为的分类

所谓旅游动机,是指直接引发个体的旅游行为并将行为导向旅游目标的心理动因。可以说,旅游动机是激发人去旅游的内在原因,是旅游行为的动力。而隐藏在这种动机背后的则是人的某种需要。

马斯洛的需要层次论认为,人的需要从低到高依次可分为基本的生理需要(衣、食、住等人类最基本的需要);安全的需要(希望未来生活有保障);社会的需要(情感的需要,爱的需要,归属感的需要);尊重感的需要(自尊以及受别人尊重的需要);自我实现的需要(出于对人生的看法,需要实现自己的理想)五个层次;只有当低层次的需要获得相对满足以后,高层次的需要才能到来;但任何一种需要并不因为下一个高层次需要的出现而消失,只是当高层次需要产生后,低层次需要对行为的影响变小了。旅游是人的一种高层次的精神需要,当人们在满足了温饱之后,就自然而然地追求更高层次的享受,旅游动机就是人们在满足了最低的生理需要之后提出来的。

旅游动机是直接推动一个人进行旅游活动的内部动因或动力。伊索艾豪拉(ISO—Ahola S. E.)认为旅游者的动机主要在于:一是通过旅游逃避日常生活、工作环境的压力;二是通过旅游寻求心理补偿。旅游动机与满意程度呈明显正相关,最强的旅游动机往往是最感满意的。旅游者的需求是千差万别的,同时还是千变万化的,当然其中也不乏相对稳定的因素,例如猎奇求新的心理;回归自然,返璞归真的心态;讲究经济实惠,物美价廉等。具体的旅游动机可归纳为生理动机(如休息、保健、娱乐等),文化动机(学习、猎奇、宗教信仰、艺术欣赏等),人际关系、社交动机,地位、声望等心理动机等。艾德霍德(Aderhold,1995)通过对欧洲八个主要客源国家3万多名旅游者的调查,发现他们的出游动机主要集中在五个方面(图3-1)。

旅游行为的产生源于人的旅游动机。旅游行为是指旅游者对旅游目的地、旅游季节、旅游目的和旅游方式的选择特征,以及与之紧密相关的旅游意识、旅游效应和旅游需求特征(周世强,1998)[①]。根据心理行为细分标准等,不同专家对旅游动机和旅游行为的分类有:

◆ 美国学者罗伯特·麦金托什(R. McIntosh)将旅游动机分为四类,身体健康的动机(包括休息、运动、游戏、治疗等动机,如洗矿泉浴、药浴以及健康恢复活动,这类动机的共同特点是通过身体的活动消除紧张和疲劳);文化动机(了解和欣赏异地文化、艺术、民俗、舞蹈、绘画、宗教等);交际动机(包括在异地结识新的朋友、探亲访友、摆脱日常工作和家庭事务等);地位和声望的动机(与自我需要和个人发展有关,包括会议、考察旅游以及实现个人兴趣爱好的旅游,通过这些旅游可以使被承认、被注意、被赏识、被尊重以及获得良好的声誉的欲望得到满足)。

◆ 日本学者田中喜一将旅游动机归为四类,心情的动机(思乡之心、交际之心、信仰

---

① 周世强.生态旅游与自然保护、社区发展相协调的旅游行为途径.旅游学刊,:1998,(4):33-35.

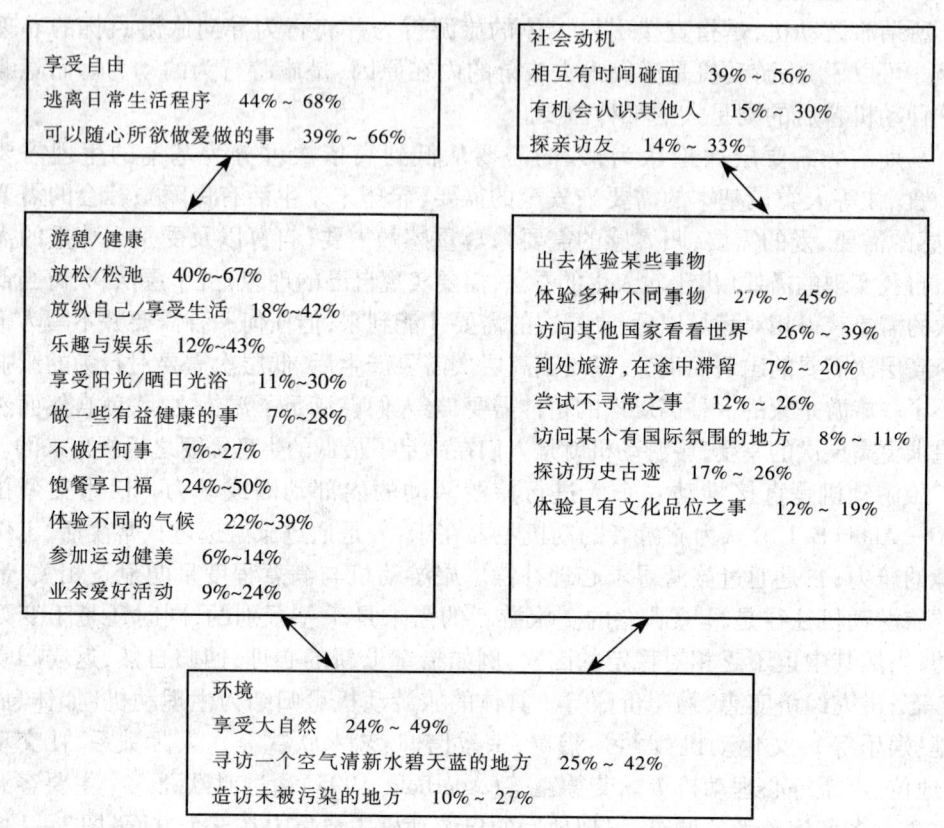

图 3-1 欧洲旅游者的出游动机（据 Aderhold, 1995）

之心），身体的动机（治疗需求、保养需求、运动需求），精神的动机（知识的需求、见闻的需求、欢乐的需求），经济的动机（购物目的、商业目的）。每一种动机反映不同的需求。

◆ 日本心理学家今井省吾指出，现代人的旅游动机含有消除紧张的动机、社会存在的动机和自我完善的动机。

◆ 美国旅游研究者托马斯（John A. Thomas）在《人们旅游的原因》一文中提出了激发人们外出旅游的 18 种主要动机，分为教育和文化方面、休息和娱乐方面、民族和传统方面及其他方面四大类。

◆ 澳大利亚旅游学家波乃克（P. Bemeker）对旅游行为分类如下：修养旅游（包括异地疗养）；文化旅游（包括修学旅行、参观、参加宗教仪式等）；社会旅游（包括蜜月旅行、亲友旅行等）；体育旅游（包括观摩比赛、参加运动会）；政治旅游（包括政治性庆典活动的观瞻）；经济旅游（包括参加订货会、展销会等）。

◆ 美国的奥德曼(L. E. Audman)把旅游行为分为健康(使身心得到调剂和保养);好奇(对文化、政治、社会风貌和自然景色等的观赏或考察);体育(一种是亲自参与的,如狩猎、球类、集体比赛、滑雪等;一种是观看的,如田径赛、各种球赛和赛马等);寻找乐趣(游玩、文艺、娱乐、度蜜月、赌博等);精神寄托和宗教信仰(参加朝圣、宗教集会,参观宗教圣地、历史遗迹,以及欣赏戏剧和音乐等);专业或商业(科学探险和集会、公务或商务旅行、教育活动等);探亲访友,寻根、回国及家庭联系等;自我尊重,受邀请或寻访名胜等方面。

总体来看,旅游动机的层次性决定了旅游行为的层次性。陈传康(1986)、保继刚(1999)等认为,旅游行为可分为三个层次:基本层次是游览观光,也称景观旅游,它能陶冶性情,增加知识,给旅游者以美的享受;提高层次是娱乐、购物旅游,娱乐旅游可以丰富和提高旅游的活动内容,健康的娱乐旅游可以增加旅游地的吸引力和经济效益;专门层次包括内容较多,有疗养、会议、展览、商业、宗教朝拜、考察探险等旅游活动。不同旅游目的地的旅游行为层次是各有侧重的,这取决于旅游资源的性质、旅游者的爱好及其消费能力等,不同的旅游行为层次可以同时并存。

二、旅游者消费构成

(一)实物消费与劳务消费

从旅游者所消费的对象的物质形态上来看,有的是有形产品,有的是无形服务,还有的是二者的结合。这种结构特点使旅游消费与一般产品消费有很大的区别。对于旅游产品中实物形态的消费,消费对象的确切的物理属性和特点,使消费感受和评价具有客观的基础;而对于劳务消费来说,情况就十分复杂。对于纯粹的劳务(这种情况十分少见)的质量进行衡量,完全依赖于服务者和被服务者对服务效果的主观预期和评价;而对于借助于物资设备和设施提供的劳务(这种情况最为常见),又往往是以上两种情况的综合。

(二)生存型消费、享受型消费和发展型消费

生存型消费是指用于满足人们基本生理需要而进行的消费,它是作为生物的人所具有的一致的消费需要,因此也是旅游者所离不开的。享受型消费是社会人的欲望的产物,是指人们在物质生活领域、精神生活领域谋求舒适、惬意和满足而作出的支付选择。发展型消费是指为保证人们的体力和智力在现有水准之上不断获得发展而进行的消费,它是作为社会人为谋求机能和智能的进步而选择的一种积极支付。在旅游者的消费整体结构当中,这三种类型的消费实际上并不是截然对立和孤立的,在大多数情况下,三者浑然一体,难以分割。一些本属于享受型和发展型的消费也往往依附于生存型的消费过程来得以实现,这也是旅游消费的一个特点。

(三)"食、宿、行、游、购、娱"的指向型消费

从传统上看,旅游者消费被分解为六大要素。"六要素论"也被人们用来分析

旅游产品构成并推断其特性的向导或钥匙。从六大要素的角度考察旅游者消费的结构特征,有助于判断旅游地的性质,分析旅游地旅游发展所带来的经济效益及其来源构成,认识旅游业的潜力所在,从而制定适当的旅游发展政策。

(四)基本旅游消费和非基本旅游消费

按照旅游消费对旅游活动的重要程度,可分为基本旅游消费和非基本旅游消费。基本旅游消费是指进行一次旅游活动所必需的、基本稳定的消费,如旅游住宿、餐饮、交通、游览等方面的消费;非基本旅游消费是指并非每次旅游活动都需要的且具有较大弹性的消费,如旅游购物、医疗、通信等消费。

此外,旅游者的消费结构,还可以根据不同的旅游目的地、不同国家或地区的旅游者、不同的旅游类别以及不同的旅游季节进行分类。

三、旅游者消费行为特点

旅游者消费行为是指人们在旅游过程中,通过购买旅游产品来满足个人发展和享受需要的行为活动。与普通的消费行为相比较而言,旅游者消费具有以下几个特点。

(一)旅游者消费对象构成复杂,综合性与连带性均较强

首先,从时间上看,旅游者消费有旅游前消费、旅游中消费和旅游后消费。旅游前消费主要是指用于进行旅游咨询、选择确定旅游线路等方面的开支;旅游中消费是旅游者在旅游过程中的主要消费,包括用于满足"食、宿、行、游、购、娱"诸方面的开支;旅游后消费对接待地一般较少有经济上的意义,因为这种消费主要是指旅游者回到家中之后对旅游过程中购买的具有实物形态的物品的持续消耗或连带发生的一些消费(如冲洗胶卷等)。第二,旅游者消费的对象是旅游产品,旅游产品本身就是一个由旅游资源、旅游设施、旅游服务等多种要素构成的综合体,其中既包含物质因素,也包含精神因素,既有实物形态,又有劳务形态,这就决定了旅游者消费的复杂性和综合性。

(二)旅游者消费中包含有较多的冲动型购买,其水平有攀高倾向

旅游者在旅游过程中的消费,即使在开支规模上大体是预算型的,但在支出方向上也不像居家消费那样理智。因为人们在一个陌生的环境当中旅游,见到的自然多是陌生的、新奇的东西,购买欲望自然会随兴致有所上升。另外,与居家消费相比,旅游者消费有明显的攀升的倾向。

(三)旅游者消费呈现较高的弹性

从总体上看,旅游消费是人们在满足了基本生活需求之后发生的一种旨在追求发展和享乐的高层次消费。这种消费性质必然决定了它将随着个人收入水平的变动(尤其是达到或超过某一临界点时)以及价格的变动而发生更为敏感的变化。而另一方面,从消费项目的结构上看,由于多数项目的性质和地位处于对核心旅游消费的追加地位,因此自然也就决定了旅游者在这些消费项目上的支出原则,从而在多数情况下表现出其从属的地位乃至弹性的支出规律。

第二节 旅游者的旅游决策

一、影响旅游决策的因素

旅游者的旅游决策是一个复杂的心理过程(图3-2)①,具有很大的不确定性,因为影响旅游决策的因素是多方面的,包括旅游者内在心理因素和社会环境因素等。旅游者在选择旅游线路时,往往会根据自己的偏好、闲暇时间、经济状况等进行选择,并主要考虑旅游线路中的旅游目的地、旅游时间安排、旅游安全和价格等因素。

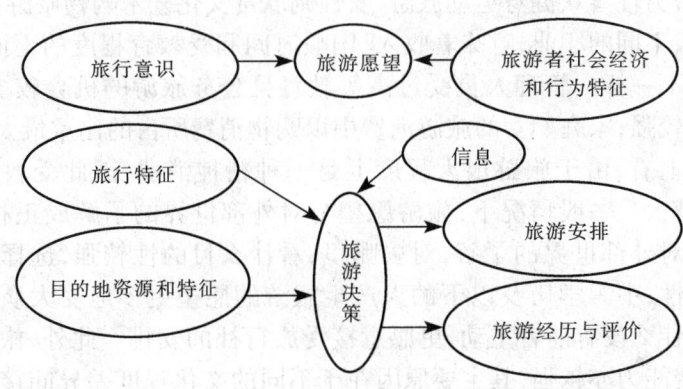

图3-2 旅游决策过程示意图 (引自李君轶,2001)

(一)旅游者特征

主要包括个性特征和人口统计学特征。旅游者的人口统计学特征分析是旅游研究的一项基础工作,其内容包括年龄、性别、收入、学历、职业等方面的结构分析,是研究旅游者各种行为形成的基础,并对旅游市场开发具有重要意义。

1. 旅游者的个性特征

旅游者的个性特征是个人长期发展和形成的比较稳定的心理特征,个性不同的人,其出游行为也表现出不同的特点。目的地选择行为与旅游者的个体特征存在紧密关系。旅游者在性别、年龄、民族、兴趣、职业、经济收入、文化程度、消费观念、社会地位、家庭结构、常住地的地理位置及自然条件等方面的差异,构成了各自

---

① 李君轶.旅游地理学研究重点及发展趋势分析.陕西师范大学继续教育学报(西安),2001,18(4):116-118.

的个性特征;旅游者的偏好不同,在进行旅游消费行为决策时会表现出不同的特点,对旅游线路的选择也有差异。在不同的消费观念、消费心理影响下,不同群体的旅游者也会表现出不同的旅游消费行为。

从年龄上看,不同年龄层次的人其生活经验和阅历不同,对旅游目的地、旅游线路、旅游内容等的选择会有很大差异。老年人闲暇时间多,旅游目的主要是陶冶情操、放松心情、寻根访友、品味历史古迹;他们怕喧嚣,喜清静之地,文化意识和交通意识较强,对住宿、饮食、交通的要求比较高;中年人工作繁忙,商务、会议旅游者居多,对人文景观的兴趣浓厚一点,要求现代化的旅游设施设备和高质量的饮食服务;青年人精力旺盛、求知欲强,喜欢选择刺激性和探险性的旅游项目,对饮食要求量多而不求精,用于游览娱乐性的开支较大;少年儿童天真活泼,对新鲜事物充满热情,对游乐设施特别感兴趣。

从性别上看,男性喜欢健身运动旅游,女性则欣赏文化艺术购物旅游。

从职业上看,不同的职业,意味着收入、闲暇时间和受教育程度的不同,旅游倾向和旅游需求也不一样。管理人员受过高等教育且公务旅游的机会较多;学生和教师的文化意识较强;家庭妇女的旅游消费中以购物消费所占的比重最大等。

从文化程度上看,由于旅游很大程度上是一种精神消费,因此受教育程度越高,对旅游需求越大。一般情况下,旅游愿望与对外部世界的了解成正相关,高学历的人基于他们对外部世界的了解,对去哪里、看什么目的性较强,选择旅游线路时有较强的自主性;中等学历及以下的人产生旅游的愿望更多地受大众媒介的影响,对去哪里、看什么没有前者主动,更愿意接受旅行社的安排。此外,旅游者的文化程度越高,消费能力亦越强,其主要原因在于不同的文化程度差异间接造成了旅游者社会地位、经济收入以及需求层次的明显差异。美国的一项研究显示,受教育程度越高者,越倾向于参与体能挑战性较强的旅游项目,如航海、野营、背包旅行、登山、网球等;而文化程度低者,较倾向于选择游泳、滑冰、观光等旅游活动。

2. 家庭

家庭结构对旅游决策也有一定影响。家庭是社会生活的基本单位,也是一个单独的、最重要的休闲群体,例如,在美国人参加的娱乐活动中,大约有2/3以上是家庭性质;在文化性的休闲活动中,约有40%是属于家庭性质。家庭生活周期不同,家庭成员扮演角色不同,旅游行为和旅游活动特点也不同(表3-1)。

表3-1 传统家庭生命周期与旅游活动特点(引自吴必虎,2000)

家庭生命周期	旅游者特征	旅游活动特点
单身阶段	新观念的代表者,身体活动能力强	喜欢富有刺激性、体力消耗大的旅游活动
新婚阶段	收入较高,自由性强	偏好度假休闲旅游活动
满巢阶段 (子女不足6岁)	活动自由性低,消费能力低	旅游可能性较低

续表

家庭生命周期	旅游者特征	旅游活动特点
满巢阶段（子女6岁以上但未独立）	有一定自由性,消费能力较低	开始选择家庭式的旅游活动
空巢阶段	自由度高,经济富裕	以豪华型旅游居多
鳏寡阶段	退休,有一定的储蓄和财产	选择节奏慢、保健型、知识型的旅游产品

3. 社会阶层

处于不同社会阶层的旅游者,其社会地位、经济收入、生活方式不同,因而在旅游行为上也存在着较大差别(表3-2)。同一阶层的成员,因经济状况、价值取向和受教育程度相近,兴趣、旅游偏好和行为方式也具有较大的相似性,就旅游行为方面而言,他们倾向于选择相同类型的产品品牌,对某些传播媒体有着共同的偏好。例如,从对我国入境旅游者的分析中,发现他们所处的社会阶层不同,旅游行为也表现出不同的特征。

表3-2 旅游者社会阶层与旅游行为特征(引自马耀峰,1999)

社会阶层	旅游需求	旅游消费水平
上上层	很注重旅游服务	豪华
下上层	注重旅游产品和服务	奢华
上中层	更注重旅游情趣	中高档
中层	只注重适合自己水平的产品和服务	中档

此外,旅游者的地理位置也从多方面影响旅游决策行为,其中气候条件对旅游决策影响最大。一是气候不同造就了自然景观的季节性,这正是吸引旅游者的主要动力;二是热量条件在时间和空间上的差异决定人们对差异地区的向往。如冬季北方人喜欢到南方去享受温暖,南方人则喜欢去北方体验冰雪;夏季人们普遍喜欢到海滩享受阳光。

(二)闲暇时间

德国学者霍斯特·托特认为[1],如果时间限定,则旅行距离也是限定的,决定旅程长短的最重要条件是时间、费用和旅途是否舒适。旅游的发生依赖于人们闲暇时间(自由时间或者可随意支配的时间)的多少,一般来说,旅游者的出游时间与闲暇时间成正相关的关系,直接影响旅游者对旅游线路类型的选择,如果没有特殊需求,人们选择旅游线路时总是追求最小的"旅游时间比"(指人们从居住地到旅游地的单纯旅行时间与在旅游地游玩时间的比值)。当存在类型相同,所提供的游玩时间相近,但到居住地距离不同的旅游地时,人们通常会选择最近的旅游地旅游。而

---

[1] 保继刚. 旅游者行为研究. 社会科学家(桂林),1987(6):19-21.

较长距离的旅游只能利用历时较长而且比较集中的闲暇时间,例如欧美地区游客来华旅游大都利用带薪假期便是这个道理。

(三)价格

旅游消费是满足人们高层次需求的消费。即使人们有了旅游的需求,也只有当人们的收入在支付其生活费用之外,尚有一定数量的结余时,才能使这种需求变为现实。人们的收入水平意味着支付能力,而可随意支配收入的水平则决定着一个人的旅游支付能力。它影响着一个人能否成为旅游者,影响着旅游者的消费水平及其消费构成,并且还会影响到旅游者对旅游目的地、旅游线路及旅行方式的选择等。可随意支配收入水平是决定个人旅游行为的最重要的经济因素。

旅游线路的价格,以包价旅游线路为例,主要包括综合服务费、房费、城市间交通费及专项附加费四个部分。综合服务费构成含餐饮费、基本汽车费、杂费、翻译导游费、接团手续费和宣传费等;关于房费,游客可以根据本人意愿,预订高、中、低各档次饭店,旅行社按照与饭店签订的协议价格向游客收费;城市间交通费,即飞机、火车、轮船和汽车等客票价格;专项附加费,即汽车超公里费、游江游湖费、特殊游览门票费、风味餐费、专业活动费、责任保险费、不可预见费等。

因此,可以说,影响旅游者选择旅游线路的关键之一是价格。影响价格的因素实在太多[①](图3-3):线路中的每一项内容都会影响到线路总价格的高低。旅游者希望在不降低旅游体验、服务标准和水平的同时,旅游线路的价格要尽可能的低。旅行社既想以较低的价格吸引旅游者以利竞争,又必须要保证一定的利润空间以求自身的生存与发展,还要保证旅游质量以树立企业形象,对旅行社来讲,合理确定旅游线路的价格也确实不是一件容易的事。

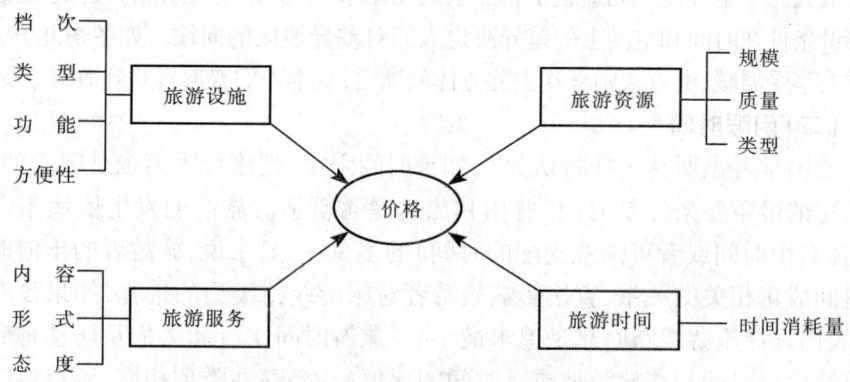

图3-3 旅游线路价格影响因素与影响内容(引自王昕,2000)

---

① 王昕.关于旅游线路设计的思考.重庆师范学院学报(自然科学版),2000,17(增刊):34-36,46.

(四)旅游目的地

旅游者外出旅游必须完成从居住地到旅游目的地之间的空间位移。人们是否愿意克服较大的空间距离障碍前往旅游目的地,旅游目的地的级别是一个很重要的因素,一般来说旅游目的地的级别越高,知名度越大,吸引力就越强,旅游者克服空间障碍的决心和可能也就越大。旅游者在选择旅游目的地时会有如下倾向。

1. 观赏性

旅游,是一种探索、一种学习、一种享受的过程。一次成功的旅游,不仅能增长旅游者各方面的知识,还能开阔视野、强健体魄、愉悦身心。无论是名山大川、奇石异洞、海湖泉瀑、风花雪月,还是文物古迹、民族风情,其观赏性越强,对旅游者的吸引力越大。

2. 季节性

旅游者的心理感受以及旅游活动的内容和效果等受季节性影响,某些自然景色只在特定的季节、时间里出现,例如吉林雾凇,只有在入冬以后才能形成。随着季节的变化许多旅游景点都有明显的"淡季"和"旺季"之分。旅游者在进行决策时还会考虑旅游目的地的最佳旅游季节、日期等因素,我国一些地区(景区)的最佳旅游季节如表3-3所示。

表3-3 我国一些旅游地区(景区)最佳旅游季节

地区/景区	最佳旅游季节
北京	春季4、5月,秋季9、10月最佳
西安	春秋两季均宜,秋季更佳
成都	春、秋、冬皆宜
桂林	春、秋两季较为适宜
海南、昆明	四季如春,全年均可游
苏州	3月至11月最佳
杭州	春、秋两季为最佳时节
泰山	秋季9月至11月为旅游最佳时节,冬季11月至翌年3月观日出最佳
华山	6月至9月最佳
嵩山、恒山	5月至9月最佳
衡山	春、秋两季为最佳

续表

地区/景区	最佳旅游季节
哈尔滨、吉林	冬季1月至3月最佳
丝绸之路	7、8、9月最佳
四川九寨沟、黄龙	9、10月最佳
西藏、青海	6、7、8、9、10月最佳
青岛、大连、秦皇岛、庐山、肇庆	夏季避暑最佳

3. 差异性

居住地与旅游目的地之间的环境差异，会激发旅游者的旅游动机，从而产生克服空间障碍的决心和出游的可能性。旅游者往往会选择最有名的旅游地和自然环境及文化环境与居住地差异较大的旅游地旅游。

4. 文化性

不论何种旅游，人们都是希望从中得到美的享受和各种精神乐趣。旅游者生活于不同的文化背景下，其旅游需要自然会受到文化因素的影响。古木怪石、松涛月色，对生活在都市的人来说，足以唤起他们强烈的心灵震撼和审美愉悦，而对长期居住在那里的人而言，或者对它们视而不见，或者认为这一切都平淡无奇。

5. 整体性

一棵古树、一块石碑、一幅壁画等，虽然每个单体都可能具有很高的旅游价值，但若是一个个孤立起来看，很难吸引旅游者。只有当各个旅游资源单体相互组合起来，形成旅游资源群体时，才能对旅游者具有吸引力。

(五) 旅游者的感知

影响旅游决策行为的主要因素之一是旅游者对旅游目的地的感知印象。知觉（感知）是客观事物直接作用于人的器官，在人的脑中产生的对这些事物的各个部分和属性的整体反映。在旅游者对旅游地所感知的诸多层面中，对旅游决策行为影响较大的感知因素是旅游者对时空距离及旅游地整体形象的感知。

1. 旅游者对时空距离的感知

旅游行为总是发生在一定的时间和空间之中，因此旅游者计算距离一般使用两种尺度，即时间距离和空间距离，旅游者对时空距离的感知因人而异。距离又可分为客观距离和感知距离，客观距离以里程来衡量，感知距离则以克服客观距离所消耗的时间、金钱和精力等来衡量，并受到交通便利程度的影响。例如，尽管居住地与旅游地的客观距离不变，但由于开辟了航空线或直达火车，会使感知距离大大缩短。因此，对旅游目的地的吸引力真正起削弱作用的是感知距离而不是客观距离。

旅游者对时间知觉的要求常因动机的不同而有所不同，比如以度假为目的的旅游者会匆匆赶到一个度假地，把更多的时间消耗在那里，以探险为目的的旅游者会把时间重点放在行程本身。旅游者对时间知觉的总体要求表现为:旅途要快,即要用最短的时间完成由甲地到乙地的行程;游览要慢,即活动时间充足,能从容地观赏和体味;活动要准时,因为现代社会人们的时间观念很强,不愿浪费时间。

空间距离知觉对旅游行为的影响主要表现为阻止作用和激励作用。所谓阻止作用,是指旅游者在出游时总要付出金钱、时间、体力甚至情感的代价,因此只有当在旅游中的收益大于代价时,他们才会作出出游决策。所谓激励作用,是指距离对旅游有摩擦力,但遥远的距离反过来对人具有极大的神秘感和诱惑力,它和摩擦力相抗,吸引人们到远方旅游。这也是许多人远涉重洋四处游历的原因之一。

2. 旅游者对旅游目的地形象的感知

旅游者对旅游目的地的感知信息既有来自个体的亲身体验,往往涉及旅游地的景观、基础设施、服务及可达性等方面;也有来自媒体广告和周围群体的介绍等。一般而言,旅游者决策时更信赖亲身体验,但对于大多数旅游者来说旅游目的地是一个陌生的环境,因而间接的信息及渠道发挥的作用越来越大,它们在人们构建旅游地感知形象时起关键作用。

旅游者摄取旅游地信息的途径和丰富度甚至会影响其出游决策。人们在选择旅游地时会受到感知环境的限制,虽然客观环境中存在一些很有价值的旅游地,但由于某种原因,这些旅游地没能成为人们感知环境的一部分,因此,人们就不可能到该地旅游。可以说,旅游者对旅游地整体形象的感知是十分重要的,往往决定着人们是否到该地旅游,以及到该地旅游项目的安排等。例如人们在选择旅游地时,总是倾向于选择那些最有名的、自然环境和文化环境与居住地差异较大的旅游地旅游等。

(六)旅游态度

旅游态度是指对某一旅游吸引物的认知、评价及出游意向等,分为肯定的态度和否定的态度,肯定的态度会促成旅游行为的发生,否定的态度则抑制旅游行为的发生(图3-4)。旅游者作出旅游决策经历一系列的心理过程:首先从社会环境中接受知识和各种旅游信息,在此基础上形成针对旅游的态度,进而形成对某种行动的偏爱和意图,激发旅游行为。此时,诸多因素又对这种偏爱或意图施加影响,二者相互作用的结果决定了具体的旅游行为是否能够发生。因而,旅游态度是影响旅游偏好以及旅游决策的主要因素之一。

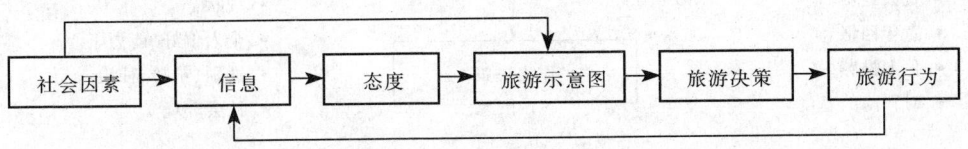

图3-4 旅游态度与旅游行为的关系(引自甘朝有,2001)

(七)安全问题

安全是旅游者选择旅游线路时最关注的一个因素。首先是旅游线路中的交通安全,其次是旅游目的地的社会状况,包括当地政府及居民对旅游者的政策与态度、社会治安、自然灾害、政治形势等,因为这些都会影响到旅游者的人身和财产安全。

此外,旅游者在选择旅游线路时,还会考虑旅行社的资质、信誉、服务质量以及所推出旅游线路的设计水平等。也就是说,旅游线路设计水平也会影响到旅游者选择旅行社及旅游线路的决策。

二、旅游决策过程

影响旅游决策的因素很多,除了前面探讨的因素外,诸如目的地的天气和气候状况、目的地实际服务水平和住宿设施的实际质量、目的地居民的好客程度等,也在影响着旅游决策,而且这些因素在旅游决策时往往不确定或不明朗。图3-5描述的是整个度假决策的过程,当然这并不表示所有的决策行为都是按照这一方式形成的;但是,个体旅游者在决策之时都会对可能影响他们决策的各个方面进行详细周密的考虑。

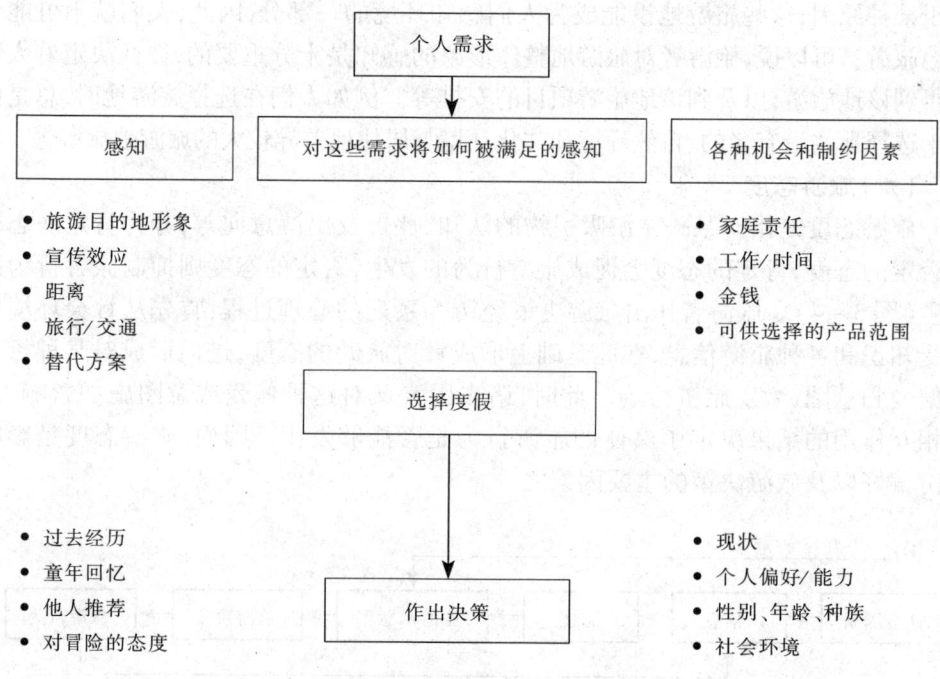

图3-5 度假决策过程(引自佩吉,2004)

(一) 吉尔伯特的旅游消费者决策过程理论

吉尔伯特(Gilbert,1991)认为①,旅游消费者的决策过程分为四个不同阶段。

1. 需求的原动力

初期引导人们作出游览某景区(点)或者度假决策的各种不同的力量,其中包括旅游动机。

2. 需求效应

消费者通过各种渠道(宣传手册、报纸、网络)获取有关旅游目的地的信息,从而形成对旅游目的地的特定印象和感知。这种感知既可能增加旅行实现的可能性,也可能减少旅行实现的可能性。

3. 角色与决策

旅游者作为消费者的角色将会影响他们对旅游产品的最终决策。例如,一个家庭中不同的成员会对度假时间、地点和所从事的活动产生不同的影响。

4. 需求筛选

旅游决策受到一系列因素,诸如人口因素、社会经济因素以及旅游机会的重大影响和制约。尽管在对某一产品进行选择的过程中可能存在一股强大的"推动力",但是旅游需求仍然要经过大量限制因素的筛选和过滤。

(二) 个体旅游者的旅游决策过程

有学者认为个体旅游者的旅游决策是这样一个过程:通过被动的、偶然的机会了解旅游目的地,形成旅游目的地主观印象;决定旅游,考虑限制因素;在最初考虑的诸旅游地中选出可能成行的旅游目的地;主动地通过多种渠道(包括各种新闻媒体、网络、旅行社、导游手册、亲朋好友、有经验的旅游者等)收集信息,形成可能成行旅游地的主观印象;旅游者对收集到的信息比较和评判,根据时间、经济、个人偏好等方面的因素,对各个旅游目的地、各种旅游线路和旅游方式进行选择、衡量;选择最终成行的旅游目的地;旅游过后的评价。

王家骏(1997)在无锡的调查中发现的一个旅游决策实例很具典型性,转引如下②:

旅游者是一位中年教师,准备夏季自费单身出游。年初开始筹划,打算旅游五六天,花费四五百元,拟在鲁南、豫东、皖南、赣东北、闽北和浙南间选择旅游目的地。然后他着手搜集资料,主要是旅游报刊、导游小册子和地图,也曾向旅游经验丰富的人请教过,对该区域内的国家级风景名胜区的历史文化名城了如指掌。由于他本人酷爱大自然,又擅长摄影和美术,认为游览自然风景区容易获得较大的旅游满足,因而决定以山地、湖泊、海滨和自然保护区为候选旅游目的地。他考虑过

---

① [英]佩吉(Page.S.),等.现代旅游管理导论.刘劼莉,等,译.北京:电子工业出版社,2004:46-47.
② 王家骏.旅游决策行为研究:旅游者对旅游目的地的选择.无锡教育学院学报,1994,(3).

两个方案,一个是他所谓的多样性方案,一条旅游线路串联几种类型的自然风景区;另一个是单一性方案,即玩透一个著名的自然风景区。他最中意的一个多样性方案是:无锡→太湖→杭州→富春江→梅城→公路→建德→千岛湖→淳安→新安江→深渡→公路→黄山→公路→无锡。只是受限于金钱和时间,以及对车船衔接可能性的怀疑,他才忍痛割爱,于是倾向于单一性方案。在山地、湖泊、海滨和自然保护区四种类型中,他认为山地景观丰富,观赏性强。自己又在山区当过十年知青,对大山既熟悉又亲切,遂决定这次游览一座名山。通过比较,在待选的旅游名山名单中仅剩黄山、泰山、天柱山、雁荡山和武夷山。他认为,黄山风景无与伦比,可惜的是夏季游人如织,山上吃住成问题;泰山历史遗存丰富,但风景逊于黄山;天柱山刚刚开发,资料不多,风景质量是否高?接待设施是否齐全?这些情况他都没掌握;雁荡山乘汽车辗转劳顿,转海轮又怕晕船影响游兴;武夷山丹崖碧水,风景有特色,还可参观自然保护区,虽说远了点,可坐火车直达临近之邵武,很方便。最后,他选中了武夷山。

一般来说,个体旅游者的决策行为包括三个步骤(图3-6):

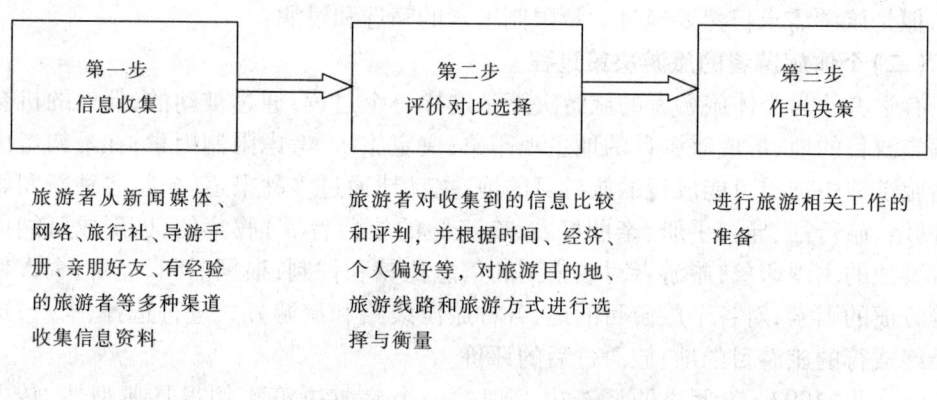

图3-6　个体旅游者决策步骤

(三)群体旅游者的旅游决策过程

现代社会,人们更倾向于与家人、朋友或同一组织、阶层的人共同组团旅游。虽然群体中的不同成员可能有最基本、一致的内在需要,有相似的兴趣和态度等,但各个个体的旅游偏好毕竟不可能完全一样,且他们对自己的需要和欲望的判断在不同的环境和时间上有着不同的结论。按照群体内部成员的关系来划分,群体旅游者可以分为家庭型、社会组织型、社会阶层型(社会中按文化水平、职业、收入等分级排列的具有相对同质性和持久性的群体)等。若按团队的组织形式划分,群体旅游者又可分为自发组织的临时性群体、外部组织的临时性群体两种类型。

1. 外部组织的临时性群体

它是指群体内的成员是由外部组织例如旅行社组织起来的,很多成员原来很可能不认识,处于不同的社会组织、社会阶层,他们能够被某一旅游组织汇集到一起,原因是他们对某种确定的旅游活动过程如旅行社出售的旅游线路达成了一致的认可,所以,这种旅游群体的旅游决策过程的关键是识别并评价由各个不同的外部组织提供的整体旅游活动方案的价值,一旦符合个人的旅游目标,个体便主动参与到群体当中成为其中一员,此类群体旅游决策过程与旅游者个体独立旅游决策过程没有根本的不同。

2. 自发组织的临时性群体

它与个体旅游者不同的是,群体旅游者形成决策时,存在两个特殊的环节,一是群体成员间个别旅游需要的协调过程,二是个别旅游方案的比较和同化的过程。这两个环节在本质上是嵌入到个体旅游决策过程当中的,是由群体旅游的下列特点所决定的。

(1) 群体旅游决策过程的影响因素更为复杂

群体旅游者成员的构成具有的复合性,必然导致影响因素的多样性和复杂性。在这里,不仅在个体旅游决策的情况下构成影响势力的因素依然独立地发挥作用,而且这些以不同方式、朝着不同方向施加影响的因素之间还存在交互作用,这无疑使统一的旅游决策过程变得更加困难。

(2) 群体旅游决策过程中的突出表现是群体成员间的互动关系

旅游群体是人们通过一定的社会互动关系结合起来的共同行动集体,在这个集体中,确认了具有共同旅游需求的每一个群体成员从个体旅游需求的意识反映阶段开始,就需要不断地以各种方式与他人进行沟通。他们对外界刺激的反应,对来自外部世界的信息的处理与评价,都是在与他人的直接或间接、自觉或不自觉的交流中进行的,并且受某种趋向一致的作用力的影响,使之最终能在目标上达成共识。这种互动性在个人旅游决策过程中基本上是不存在的。

(3) 群体旅游决策的结果具有临时的规范意义

群体活动的一个突出特点就是存在某种群体规范,从而使决策具有相对的稳定性,这种稳定性是保证群体目标得以实现的基础。群体旅游决策一旦制定形成,每个群体成员都有义务遵从群体的共同规范,即使当个人利益与这种规范发生矛盾冲突时,个体也应该服从于这种规范。这样,群体旅游决策就不像个体旅游决策那样,在各个阶段上(旅游前和旅游中)和任何内容上都潜伏着变化的可能性,而是相对稳定的,在规范的约束下具有明显的可预期的结果。

群体旅游决策过程可概括为以下几个步骤(图3-7):

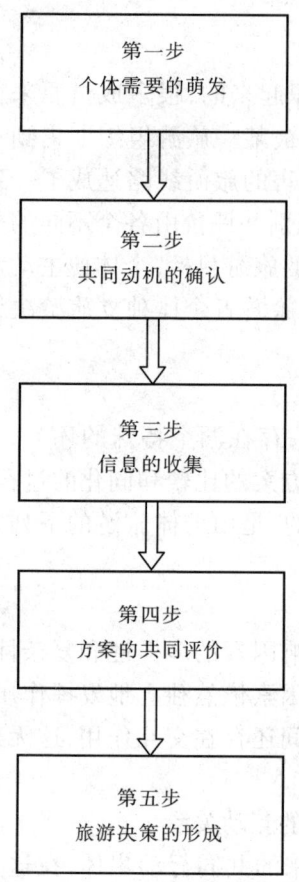

当旅游者对自己的现状有不满足感，出现心理失衡并在心理上意识到某种期望时，每个个体都有产生旅游需要的可能。

当旅游者意识到自己的旅游期望需要通过与他人结伴或成为旅游团队中一员才能获得满足时，群体旅游方式就基本被确定下来，并出现众多个体对各自旅游需要在群体中的可实现性的评价问题，共同的、一致的旅游动机得以确认。

在共同动机支撑下，个体以各自的方式在文化、社会、个人等综合因素的影响下进行相关信息的收集。

当把各个旅游者收集到的信息加以汇总时，个别旅游者会竭力主张对自己有利的旅游方案，协调的结果自然是能够最大化地满足群体大多数成员需要的一种比较折中的方案，这是群体旅游共同决策形成的基础。

尽管最终的旅游决策方案有可能对个别旅游者的某种需要（往往是次要的需要）不能给予所期望的满足，但在主要的方面和对绝大多数成员而言，是具有充分的凝聚力。这样，群体旅游决策就形成了。

图 3-7　群体旅游者决策步骤

第三节　旅游者空间行为规律

国外学者对旅游客源问题的研究始于 20 世纪 60 年代中期，最初的研究主要着眼于分析旅游者本身的属性，如人口统计学特征等，随着发达国家政府部门对旅游这一社会经济现象的关注，许多地方政府及一些中央政府开始委托人文地理学者会同经济和社会学者对旅游者进行调查分析，从事旅游流等旅游者行为方面的研究。1967~1969 年英国地理学家罗杰斯（H. B. Rodgers）主持了第一次试验性全国游憩调查（British Pilot National Recreation Survey），获得了有意义的旅游流规律资料。20 世纪 80 年代初，旅游地理学家在时间序列模型（趋势分析）、相关分析模型、引力模型、潜能模型等方面有了较成功的尝试,但由于揭示模式常常不足以完美地说明实际情况,史密斯(Stephen Smith)和皮尔斯(Douglas Pearee)等学者们开始专注于对旅游流形成机制的探讨[①]。

自20世纪80年代以来,国外学者对旅游市场的研究主要集中在:(1)从经济学的角度分析游客在目的地的消费行为以及对当地经济的影响;(2)以各种服务设施为主要研究对象,探讨其在旅游目的地的空间布局及其变化;(3)从旅游者的个体属性,分析具有不同特征的旅游者的不同旅游偏好、出游动机、旅游行为以及这些因素与旅游决策、目的地选择、空间行为模式之间的关系;(4)旅游者的旅游需求研究,包括对不同类型旅游产品的需求(市场细分)、需求的季节性以及需求预测研究;(5)各种模型在旅游研究中的应用及旅游相关模型的建立;(6)旅游流的分析与预测[②]。

早期的中国旅游地理研究多集中于旅游资源的调查与评价、区域旅游规划等旅游供给方面,而基本没有涉及旅游市场的需求方。到20世纪80年代后期,旅游活动的主体——旅游者渐渐受到学者们的注意,一些学者运用引力模型、抽样调查等方法开始对个别旅游热点城市、风景名胜区游客的时序分布规律及城市居民的出游规律结构进行探讨;对旅游者行为类型和空间分布规律、不同尺度旅游区客源市场的地区结构、突发事件等不确定因素对旅游客源波动影响等方面进行研究。总体来看,除了部分研究涉及一般性理论探讨和数学模型的建立外,其余多是围绕客源地游客作整体特征的描述,或是研究国外客源市场的变动,重复工作较多,有关旅游客源的空间分布虽有一些案例描述和阐释,但是对于旅游地不同时期客源市场的空间分布演变的研究并不多见。

一、旅游者空间行为模式

关于旅游者空间行为模式的划分,学者们从不同的研究角度进行了探讨。迈奥斯克(Miossec,1976)和戈曼森(Gormsen,1981)从空间结构和空间动力学角度观察了目的地旅游演变过程,并将旅游者的行为和类型同旅游者的地理分布模型结合起来考虑。朗德格仁(Iundgren,1973)、希尔斯和朗德格仁(Hills and Lundgren,1977)和布里敦(Britton,1980)建立了关于核心—边缘理论模型(core-periphery-model),他们强调了在旅游行为中边缘地区对核心地区的依赖。

明思(Robert C. Mings)和麦克休(Kerm E. Mchugh)在研究美国黄石公园旅游者空间行为时,认为旅游者旅行空间结构模式可分为四种,即直游式(Direct Route)、直游—周游式(Partial Orbit)、周游式(Full Orbit)和飞行/驾驶式(Fly/

---

① 杨新军,马晓龙.大西安旅游圈:国内旅游客源空间分析与构建.地理研究,2004,23(5):695-704.
② 保继刚,郑海燕,戴光全.桂林国内客源市场的空间结构演变.地理学报,2002,57(1).

Drive),其中飞行/驾驶式是直游一周游式的特例,只是其旅行模式中的直游式部分路径是通过飞机完成的。

克兰普顿(Crompton, J.)和费森迈尔(Fesenmaier, D.)等在总结前人旅游空间行为研究的基础上,将旅游者空间行为模式分为五种。

◆ 单目的地模式(Single Destination Pattern):指一个有较强吸引力的旅游地独处一地。

◆ 沿途线型模式(En route Pattern):旅游者在往返主要旅游地途中,顺便游览线路附近旅游地。

◆ 基地旅游模式(Base-camp Pattern):整个旅游期间旅游者均待在主要旅游地并以此为基地,游览附近旅游地。

◆ 区域旅游模式(Regional Tour Pattern):旅游者周游区域内一系列旅游地。

◆ 环状旅游模式(Trip Chaining Pattern):整个旅游线路呈环状,旅游者依次游览一系列旅游地,但没有一个主要旅游地。

斯图尔特和沃格特(Stewart & Vogt, 1997)在克兰普敦和费森迈尔(1993)的研究基础上,以到访美国密苏里州布兰森(Branson)旅游区的游客的问卷式日记数据为基础,构造了五种类型的旅行线路模式(图3-8)。

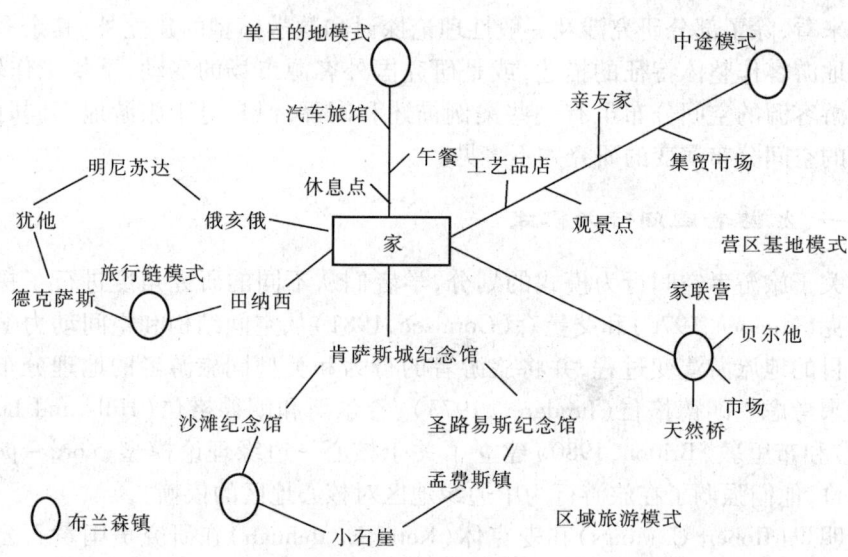

图3-8 布兰森镇旅游线路模式(引自Stewart & Vogt, 1997)

比较上述空间行为模式的划分及各类型的特点,发现明思等与克兰普顿等的分类基本相似。直游式相当于单目的地模式,直游/周游式和飞行/驾驶式相当于沿途线型模式,周游式相当于区域旅游模式和链式旅游模式。

保继刚(1999)根据涉及的空间大小把旅游空间行为划分为大、中、小三个尺度(表3-4),认为旅游者在各个尺度的空间行为具有以下一些特征。

◆ 大尺度空间的旅游者,总是力图到级别较高的旅游点旅游(倾向于选择有高级别旅游点的地方作旅游目的地、到达目的地后往往只游玩目的地附近级别较高的旅游点);尽可能游玩更多的高级别旅游点;当旅游目的地不止一个时,为避免走回头路旅游者总试图采用环状线路等。

◆ 中、小尺度空间的旅游者,无论在居住地还是在暂住地附近旅游,均有采用节点状路线旅游的倾向;旅游效果受旅游路线的影响等。

表3-4　三个尺度空间行为所涉及的空间大小(引自保继刚等,1999)

尺度	涉及的空间范围
大尺度	省际、全国、国际
中尺度	省内、地区(市)内
小尺度	县(市)内、风景区内

旅游者的出行空间对距离具有强烈的敏感,例如林木忠义(1966)提出三种有关基本距离的原理[①]"距离与行动圈(基本距离越长则观光者的观光活动范围与其旅行规模就越扩大)"、"距离与频度(基本距离越短则观光者之访问观光对象的频度越高)"和"距离与观光内容(比较单纯目的的观光内容只能招徕近距离的观光者,而观光内容优良者则招徕范围较广)"等。

从旅游学的角度讲,在一定的引力和外推力作用下,旅游客流量一般会随着与旅游目的地距离的增加而逐渐减少,这一现象被称为距离衰减规律。即客源地与旅游目的地之间的距离越大,旅游者为克服距离所付出的代价也随之增加,由于旅行费用和时间的增大,会造成旅游吸引强度降低,使旅游者出游的可能性变小,旅游客流量随之减少,用公式表示为:

$$F = \frac{T_1 T_2}{f(d)}$$

式中 F 为客流量的大小;T_1 为旅游目的地的吸引力,涉及旅游资源、服务质量、被了解程度、历史渊源、语言障碍、文明程度等;T_2 为旅游客源地的外推力,涉及收入水平、带薪假期长短、兴趣爱好等;d 为旅游地与客源地之间的相互距离。

虽然在距离(包括空间距离、经济距离、时间距离、心理感知距离等)的阻力作

[①] 杨新军,马晓龙.区域旅游:空间结构及其研究进展.人文地理,2004,17(1):76-81.

用下,旅游客流量的大小与距离影响力呈反比关系,但由于旅游者心理因素、旅游客源地经济发展水平、大城市的空间分布等影响居民出游因素的作用,旅游客流量的空间分布会在距离衰减规律的基础上产生一定的波动。

二、城市居民出游目的地的选择行为

游客在一定条件下总的出游力是有限的,在特定时段、特定背景下只能到访一定数量、分布于一定范围内的目的地。对于目的地而言,游客的到访实际上是客源市场在目的地空间上进行市场分割的结果。伴随全国国内旅游需求普遍化、组织化、集中化、多元化、消费化的发展趋势,吴必虎等分别对上海、西安、成都、长春四个城市居民出游目的地的选择行为进行了研究[①],发现虽然各城市在出游力、人口数量、城市规模、城市区位等方面存在相当大的差异,并因此造成同等空间尺度上出游率的一些不同,但城市游憩者在空间上的流动规律总体上呈现一致的趋势(表3-5)。

表3-5 中国城市居民在不同距离目的地的到访率(%)(引自吴必虎等,1997)

区域	0~15公里:市区	15~50公里:郊县	50~500公里	500~1500公里	>1500公里
上海	94.6	56.5	68.8	26.6	6.4
西安	88.0	65.5	31.4	28.8	6.0
成都	94.2	69.4	49.0	23.0	18.4
长春	88.0	46.4	59.0	41.0	28.8
总平均	91.2	59.5	52.1	29.9	14.9

该项研究通过3 394份问卷的信息处理和分析,绘出了中国城市居民到访率在空间上的分割曲线,并从距离、出游能力、设施引力和可达性四个方面分析了其形成机制,得出如下规律。

◆ 中国城市居民旅游和休闲出游市场,随距离增加而衰减;城市的一级客源(由城市出发的本城居民)80%的出游市场集中在距城市500公里半径的范围内。

◆ 中国城市居民的出游目的地,城市多于风景名胜区,且较集中于东部沿海城市。

◆ 城市的二级客源(由旅游中心城市出发的非本市居民)的目的地选择范围,

[①] 吴必虎,唐俊雅,黄安民,等. 中国城市居民旅游目的地选择行为研究. 地理学报,1997,52(2):97-103.

主要集中在距城市 250 公里半径圈内。

◆ 中国城市居民关于目的地选择的态度和行为之间存在明显不一致,态度上偏好远城自然景观,行为上选择近城目的地;该不一致是由目的地的多种属性和旅游者所处的情境造成的。

丁健等(2004)对广州市居民的出境旅游行为进行了研究[①],得出广州市居民出境游市场在空间上的分割规律如下。

◆ 广州市居民境外游市场主要集中在港澳地区,其次是东南亚地区和韩国、日本,总体表现为随距离的增加而衰减;53% 的出境游市场集中在 300 公里范围内,87% 的出境游市场集中在 2 500 公里以内。

◆ 居民在出国旅游目的地选择的态度和行为上存在明显差异,表现为除对东南亚地区部分国家如马来西亚、泰国、越南和缅甸的旅游选择态度(意愿到访率)低于选择行为(实际到访率)外,对其他国家的选择态度均高于选择行为,特别是对澳大利亚、日本、美国、法国等国家,选择态度远高于行为。

出现目的地的选择行为和态度存在明显不一致的主要原因是:第一,个体行为除受态度影响之外,还受政策、距离和出境费用等的影响。如旅游者想到法国去旅游,但目前赴法国的自费旅游业务还没有正式开办,办理签证比较困难,限制了人们的出游意愿;另外到国外旅游,花费较高,一般公民虽有出国旅游愿望,但考虑到所需费用,会改变出游态度甚至取消到该目的地旅游。第二,同一对象中有多种属性和特征,当个体对某种属性持肯定态度而对另一种属性持否定态度时,就会导致和愿望不一致的行为。如人们对菲律宾、印度尼西亚的热带海滨风光持肯定态度,但对当地的治安环境持否定态度,就可能选择到泰国、马来西亚等国旅游。

本章小结

> 通过本章的学习,能够初步了解和掌握旅游动机和旅游行为的概念及分类、旅游者需求的新特点、旅游者消费构成、旅游者空间行为规律,能结合实例,探讨旅游决策过程,分析影响旅游者决策的因素,对相关的旅游线路设计提出建议和意见。

---

① 丁健,李林芳. 广州市居民的出境旅游行为. 地理研究,2004,23(5):705-714.

思考与练习

1. 何谓旅游动机？何谓旅游行为？
2. 简述旅游者消费行为特点。
3. 影响旅游者决策的因素有哪些？
4. 试举例说明旅游者的旅游决策过程。
5. 简述旅游者的空间行为模式的分类。
6. 试述我国城市居民出游目的地的选择行为规律。

第4章

旅游餐饮

本章导读

旅游餐饮是旅游线路设计的重要组成内容,是旅游活动得以顺利进行的前提。美食可以使一个地区声名远播,地方特色餐饮可为旅游线路增光添彩。本章的研究重点是旅游餐饮的特点、旅游线路中旅游餐饮的选择、我国饮食文化旅游资源的开发及美食旅游线路设计等。

第一节 旅游餐饮与旅游线路的关系

旅游餐饮是指在旅游活动中主要满足旅游者需求的餐饮服务。旅游不仅是精神享受,也是物质享受。在旅游构成的六大要素中,"食"是旅游者最基本的需求之一。旅游餐饮是伴随着旅游活动出现的,是餐饮业与旅游业相结合的产物。据相关统计资料显示,餐饮的费用占旅游支出的18%~20%。一个旅游线路产品能否有很高的市场占有率,能否为旅游经营者带来可观的经济收入,餐饮是一个关键问题。随着餐饮业的发展并日趋成熟,近年来,我国餐饮企业每年平均以30%左右的速度递增,市场竞争愈演愈烈,国内餐饮业即将进入"微利时代"。因此,旅游地餐饮与旅游结合具有重大的现实意义。

一、旅游餐饮的特点

旅游餐饮既包括一般意义上的餐饮,或者说饭店餐饮,主要经营中餐、西餐,或其他如日餐、法餐、韩餐、印度尼西亚餐等正餐餐厅,也包括地方风味小吃等特色餐饮,后者一般集中在旅游地的美食街、风味小吃一条街等类似场所。

(一)地方特色性

中国被称为"烹饪王国",与法国、土耳其烹饪并称世界三大烹饪体系。中华民族"食文化"源远流长,不同的地理、气候、历史、民族,造就了差异极大的饮食习俗。形成了许多风格迥异的菜系,其中最具影响和代表性的是八大菜系(湘菜、粤菜、闽菜、川菜、鲁菜、徽菜、浙菜、淮扬菜),它们的烹调技艺各具风味,菜肴特色各有千秋(表4-1)。而我国各少数民族在长期的历史发展中,也形成了各自的饮食特色,出现了不少著名的菜肴风味流派,如清真菜、蒙古族菜、满族菜、朝鲜菜等。

总体来看,中国菜肴讲究色、香、味、形,选料极为广泛,从山珍海味到一般动植物,均可入菜。其共同点是用料考究,刀工精细,制作精绝,百菜百味,回味无穷,余香满口。如北京烤鸭以其成品色泽枣红,油润亮,皮脂酥脆,味道醇香,肥而不腻等特色扬名四海。创建于清同治三年(1864年)的北京全聚德烤鸭店,以经营独创的北京挂炉烤鸭及"全鸭席"系列菜品驰名中外,"全鸭席"中的芥末鸭掌、卤鸭胗、盐水鸭肝、茅台鸭卷、水晶鸭舌、烩鸭四宝、干烧四鲜、火燎鸭心、糟熘三白、芙蓉梅花鸭舌、罐焖鸭脯、飞燕穿星等31种菜品最具特色。

表4-1 八大菜系简表

菜系名	来源地	代表菜	口味
湘菜	湘江流域、湘西、洞庭湖区	麻辣子鸡、红煨鱼翅、冰糖湘莲、金钱鱼	咸、辣、酸
粤菜	广州、潮州、东江	烤乳猪、盐水鸭	鲜嫩、爽滑、生脆
闽菜	福州、泉州、厦门	佛跳墙、醉糟鸡、酸辣烂鱿鱼	清、鲜、原汁原味
川菜	重庆、成都、江津、自贡、合川	回锅肉、宫保鸡丁、麻婆豆腐	麻、辣
鲁菜	济南、胶东地区	九转大肠、德州扒鸡	咸、香
徽菜	沿江、沿淮、徽州三地区	符离集烧鸡、雪冬烧山鸡、毛峰熏鲥鱼	味道醇厚
浙菜	杭州、宁波、绍兴、温州	叫花鸡、东坡肉、西湖醋鱼	清、香、鲜
淮扬菜	苏州、扬州、南京、镇江	盐水鸭、松鼠鳜鱼、清炖甲鱼	浓而不腻、咸中带甜

1. 鲁菜

鲁菜,也称山东菜,由济南、胶东、孔府菜点三部分组成。鲁菜取材广泛,选料精细,调味极重味醇正醇浓,少有复杂的合成滋味,尽力体现原料的本味;精于制汤,善以葱调味,尤其对海珍和小海味的烹制,堪称一绝。另一特征是面食品种极多,小麦、玉米、甘薯、黄豆、高粱、小米均可制成风味各异的面食,成为筵席名点。著名菜点有:炸山蝎、德州扒鸡、原壳扒鲍鱼、九转大肠、烩乌鱼蛋、葱烧海参、蟹黄鱼翅、糖醋黄河鲤鱼、奶汤核桃肉等。

2. 川菜

川菜融合了成都、重庆以及乐山、江津、自贡、合川等地方菜点的特色,有成都、重庆两个流派。"好吃走四川!"麻辣是川味的本色,主要特点在于味型多样,变化精妙。味是川菜的灵魂,有"食在中国,味在四川"之说,川菜的神奇之处就在于味的变化多端。"五味调和百味香",川菜对调味十分讲究,并善于调味、精于调味,辣椒、胡椒、花椒、豆瓣酱等是主要调味品,不同的配比,幻化出了麻辣、酸辣、椒麻、麻酱、蒜泥、芥末、红油、糖醋、鱼香、怪味等各种味型,有"一菜一格,百菜百味"的佳话。在四川,各地的麻辣还能演绎出不同的个性来,川南川北,麻辣的风味其实大不相同。著名菜点有:樟茶鸭、干烧鳜鱼、鱼香肉丝、怪味鸡、宫保鸡丁、粉蒸牛肉、麻婆豆腐、毛肚火锅、夫妻肺片、灯影牛肉、辣子脆肠、芋儿烧甲鱼、泡椒墨鱼仔、担担面、赖汤圆、龙抄手等。

3. 粤菜

粤菜即广东菜,由广州、潮州、东江三地特色菜点发展而成,以广州菜为代表,是起步较晚的菜系,但影响极大,不仅中国香港、澳门,而且世界各地的中菜馆,多数以粤菜为主。其选料广泛、新奇且尚新鲜,讲究鲜爽滑嫩,鸟、鼠、蛇、虫皆为食材,有"五滋"(香、松、软、肥、浓)、"六味"(酸、甜、苦、辣、咸、鲜)之别,时令性强,夏秋讲清淡,冬春讲浓郁。著名菜点有"龙虎斗"、烤乳猪、东江盐焗鸡、白灼基围虾、蚝油牛肉、广式月饼、沙河粉、艇仔粥等。

4. 淮扬菜

淮扬菜是以扬州、淮安为中心的地方风味菜,集江南水乡扬州、镇江、淮安等地菜肴之精华。其选料讲究鲜活鲜嫩,主料突出,刀工精细,擅长炖、焖、烧、烤,重视调汤,讲究原汁原味,并精于造型,瓜果食品雕刻栩栩如生。淮扬细点,造型美观,制作精巧。著名菜点有:清炖狮子头、拆烩鲢鱼头、扒烧整猪头、清蒸鲥鱼、水晶肴蹄、三套鸭、软兜鳝鱼、冬瓜盅、三丁包子、翡翠烧卖、蟹黄汤包、千层油糕等。

5. 闽菜

闽菜是以福州、闽南、闽西三地区地方风味菜为主形成的菜系。著名菜点有:佛跳墙、鸡汤氽海蚌、淡糟香螺片、七星鱼丸、醉糟鸡、煎糟鳗鱼、半月沉江、燕皮馄饨、福州线面、蚝仔煎等。

6. 浙菜

浙菜有悠久的历史,它的风味包括杭州、宁波和绍兴三个地方的菜点特色。著名菜点有:龙井虾仁、西湖莼菜汤、西湖醋鱼、宋嫂鱼羹、炸响铃、叫花鸡、东坡肉、新风鳗鲞、咸菜大汤黄鱼、冰糖甲鱼、牡蛎跑蛋、蜜汁灌藕、嘉兴粽子、宁波汤团、湖州千张包子等。

7. 湘菜

湘菜包括湘江流域、洞庭湖区和湘西山区三个地区的菜点特色。著名菜点有:东安子鸡、腊味合蒸、组庵鱼翅、冰糖湘莲、红椒腊牛肉、发丝牛百叶、火宫殿臭豆腐、吉首酸肉等。

8. 徽菜

徽菜风味包括皖南、沿江、沿淮之地的菜点特色。著名菜点有:无为熏鸭、毛峰熏鲥鱼、符离集烧鸡、方腊鱼、石耳炖鸡、云雾肉、绿豆煎饼、蝴蝶面等。

9. 风味小吃

中国的风味小吃主要分为南北两大体系。区分南北的主要根据在于主食,南方的主食是米,北方的主食是面,用米和面做出来的各种点心和小吃种类多如星辰。

我国各地都有自己独特的风味小吃,如香气四溢的宁夏回族风味小吃烩羊杂碎;山西太原的刀削面、炝锅面;甘肃兰州的牛肉拉面;广州的生滚粥;昆明的过桥米线;青藏高原地区的糌粑、酥油茶、青稞酒、牦牛肉;北京有焦圈、蜜麻花、豌豆黄、艾窝窝;上海有蟹壳黄、南翔小笼馒头、小绍兴鸡粥;天津有嘎巴菜、狗不理包子、耳朵眼炸糕、贴饽饽熬小鱼、棒槌果子、桂发祥大麻花、五香驴肉;四川小吃以赖汤圆、龙抄手、玻璃烧卖、担担面、夫妻肺片、灯影牛肉、小笼粉蒸牛肉为代表;西安有牛羊肉泡馍、饺子宴、乾州锅盔等,十分丰富。

此外,近年来,西方餐饮也大量地进入中国的餐饮市场,星级饭店均设有西餐厅,麦当劳、肯德基、比萨等西方快餐也深得中国人喜爱,同时也为海外旅游者就餐提供了方便。

(二)文化性

古往今来,饮食被人们赋予了审美、艺术、礼仪、禁忌等文化内涵。对饮食的要求不仅在于吃什么,还在于怎样吃,使用怎样的饮具、餐具,以及食用时的氛围和方式。饮食的发展同人类自身的发展历史一样长,它经历了由低档饮食活动向高档饮食活动,由简单、粗糙的饮食产品向复杂、讲究的饮食产品逐步发展、进步的过程。它蕴含着绚丽多彩的文化内涵和雄厚坚实的技术基础。

我国饮食文化源远流长,历经中华民族5 000年历史的洗礼,已成为中华文化宝库中一颗璀璨的明珠。早在夏、商、周三代,餐饮已发展为一个独立的行业。当时菜肴的丰盛与精致程度足以使现代人叹服。从周代起产生了一些烹调食谱,如《周礼·天官》中记录了我国最早的名菜——"八珍";而从《楚辞》中,也可以看到当时的酒类和食品已相当丰富,在《招魂》篇的一份菜单中记有:红烧甲鱼、挂炉羊羔、炸烹天鹅、红焖野鸭、铁扒肥雁和大鹤、卤汁油鸡、清炖大鱼等。当时的就餐礼仪与程式也是极其讲究的,商周时期,音乐助餐已经出现。唐宋时期餐饮业已具相当规模,北宋名画家张择端的《清明上河图》,以不朽的画卷向后人展示了当时汴梁人的市井生活,酒楼、茶馆成为画面的重要组成部分。当时的酒店可承办三五百人的酒席,可见其规模之大,分工之细,组织之全。南宋时期,西湖上出现了提供餐饮的游船,其中最大的游船可同时提供百十人的宴会,这种把宴会与游乐结合在一起的做法可以说是旅游餐饮的初步形态。

不同地方的风味小吃,是当地特殊的地理、气候、物产、人文、历史等因素的综合产物,反映了不同地方的文化传统和民族风情。如,四川小吃以夫妻肺片、担担面、龙抄手、灯影牛肉等为代表,其特点是酸、甜、麻、辣香、油重、味浓,注重调味,离不开"三椒"(辣椒、胡椒、花椒)和鲜姜,川人食之,其性格亦麻辣直爽,快人快语。饮食是了解一个地方的一扇窗口。例如,成都餐馆多达四万余家,出门就能找到川菜馆,坐在大小及风格各异的餐馆里,不仅能品尝到闻名遐迩的川菜、火锅和各色小吃,还能感受到成都人悠闲的生活方式。

(三) 生态性

毋庸置疑,旅游业的发展在给社会带来巨大经济效益的同时,也带来了一系列环境问题。餐饮活动给旅游区带来的环境问题主要体现在大气污染、水污染、垃圾污染、景观污染等方面,生态旅游基于可持续发展的理论,将是未来旅游发展的趋势之一。所以,作为旅游消费主要支出项目的餐饮,其产品设计也应当遵循生态性原则、因地制宜原则、可持续发展原则,在种类、包装、生产、节能等方面,体现生态性的特点。例如,为了保护野生动物,素以烹制山珍野味著称的徽菜中已找不到野生马蹄鳖、牛尾狸、黑麂等传统的徽菜名肴。珍稀野味悄然淡出徽菜之后,通过另创新品,以地方特产山珍野菌为原料,做成爽滑可口的烧锅仔,又红白案结合,烹制出鱼丝春包等,很受游客欢迎。

二、旅游餐饮的构成

开发本地特色餐饮系列是旅游线路设计的重要环节,如地方风味食品系列、土特产食品系列、花卉食品系列、药膳食品系列、饮料系列等。

(一) 地方风味食品系列

包括各个地区的风味小吃、点心和菜肴。我国地方风味饮食,历史悠久,品种丰富,外观精美,讲究风味,具有传统文化特色。各地风味小吃多选用当地优质原料,适应民间饮食习俗和口味嗜好,与地方菜的风味特色相联系,主要特点是:南米北面、川麻粤鲜、南甜北咸、东辣西酸。

(二) 土特产食品系列

包括各地出产的农、林、牧、副、渔产品及其被加工成的各种食品。无论是野生的、种植的、养殖的,还是加工的土特产品,都以其特有的形态和功能而闻名。土特产品可归纳为以下几种:畜禽土特产食品、野味土特产食品、水产土特产食品、虫类土特产食品、粮食土特产食品、蔬菜土特产食品、果品土特产食品等。

(三) 花卉食品系列

该系列指以植物的花朵为烹饪原料,经过采摘、洗涤、与其他原料烹调加工成的特色菜品。可食花卉品种有:月季花、兰花、梅花、牡丹花、桂花、玫瑰花及仙人掌等。

(四) 药膳食品系列

该系列是中国医学和烹调学结合的产物,包括药膳、药饮料和药制食品等,其中中草药、野生动植物、特殊矿物等,藏药、蒙古药等,古方、民间偏方等,都可以成为重要的药膳食品开发点,对游客有很大吸引力。

(五)饮料系列

营养丰富的各类饮品,如酒类、茶类、水类、果汁类等更是旅游生活中必不可少的。应大力提倡生产和饮用各类低度酒、果汁酒;提倡饮茶,提高茶的文化品位,并在加工、包装上符合现代旅游者的口味和要求。

早在宋代,茶就已被列入"开门七件事"之一,如今,可与西式酒吧相提并论的中国式的休闲、聚会场所——茶馆,如杭州西湖虎跑的龙井茶肆、遍布成都大街小巷以长嘴茶壶为特色的茶馆和龙门阵、北京前门的大碗茶和老舍茶馆等,已成为闻名遐迩的旅游吸引物。

三、旅游餐饮在旅游线路中的地位及作用

(一)旅游餐饮是旅游线路设计的基础环节

旅游餐饮作为旅游活动的物质基础,是旅游线路设计中不可缺少的基础环节,对旅游线路的设计和开发有重要的影响。一方面,餐饮是人们保持体力,使旅游活动顺利开展的前提条件,只有在人们体力充沛的前提下,旅游活动才能顺利地进行;另一方面,品尝到可口的美食有利于人们带着愉悦的心情进行旅游活动,尤其在以品味美食为主的旅游线路设计中,旅游餐饮的作用更加重要,只有把旅游餐饮设计好,才能使旅游者满意。

(二)旅游餐饮是旅游线路的重要组成部分

旅游餐饮不仅可以满足旅游者在饮食方面的基本生理需求,更重要的是,可以成为旅游者旅游经历的组成部分,满足旅游者的好奇心和求异心理。

以民俗、民族、土特产、郊野化、农家化为特点的特色餐饮,带有较深的地方烙印,一般成本较低,但附加值高,并可与购物等联动,有着巨大的市场,如篝火晚餐、滨海大排档、野外烧烤、民族家庭餐等。在设计旅游线路时,应遵循经济实惠、环境幽雅、交通便利、物美价廉、有特色等原则合理安排旅游餐饮,注意安排体现地方和民族特色的风味餐。

品尝地方风味,是旅游线路设计中不可缺少的内容。2003年中国旅游的主题定为"烹饪王国游",就是为了弘扬中国历史悠久、博大精深、源远流长的饮食文化、对于广大游客来说,了解中国饮食文化的一大捷径,也可以通过"吃"来完成。近年来,"美食游"的发展也给旅游线路设计带来一些启发和思考,即从旅游餐饮方面入手的旅游线路设计还有相当大的市场空间。

(三)旅游餐饮可以丰富旅游线路的内容,提升旅游线路的知名度

目前在很多的旅游线路开发中,旅游餐饮已经不只是一种餐饮,一种美食,更是一种饮食文化,一种风族民情,品尝各地的特色食物和小吃已经成为旅游观光之余吸引旅游者的重要因素,丰富了旅游线路的内容。

同时有特色的旅游餐饮所体现出来的饮食文化,不仅丰富了游客的旅游体验,

增加了游客的游览质量,更为旅游线路增加了亮点,提高了旅游线路的知名度。

第二节 旅游线路设计中的旅游餐饮选择

一、旅游线路对旅游餐饮的基本要求

旅游餐饮是旅游线路设计中一项十分重要的内容,不同类型的旅游线路,对旅游餐饮的选择有不同的侧重点,表现出不同的特点。

(一)按旅游线路距离划分

1. 短程旅游线路的餐饮要求

短程旅游线路的活动范围一般在一个地区级旅游城市的市内或周边城镇与县区。由于游程短,一般为一日游,旅游者多为旅游地附近居民,为了节省开支,这种形式的旅游者一般不会选择消费很高的豪华旅游餐饮点,一般的大众经济性餐厅即可满足需求,甚至为达到旅游效益最大化,他们会自带午餐,留出大部分时间用于游玩,所以这种旅游线路在设计时对旅游餐饮的要求不是很高。

2. 中程旅游线路的餐饮要求

中程旅游线路的游览距离较远,活动范围一般在一个省级旅游区以内或跨省级旅游区的周边地区,如湖北省推出的名山接力游旅游线路(武汉—庐山—九华山—黄山)即属此类,多为二日游或三日游,会涉及在外住宿过夜。这种旅游线路的设计对餐饮的要求比较高,可选择旅游定点餐厅或一般服务质量较好的餐厅来满足旅游者对餐饮的需求。如果旅游地有著名的风味小吃、地方特色食品,最好能利用旅游间隙(一般为晚上),安排游客到当地的小吃街或美食城等地玩一玩,品尝一下美味的地方小吃。因为有时白天行程比较紧,来不及慢慢享用午餐。当然,将此项内容作为旅游线路中旅游餐饮的主要内容也是很好的选择。

3. 远程旅游线路的餐饮要求

远程旅游线路的游览距离长,旅游者活动范围大,一般指在跨省级旅游区范围以上,包括海外旅游线、边境旅游线和国内远距离旅游线。这种旅游线一般为多日游,档次较高,旅游者由于远离家乡、行程劳累,在食宿上要求很高而不能草草了事。在设计旅游线路时,要对旅游者负责,精心安排旅游餐饮,保证旅游活动的顺利进行。根据旅游线路的消费层次,一般会选择不同档次的星级宾馆或当地的特色餐馆为旅游者提供餐饮服务。当然,品尝当地风味美食、土特产食品也完全可以成为此类旅游线路餐饮的重要组成部分。

(二)按旅游线路性质划分

1. 普通观光旅游线路的餐饮要求

普通观光旅游线路是为一般无特殊要求的观光旅游者设计的,如我国推出的

西南旅游线（广州—昆明—成都—重庆—上海）、华东旅游线（北京—南京—扬州—镇江—无锡—苏州—上海）等。普通观光型旅游线路，一般对餐饮没有特殊的要求，对旅游餐饮的选择主要是根据旅游线路的档次，比如经济型、豪华型，来选择不同标准的旅游餐饮。

2. 专题旅游线路的餐饮要求

专题旅游线路是专为一些具有特殊旅游目的的游客组合设计的，线路中所连接的景点一般具有统一的主题内容，比如体育健身游、疗养度假游等，线路上的餐饮安排除了要按照线路的主题组合外，其他的餐饮要求可参照普通观光旅游线路的要求来设计。

二、我国饮食文化旅游资源的开发

目前，我国饮食文化旅游资源的开发一般可划分为以下几个层次。

（一）基础层次——佳肴品尝游

一边旅游，一边品尝当地的美酒佳肴，可以说是饮食文化旅游资源开发的基础层次。近年来，随着居民消费水平的提高和双休日的施行、假日的延长，居民外出旅游就餐的机会增多，消费增加。旅游者不再仅仅满足于吃饱，而是希望在享受他地佳肴美食的同时，满足求新、猎奇的心理和审美等多方面的需求。为适应人们这种新的消费观念，中国各地的传统风味菜肴纷纷上市，西安、杭州、开封、济南、扬州等地挖掘研制了仿唐菜、仿宋菜、孔府菜和红楼菜等。

目前，基础层次的饮食文化旅游产品开发出来的已经比较多，各个地方都有，呈现出欣欣向荣的景象。如西安德发长饺子宴、浙江湖州全鱼宴、广州蛇菜宴、北京全聚德"挂炉烤鸭"，都已成为闻名海内外的特色产品，为旅游者所青睐。

对于该层次的旅游线路设计，重要的是要选择特色鲜明，知名度高的地方餐饮，同时注重空间上的连续性以及旅游线路的整体性和节奏感。在品尝的同时，也可安排其他与饮食相关的旅游活动来丰富旅游线路，比如观看烹饪表演等。

（二）发展层次——饮食医疗保健游

用食物防病治病、保健强身、美容养颜在我国有着悠久的历史。饮食医疗保健的最大特点就是具有有病治病、无病强身、延年益寿等功能。目前已开发出一些较浅层次的饮食医疗保健游产品，如南京双宝楼宾馆推出的"时珍苑"药膳品尝游，其药膳种类多达300多种，菜、粥、点、饮无一不是由南京中医学院养生康复系的专家学者精心搭配，再通过名厨的精心烹调，形成的中国目前为数不多的药膳系列，满足了人们在心理上更高层次的需求，受到国内外旅游者的广泛欢迎。

（三）更高层次——饮食文化旅游

饮食是一种文化。开发饮食文化旅游资源，关键不在于饮食和旅游，而在于"文化"，要于吃中讲求文化，于旅游中弘扬文化，达到以吃为方式、以精神享受为目标。开发饮食文化旅游产品的最终目的还是要弘扬文化。中华饮食文化可以看成是具体而微的中国文化。中国文化中的诸如"天人合一"说、"阴阳五行"说、"中和审美"说以及重"道"轻"器"、注重领悟、忽视实证等特征都渗透在饮食心态、进食习俗、烹调原则中。可以说,追求饮食文化,是生活的艺术,是对中国文化的肯定。饮食文化旅游的发展意在突出饮食生活给人们带来的物质上和精神上的双重享受。

第三节 案例

一、"舌尖之旅"旅游线路

(一)案例介绍

随着中央电视台《舌尖上的中国》(以下简称"舌尖")的热播,不少旅行社推出"跟着舌尖去旅行"系列线路,在旅游业中掀起"舌尖经济"。携程旅行网快速跟进,推出一系列"舌尖之旅",以纪录片涉及的美食地点为目的地,推介、销售传统的"美食旅游"项目,涉及全国10多个省市,已有78条旅游线路的"舌尖之旅"冠名上线。2014年根据节目开发的"舌尖之旅"团队产品数量是2013年的2倍,游客人数相比去年增长3倍。"舌尖之旅"产品中安排的特色美食达到200种之多,而且都不是传统旅游团队餐。其中植入了20多个《舌尖》中出现的菜肴,节目中近一半的美食都可以在"舌尖之旅"的行程中找到,部分线路还安排游客去《舌尖》拍摄地品尝[①]。

携程旅行网根据预订与游客点评情况,评出了十大人气"舌尖之旅"目的地、线路和舌尖美食:

◆ 山东舌尖之旅·曲阜+泰山+济南3日团队游

舌尖美食:孔府宴、山东煎饼

◆ 云南舌尖之旅·丽江+香格里拉6日团队游

舌尖美食:酥油烤松茸、三文鱼宴、木府家宴、原生态牦牛肉火锅

◆ 西安舌尖之旅·西安兵马俑+华清池4日团队游

舌尖美食:陕西臊子面、法门寺素斋、西安饭庄

◆ 四川舌尖之旅·成都+乐山+峨眉山+青城山4日私家团

舌尖美食:麻辣香肠、烟熏腊肉、乐山嫩豆花

◆ 北京舌尖之旅·北京5日团队游

舌尖美食:香椿炒鸡蛋、东来顺涮肉、全聚德烤鸭

◆ 青岛舌尖之旅·青岛4日私家团

---

① 李玲.《舌尖上的中国》带旺美食旅游[N].中国旅游报,2012-11-20.

舌尖美食：鱼水饺、海蜇里子炒白菜、三文鱼、海瓜子、醉蟹、海蛎子、鲍鱼、青岛凉粉
- ◆ 扬州舌尖之旅·江苏扬州2日半自助游

舌尖美食：大煮干丝、扬州名点
- ◆ 安徽舌尖之旅·黄山+宏村4日私家团

舌尖美食：臭鳜鱼、毛豆腐、徽州臭豆腐、徽州土菜
- ◆ 厦门舌尖之旅·厦门+鼓浪屿4日团队游

舌尖美食：润饼、南普陀经典素斋、香草小肠汤
- ◆ 东北舌尖之旅·长春+长白山+延吉+哈尔滨6日团队游

舌尖美食：铁锅炖鱼贴饼子

(二) 案例分析

总体来看，"舌尖之旅"线路具有以下特色。

一方面，"舌尖之旅"线路直接将餐饮作为行程主题和卖点，真正以美食作为旅游吸引物和产品主题，将地方美食与相关的团队游、自由行产品结合，用具有地方特色的风味餐取代千篇一律的团队餐，让游客有机会品尝到当地特色餐饮，满足现代游客多样化和个性化的旅游需求。

另一方面，参与性也是"舌尖之旅"线路的一大特色，本线路在旅游行程中加入了互动环节。线路中复原了《舌尖》节目内容，将游客带到拍摄地去品尝片中原汁原味的美食，比如"丽江舌尖之旅·香格里拉6日团队游"，将游客带回到《舌尖》中拍摄地达灵客栈，让游客亲自制作品尝酥油烤松茸。旅行社还把美食大师和地方名菜引入旅游团，并让旅游者自己参与制作，把美食文化包装到产品中。又如"山东舌尖之旅"线路，囊括了经典鲁式美食，由专业鲁菜大师、世界华人烹调技术大赛金奖的名厨指导游客学习烹饪传统四大鲁菜，让游客亲自动手参与美味的制作。为了让游客进一步了解美食中的文化内涵，旅游团还带游客在孔子诞生地尼山举行祭孔典礼，由孔学专家为游客主讲《儒学心得》，完成一场美食与文化之旅。

二、北戴河、秦皇岛特色美食行

(一) 案例介绍

秦皇岛位于渤海岸边，到秦皇岛旅游，不仅可以欣赏优美的海滨风景，还可以品尝各种美食，尤其是新鲜的海产品。秦皇岛的招牌海鲜菜和小吃有清蒸加级鱼、爆原汁海螺、炸溜子蟹、绣球海贝、酱爆皮皮虾、煎烤大虾等；除了以海味为主的名菜、名小吃，秦皇岛还有别具当地风味的其他小吃，例如芝麻羊肉、回记绿豆糕、四条包子、老二位蒸饺、昌黎拔丝葡萄、北戴河开花馒头、浅子豆腐、天华萝卜丝饼、秦皇鸡、长城饽椤饼、红烧牛舌尾等。

将秦皇岛的特色美食和北戴河美丽的海滨资源结合起来，形成了一条以品尝

秦皇岛美食为主,游览北戴河美丽海滨为辅的"北戴河、秦皇岛特色美食行"三日游。具体安排如下。

第一天:乘船出海,游秦始皇求仙入海处,晚餐杨少怡餐厅

接团,赴旅游码头乘坐游轮海上观光,远观世界第一大能源输出港——秦皇岛。海边沙滩观海、听潮、沙滩自由活动。游秦始皇求仙拜海之地——秦皇求仙入海处一览战国七雄,了解秦皇岛的由来。晚餐杨少怡餐馆品特色四菜(红烧肉醇香浓厚、葱拌花生米酥香可口、红烧塔目尖软嫩鲜香、黄瓜条香脆怡人)。

第二天:游集发生态园,午餐农家饭庄,下午南娱中心游玩,晚餐大馅饺子馆

早餐后,赴集发农业生态观光园,看南花北开南树北栽,感受农家乐趣,尽享农家美味。午餐集发园内品尝无公害纯绿色食品(奥运组委会专供菜品),午餐后游南戴河国际娱乐中心,体验惊险刺激的滑沙、滑草、鸟类表演。晚餐北戴河大馅饺子馆品秦皇岛十佳小吃(大馅饺子、秦皇岛特色炸排骨等)。

第三天:游董家口长城,品农家菜

早餐后赴董家口长城,看悠远长城敌台。午餐品地道农家菜,秦皇岛特色小吃(饽椤叶饼、烤全羊),下午送团,结束北戴河、秦皇岛美食之旅。

(二)案例分析

首先,该线路把餐饮作为了旅游线路的一项重要内容,对旅游餐饮做了精心安排,把特色美食作为旅游线路的吸引要素,而不是仅仅把餐饮作为游客旅游中的基本生理需求。

其次,该线路组合时有效地利用了美食资源、海滨资源、文化资源之间的联动,把海滨资源、长城的文化资源和美食有效地结合起来,增加了旅游线路的吸引力,同时把美食作为旅游项目的一种,扩大了旅游线路组合的市场。

再次,该线路的滨海资源,文化资源所依附的旅游吸引物和美食资源在空间上具有集聚性,使旅游线路具有整体性和节奏感,保证旅游者的旅游活动空间的连续性,避免了旅游者旅途的单调和疲劳。

最后,该线路选取的特色小吃,是秦皇岛的地方风味,一定程度上体现了秦皇岛的饮食文化和风族民情以及人们的生活方式,满足了旅游者求新、猎奇和对文化的需求。

秦皇岛、北戴河特色美食行提示我们,把品尝美食作为旅游线路的重要项目时,要选取特色鲜明、知名度高的餐饮,增加旅游线路的吸引力,同时要注意和当地其他旅游资源的联动,增加旅游项目的多样性。

本章小结

> 通过本章的学习,初步了解和掌握旅游餐饮的基本概念、旅游餐饮的特点等知识点,对旅游餐饮与旅游线路设计的关系有一个比较全面的认识,结合案例,在旅游线路设计时,能对旅游餐饮产品进行设计开发。

思考与练习

1. 什么是旅游餐饮?
2. 简述旅游餐饮的特点。
3. 旅游线路对旅游餐饮的基本要求有哪些?
4. 试述我国饮食文化旅游资源的开发。
5. 以自己的家乡为例,设计一条"美食游"旅游线路。

第5章

旅游住宿

本章导读

人们出门在外,都想有个安全、舒适的下榻之处。同样的一条旅游线路,有的旅游者会要求住豪华的五星级酒店,而有的则只要求经济型宾馆等。本章首先对饭店的类型及等级、旅游饭店的选址、我国旅游住宿的发展等进行分析,探讨旅游线路对旅游住宿的基本要求,并研究度假、观光、商务等类型的旅游线路对住宿的要求及选择。

第一节 旅游住宿与旅游线路的关系

旅游住宿是指为旅游者提供住宿、餐饮及多种综合服务的行业,是组成旅游业的基础行业,亦称旅馆业。在旅游业的"食、宿、行、游、购、娱"六大要素中,旅游住宿是一个十分重要的环节,与旅行社、旅游交通并称为旅游业的三大支柱。

在我国,旅游住宿企业主要是指星级饭店、涉外饭店、旅馆、招待所、青年旅馆、汽车旅馆、野营帐篷和家庭旅馆等各种档次和类型的经营接待旅客并为旅客提供住宿、饮食的场所。专供出租给公司办公的写字楼、公寓楼和一些机构所建的培训中心,也属于商业性质的旅游住宿设施。它们的共同点是必须具备能为旅游者提供住宿这一最基本功能,否则,就不能称其为旅游住宿服务部门。

一、饭店的类型及等级

饭店业(Lodging Industry)是接待业(Hospitality)的一个最重要组成部分,饭店是一种集中提供住宿和餐饮、娱乐服务并且表现为具有综合接待功能的服务企业,外出旅行者是饭店最重要的客源组成,因此,饭店业是旅游产业链上的一个不可缺少的部分。

(一)饭店的分类

饭店分类、分等级主要有两大目的:第一,有利于饭店自身的市场营销,能使饭店明确所处的市场和推销对象,从而有效地制订营销计划,更集中地使用广告宣传费用,同时,也能使消费者在选择饭店时有明确的目标;第二,便于比较,一家饭店经营效果的好坏,只有与同一类型的饭店相比才更有意义。饭店业发达的国家,通常会有专业的饭店会计事务所根据规模大小、地理位置、设备设施水平、服务质量、饭店经营情况等对饭店进行分类,并公布有关数据,以对饭店的经营管理起指导作用。

1. 根据饭店的作用及构造的特点分类

(1) 商务型饭店

商务型饭店是指为那些从事商务活动的消费者提供住宿、膳食和商务活动的饭店。此类饭店多位于城市中心,交通便利,内外装修富丽堂皇,设备高档,设施齐全,特别是从事商务活动所需的设备齐备。

(2) 长住型饭店

此类饭店供消费者长期或半永久性居住,因而其主要市场是住宿期较长、在当地短期工作或度假的客人或家庭。此类饭店与宾客通长需要签订一个租约。长住型饭店通常只提供住宿、饮食等基本服务,饭店的组织、设施、管理较其他类型简单。

(3) 度假型饭店

度假型饭店以接待游乐、度假的客人为主。多位于交通便利的海滨、山区、温泉、海岛、森林等地。一般都远离喧嚣的大都市,提供各种娱乐活动项目,如滑雪、骑马、狩猎、垂钓、划船、潜水、冲浪、打高尔夫球、打网球等,以阳光、新鲜空气等优美的自然环境来吸引游客。目前,我国的此类饭店主要分布在青岛、大连、上海、深圳、桂林、三亚等地,例如深圳有香蜜湖度假村、西丽湖度假村,上海有美丽华度假村、日月岛度假村等。

(4) 会议型饭店

会议型饭店的主要接待对象是各种会议团体,通常设在大都市和政治、经济中心,或交通便利的游览胜地。会议型饭店除应具备相应的食宿设施外,还必须配备各种会议设施设备。

(5) 汽车饭店

常见于欧美国家的公路干线附近,饭店设有让客人停车的地方,并且免费提供停车服务。早期的此类饭店设施简单,规模较小,许多是只有客房而无餐厅、酒吧,仅以接待驾车旅行者投宿为主。现在的此类饭店不仅在设施方面大有改善,且趋向豪华,多数可提供现代化的综合服务。例如,假日集团、华美达饭店集团等均拥有大量的汽车饭店,而霍华德·约翰逊公司还号称是"公路东道主"。

2. 根据饭店计价方式分类

(1) 欧式计价饭店

指饭店客房价格仅包括房租,不含食品、饮料等其他费用。世界各地绝大多数饭店均属此类饭店。

(2) 欧陆式计价饭店

指饭店的房价包括房租及一份简单的欧陆式早餐,即咖啡、面包和果汁。此类饭店一般不设餐厅。

(3) 美式计价饭店

指饭店的房价包括房租及早、午、晚三餐的费用,目前一些地处偏远的度假型饭店仍属此类。

(4) 修正美式计价饭店

指饭店的价格包括早餐以及午餐或晚餐的费用,能使消费者自由地安排白天的活动。

3. 根据饭店的规模分类

(1) 小型饭店

客房总数在 300 间以下的为小型饭店。

(2) 中型饭店

客房总数在 300~600 间的为中型饭店。

(3) 大型饭店

客房总数在 600 间以上的为大型饭店。

4. 根据饭店的建筑投资费用分类

(1) 中低档饭店

指每个标准间(建筑面积约 25 平方米)的建筑投资费用在 2 万~4 万美元的饭店(包括建筑材料,室内装饰,各种设备、用具、陈设的费用,建造中所需的各种技术和人员的训练费用等)。

(2) 中档或中档偏上等级的饭店

每个标准间(建筑面积约 36 平方米)的建筑投资在 4 万~6 万美元的饭店,客房有较先进的、舒适的卫生间、彩电、音响系统、中央空调系统、写字台、沙发、壁画等。

(3) 豪华级饭店

每个标准间(建筑面积约 47 平方米)投资在 8 万美元以上的饭店。客房内除了中高档饭店所具有的设施外,还有国际直拨电话、名人字画、豪华卫生间、室内按摩浴池、豪华灯具、"付费点播"电影电视节目等。此外,走廊楼梯、电梯要占客房建筑面积的 25%。

5. 按饭店的所有制形式分类

可分为全民(国有)饭店、集体所有制饭店、合资饭店、外资饭店、饭店联合体、个体饭店(私有饭店)等。

(二) 饭店的等级

饭店分等定级可以使消费者了解饭店的设施、服务情况,以便有目的地选择适合自己要求的饭店。因而,饭店等级的高低实际上反映了不同层次宾客的需要。一般情况下,对于相同规模、同类型的饭店,客房平均房价是饭店等级高低的客观标志之一。

关于饭店的等级划分,世界上现有 80 多种等级制,有的是饭店协会制定的,有的是政府部门制定的。由于各地区、国家间饭店业发达程度和出发点不同,各种等级制度所采用的标准不尽相同。例如,法国的饭店分为"1—5 星级";意大利的饭店采用"豪华、1—4 级";瑞士的饭店分为"1—5 级";奥地利的饭店使用"A1、A、B、C、D 级"。此外,有的国家和地区采用"豪华、舒适、现代"或"乡村、城镇、山区、观光"或"国际观光、观光"等分级制。在全球比较有影响的是美国汽车协会及美国汽车石油公司分别制定并使用的"五花"和"五星"等级制。据报道,北美洲地区,每年仅有 50 余家饭店被评上"五花"级、20 余家被评上"五星"级。

在我国,根据《中华人民共和国评定旅游涉外饭店星级的规定》(下称《评定规定》),旅游饭店星级评定实行五星制,即分为一星级饭店、二星级饭店、三星级饭店、四星级饭店和五星级饭店。凡在我国境内,从事接待外国人、华侨、港澳台同胞以及国内公民,正式开业 1 年以上的国有、集体、中外合资、中外合作以及外商独资的饭店(或宾馆、度假村等)都可以申请评定星级。

饭店评定等级的依据主要是饭店的建筑、装潢、设备、设施条件;饭店的设备设施的维修保养状况;饭店的管理水平;饭店的服务质量;饭店的服务项目。通过星级的评定,不仅可以提高饭店的硬件、软件水准,也可以使星级饭店向规范化服务发展。根据《评定规定》,各星级饭店的基本标准如下。

◆ 一星级饭店:设备设施简单,具有食宿基本功能,提供基本服务,综合服务项目少。

◆ 二星级饭店:设备设施一般,除具有基本食宿设施与基本服务功能外,有部分综合服务设施。

◆ 三星级饭店:设备设施舒适、齐全、装修美观,有多种综合服务设施,管理水平、服务质量较高。

◆ 四星级饭店:设备设施豪华、典雅、完善,服务项目齐全,能提供较全面的服务,管理水平、服务水平高。

◆ 五星级饭店:设备设施十分豪华,食宿及各种综合服务项目完善,服务质量优秀,管理科学化、现代化。

二、旅游住宿选址分析

(一)影响饭店选址因素分析

旅游住宿设施的区位和选址问题同企业经营好坏以及地区旅游线路的开发关

系密切。饭店行业的权威和创始人之一 M. 斯塔特勒曾指出[①],一座饭店经营管理好坏的因素,第一重要的是选址,第二重要的还是选址,第三重要的仍然是选址。这句话今天看来未免过于绝对,但饭店的选址对饭店经营重要性是不可忽视的。目前,学者们在影响饭店区位选择的因素分析上存在很多争议,但总体来看,对饭店选址起决定性作用的因素主要包括以下几个方面。

1. 经济因素

主要针对目标城市经济、社会以及当地饭店业发展和竞争的程度等各方面进行详尽的研究,包括人口数量、国内生产总值(GDP)、劳动力成本、对客房出租率和房价潜力的估计等指标。

2. 区位因素

主要考察各城市在我国所处地理位置的差异。在选择一个城市作为饭店集团扩张的目标后,优势区位可以为饭店带来额外的利益。因此,饭店的区位选择应是饭店扩张过程中考虑的基础性因素。

3. 旅游资源因素

各城市、地区旅游吸引物的密集程度决定了该地区是否具有旅游吸引力,同时也引导饭店投资区位的选择。

4. 基础设施因素

如公路、铁路、航空运输等交通状况决定了城市可进入性及城市内部基础设施建设。

5. 制度因素

主要包括各地旅游业的经济导向、产业定位、政策倾向、税收环境等政策变化对饭店集团区位选择的影响。

(二)饭店选址模式

1. 宏观选址

所谓宏观选址,就是指饭店布局在哪个城市或地区的问题。对于宏观选址应从区域旅游生产力优化布局的高度来认识,并注意以下两个原则性的问题。

(1)饭店选址应服从旅游业总体布局原则

饭店布局不合理现象在我国许多地区都存在,其结果是很多地方由于饭店过分集中,导致行业竞争激烈、市场混乱、效益低下等问题。因此,饭店建设必须服从区域旅游开发总体布局。例如,1993 年制定的《海南省旅游发展规划大纲》对旅游涉外饭店布局的总体要求是:"考虑到海南旅游接待量的地区分布现状和未来旅游开发的地区布局,旅游涉外饭店布局将主要分布在海口(含琼山)、三亚、通什和万宁(含兴隆)四个地区,占客房总量的 90% 左右。"由于旅游线路开发的效果并不如

---

① 李国振.实用饭店营销学.上海:上海交通大学出版社,1995:14.

预期那样乐观,饭店建设过于集中的海口和三亚,饭店严重过剩,纷纷压价竞争,出现五星级饭店每个标准间只能卖20美元的情况。

(2)饭店选址要与旅游者的空间行为规律相一致

旅游者大尺度的空间行为表现在旅游者总是力图选择有级别较高的旅游点作为旅游目的地,到达目的地后往往只游览附近级别较高的旅游点,即使时间、资金允许,一般也不会在住地游览低级别的景点,而是力图转移到其他地方游览更多级别较高的景点。而旅游者中小尺度的空间行为主要表现在旅游者采用节点状路线(指旅游者从居住地到某一旅游地再按原路返回)旅游这一行为特征:①在居住地附近旅游,一般不愿意在外过夜;②在暂住地旅游时,当景点距暂住地的路程在一天以内可以完成时,旅游者也采用节点状旅游线路,只有当一天内完不成游览时,旅游者才会考虑住在景区内或附近。因此,根据旅游者的空间行为规律,饭店选址应注意以下几点。

◆ 不宜在旅游景点级别低的景区或不是旅游中心城市的地方选址。

◆ 一日游旅游线路中的旅游中心城市与风景区旅游点之间的小居民点不宜作为饭店选址地点。

◆ 对于单枢纽式旅游线路(旅游点以旅游城市为中心向四周辐射)来说,饭店选址只宜在旅游中心城市。

◆ 一日游旅游线路中的旅游中心城市与风景区之间若出现新的可以留住游客的"中间机会",饭店可以在此选址。所谓的"中间机会"是指新的足以吸引旅游者在此暂住的旅游项目。

2. 微观选址

(1)考虑旅游者的类型

不同类型的饭店面向的客源层次不同,而不同客源层次的游客在选择饭店时又各有其能够接受的价格水平和相对一致的消费倾向。因此,饭店的选址必须考虑到地价及其对客房价格产生的影响。因此,面向高消费、购物旅游者的饭店应选址在市中心位置,面向普通观光旅游者的饭店应选址在交通便利的地方,面对休闲度假旅游者的饭店应选在风景区、度假地附近等。

(2)考虑周围基础设施

考虑饭店周围的市政工程设施,如道路、通信、供电、供水、供热及排水等是否齐备,以及离饭店的距离等。若在市政工程设施总干线附近建饭店,会大大减少基本建设投资,从而为饭店建成后价格的制定和经营创造有利条件。

(3)考虑旅游发展和竞争的需要

旅游是不断发展的,旅游者的需求也会发生相应变化。因此,从满足旅游不断发展变化的需求以及企业不断壮大发展和未来市场竞争的角度出发,饭店选址要为以后的发展留下空间和余地。

(4) 服从区域旅游总体规划

饭店选址应服从区域旅游总体规划，对风景区和文物古迹进行保护。例如，饭店选址在风景区周边，要避开旅游者的观景视线，并严格限制建筑高度和建筑风格等，以避免对风景轮廓线的破坏。诸如现代化的高层饭店建在著名的风景观赏点上，使那些专门来寻找自然情趣的游客扫兴而归；或建在著名的古典园林或古建筑旁，高大的饭店塔楼与古塔对峙，喧宾夺主，破坏古园林、古建筑的意境，大大降低景点的观赏价值和线路的体验价值等，这种现象均应杜绝。

三、旅游住宿在旅游线路中的地位及作用

(一)旅游住宿设施可以成为旅游线路中的游览项目

由于自然环境和历史背景的差异，各个地区的住宿设施在地域上呈现出不同的特点，如黄土高原的窑洞、蒙古的蒙古包，这些住宿设施体现的是不同地区的民族文化风情差异，对于和这些地区自然环境或者文化背景差异大的地区的旅游者而言，这些住宿设施在一定程度上就成为他们旅游线路中的游览项目，甚至是他们旅游的目的。

(二)旅游住宿设施的选择影响旅游线路的吸引力

旅游住宿对于除一日游以外的旅游者来说，是旅游活动顺利开展的基础条件。旅行社在组织旅游线路时为旅游者选择一个好的住宿环境不仅可以提高旅游者的旅游体验，同时可以吸引旅游者参与旅游。如韩剧《情定大饭店》中的华克山庄，在该剧热播之后知名度大大提高，旅行社如果在组织旅游线路时选择在此住宿，必定会增加旅游线路的吸引力。

第二节　旅游线路设计中的旅游住宿选择

不同的旅游者，其消费观念和消费水平是不一样的，反映在旅游住宿的选择上也是如此。尤其是消费能力有限的旅游者，对他们来说，高星级酒店开销太大，低星级酒店又嫌住宿环境不好，最佳的落脚点就是新型经济型连锁旅店了，而且因为这类饭店连锁经营，找起来也不难。而对于青年人来说，青年旅舍无疑是很实惠的选择，例如，香港现在有七家青年旅舍，价格一般都在每人每晚 100 港元以下(详情可查询香港青年旅舍协会网站 www.yha.org.hk)。

旅游者在旅游目的地期间的住宿，可选择的类型主要有不同档次的饭店，家庭旅馆(当地的农家/牧家/渔家等)，户外野营(帐篷、吊床、树屋、船屋、小木屋)等。旅游者的旅游动机和目的直接影响着对旅游线路的类型的选择，而选择同一类型线路的旅游者在对旅游住宿方面的需求上有一些共性，这些共性既为旅游线路设计中的旅游住宿选择提供了重要的依据，也为饭店企业提供了相关开发和经营方

面的参考。

一、观光型旅游线路

　　观光旅游主要指到异国他乡游览自然山水、名胜古迹，领略当地风土人情等目的的旅游，是世界上最古老、最常见、最基本的旅游类型，也是我国旅游接待中最主要的旅游类型，近年来华的海外旅游者约有70%是以观光为目的的。这也从另一方面体现了我国旅游产品的单一性，综合型和专项旅游产品有待进一步开发。

　　普通观光型旅游者喜欢到知名度高的地方旅游，自然也会选择当地的旅游住宿设施。观光旅游者不断流动，在一个旅游地逗留时间不长，一般在同一饭店住宿的天数不会超过3天，而且重复观光旅游者少。他们在旅游地消费量不大，对旅游饭店的价格比较敏感。

二、商务型旅游线路

　　商务型旅游也称差旅型旅游，此类旅游者以公务、商务旅行为主要目的，并在完成公务和商务的同时进行观光游览活动，对旅游目的地和出行的时间几乎没有选择余地。他们往往会选择住高档的饭店，且所需费用都由所在公司或单位支付，一般对饭店的价格不大敏感。虽然商务旅游者的人数相对较少，但出行次数较为频繁，消费水平较高，有时会选择同一家饭店，对旅游饭店的忠诚度较高。

　　商务旅游者的活动安排有较强的计划性，他们既要求饭店的地理位置和交通条件好，国际直拨电话、传真、互联网、会议室、产品展销厅、各类餐厅、宴会厅、商务套房等商务活动所需设备设施先进而齐全，又要求酒吧、桑拿浴室、康乐中心等娱乐健身设施完备，并要求饭店能提供高质量的服务，诸如为商务旅游者专门开辟楼层，提供快速住离店服务等，比较强调方便和舒适。

　　随着职业妇女人数的增加，商务旅游者中女性的比例越来越大，相对男性来说，她们更加注重卫生条件和安全状况。

三、会议型旅游线路

　　会议型旅游是指会议接待者利用召开会议的机会，组织与会者参加的旅游活动。参加会议的人员比一般旅游者的消费水平高，逗留的时间比一般旅游者也要长得多。会议的计划性较强，大都不受气候和旅游季节的影响，且多选在旅游淡季举行。

　　接待会议旅游的饭店，首先要具备现代化的会议设施，除了先进的通信、视听设备外，接待国际会议的饭店还要求具备同声传译设备及装置等。饭店的地理位置要好，交通要便捷，并要有不同档次的住宿和娱乐设施。承办会议的饭店要有一批熟悉国际会议惯例并善于组织国际会议的专门人才，并能提供高水平的服务。

四、度假保健型旅游线路

度假保健型旅游主要是指为避寒避暑、寻求幽雅的生活环境、治疗某些慢性疾病而外出的旅游。此类旅游者喜欢去环境好、空气质量高的地方,即气候温和、阳光充足、空气清新、水质好、远离噪声,或有海滨、湖泊、森林、矿泉的地方,因而所选择的饭店,大多也是建在上述地区。

此类旅游者在一地逗留时间较长,旅游住宿水平有两个极端:纯粹以度假为目的的旅游住宿水平高;以保健为主要目的的旅游住宿水平较低,因为他们之中有相当数量是经济型旅游者。总体来看,度假保健型旅游者以中高档消费水平的中老年人居多,而且多以家庭为单位出游。因此,要求饭店必须针对老年、家庭型旅游者的特点,营造和谐、温馨的氛围。

五、娱乐消遣型旅游线路

娱乐消遣型旅游者出游的目的主要是为了改换环境,调剂生活,以娱乐、消遣求得精神松弛和愉快,在娱乐中恢复身心健康。旅游者要求活动的参与性较强,如遇天气变化、不安全因素,或产品质量、价格等出现问题时,会临时改变计划,取消旅游或改去其他饭店住宿,不确定性很大。他们一般住宿时间较长,少则1~2天,多则4~5天或更长;多是自费,因而对旅游住宿的价格比较敏感,要求物有所值。

六、生态/自助型旅游线路

生态/自助型旅游是国际旅游市场新兴的一种旅游形式,强调观光旅游、自然与文化保护相结合。此类旅游者往往对都市景点不感兴趣,喜爱户外活动,热衷原始自然风光,关心自己的生活环境,生活品位高,求知欲、猎奇性强,往往富有冒险精神。绿色饭店、青年旅舍等,均能很好地满足此类旅游者对旅游住宿的要求。

第三节 案例

一、意大利5日游住宿案例

(一) 案例介绍

家庭旅馆也叫家庭公寓、家庭酒店、公寓酒店、家庭旅社、家庭旅店,主称家庭旅馆。早年流行于欧洲,盛行于美国,又被称为"B&B"家庭旅馆,所谓B&B,即"Bedand Breakfast"的英文缩写,实际上是一种"自己治理自己"的小型家庭旅馆,有农舍旅馆、青年旅舍、汽车旅馆、公寓式旅馆等。

传统上的家庭旅馆主要有下面优点：①省钱——在同档品质下，家庭旅馆的费用将比宾馆便宜30%～70%，活动空间却更大，是节约差旅费用的好办法。②舒适——均备齐包括床铺被褥在内的居家必需用品。③自助——可以按自己的习惯和喜好洗衣做饭打扫卫生，完全私密的独立空间，不受外界干扰。④灵活——租期完全灵活，客人可随意安排自己的行程，而不必担心诸如"房租没到期"、"自己添置的家具"等问题。家庭旅馆与酒店、一般旅馆旅馆的区别：费用低于酒店，可以提供居家的服务，租期一般比酒店长些，计价、租期更灵活。家庭旅馆与青年旅馆的区别是青年旅馆虽然也提倡自助服务，但是众多游客拥挤在有限的空间内，缺少个人的独立空间，家庭旅馆却弥补了以上缺点，同时又不失青年旅馆的实惠，并且更有居家的感觉。

小陈是一个热爱旅游的青年，暑假独自到意大利游玩。他为自己设计的线路是罗马—威尼斯—佛罗伦萨，因为经济条件的限制，他为自己选择的住宿都是家庭旅馆。

1. 罗马　　住宿：罗马华人旅馆

罗马华人旅馆，浙江温州人经营，又名香格里拉旅馆。步行出火车站2分钟，有地铁、公交车、有轨电车通往罗马各个景点。干净、宽敞，20欧元每个人，管早餐、中餐、包晚餐（加5欧元），菜品种比较多，以炒菜为主。备有地图，免费上网，很方便。

2. 威尼斯　　住宿：董家旅馆

旅馆位于威尼斯主岛上，步行出火车站10分钟，距圣马可广场较近，干净，分男女屋。20欧元每个人，管早餐（西式）。免费上网，有威尼斯各个岛的路线，十分实用，旅馆主人负责接站。

3. 佛罗伦萨　　住宿：Hotel Centrale

房间宽敞，高度足有两层楼，仿古家具，沙发，安静，有保险箱。卫生间比较大，设施齐全，免费上网。交通：从火车站步行10分钟左右即到，离百花大教堂很近。

（二）案例分析

一方面，该线路的旅游者小陈是自助型旅游者，该种旅游者一般求知欲、猎奇心强，往往具有冒险精神，希望在旅游中得到满足，对于住宿条件的要求不是很高，所以选择的都是家庭旅馆，舒适而且可以免费上网。

另一方面，小陈选择的家庭旅馆的共性都是交通便利而且有些旅馆距离景点非常近，这样的选择有利于旅游者组织旅游路线，顺利进行旅游活动。

家庭旅馆的主要服务对象之一是自助型的旅游者，这类旅游者往往是自己组织旅游线路，随意安排自己的行程。家庭旅馆节约、舒适、自助、灵活，同时比青年旅馆更具有居家的感觉，因而吸引了大批旅游者前往，除了自助型旅游者之外，也有长期出差的人士、商务人士等。但需要提示旅游者在组织旅游线路时旅游时，如果选择的住宿为家庭旅馆,一定要提前预订,以保证旅游的顺利进行。

二、"九寨沟—黄龙"三日游旅游线路

(一) 九寨沟旅游住宿情况简介

在绵延5公里的宾馆建筑群中,九寨沟景区目前拥有五星级宾馆2个,准四星级宾馆5个,三星级宾馆6个,拥有星级标准床位6 785张。宾馆建筑形式多以藏式结构为主,设施完备、布局合理、环境高雅、安全舒适、价格合理,并结合现代人生活要求,可以满足不同层次游客的相应需求。

九寨沟酒店价格受季节影响最大,每年11月至来年3月之间是淡季,4月至8月是平季,9月至10月是旺季,其中黄金周期间价格更是非常高,大部分酒店都按照挂牌价格销售。

◆ **五星级**:九寨沟喜来登国际大酒店、九寨天堂国际会议度假大饭店。散客价格:600~700元;旅行社价格:550元左右。

◆ **四星级**:千鹤国际大酒店、新九寨沟宾馆、中旅大酒店、金龙渔港宾馆、九寨沟星宇国际大酒店、格桑宾馆等。散客价格:350元左右;旅行社价格:250~300元。

◆ **三星级**:九寨沟九龙宾馆、华缘山庄、蜀电宾馆等。散客价格:250元左右;旅行社价格:200元。

◆ **普通宾馆**:名称略。散客价格:150元左右;旅行社价格:60~100元。

◆ **新楼**——当地高档酒店,位于茂县,去九寨沟的必经之路,价格约200元。

(二) "九寨沟—黄龙"三日游线路安排

由成都出发,"九寨沟—黄龙"双飞三日贵宾团旅游线路安排如下:

◆ **第一天,成都—九寨沟(宿:九寨沟口)**

10:00成都双流机场集合,乘11:45航班赴九黄机场,下午游览迎宾彩池、飞瀑流辉、金沙铺地、争艳彩池、黄龙寺、五彩池(如遇天气或路况变化,则改去牟尼沟游览)。

◆ **第二天,全天游览九寨沟(宿:九寨沟口)**

换乘绿色观光巴士全天漫游九寨沟:游览树正沟《自古英雄出少年》拍摄地:景点有古老的磨房、经幡、小桥、流水、盆景滩、芦苇海、老虎海、卧龙海、树正群海、树正瀑布、诺日朗瀑布。可饱览最妖艳的五花海、最高的海子长海;观日则沟《西游记》拍摄点珍珠滩、《英雄》外景地箭竹海(日则沟另有镜海、五花海、熊猫海、原始森林等)。陶醉在九寨天堂那114个美妙的海子里,中餐在沟内,晚上感受此次途中唯一的人文风情——烤羊锅庄晚会(费用自理)。

◆ **第三天,返程**

沐浴九寨晨光,经九道拐至岷江源头,体验毛泽东的"更喜岷山千里雪"的豪迈情怀,赴九黄机场,乘13:15航班返成都双流机场结束行程。

(三)旅游住宿的选择

本线路属于豪华游类型,旅游者的目标定位很高,这就决定了所要考虑的旅游住宿场所必须符合豪华型和贵宾型的特征。因此,九寨沟景区内的高星级酒店应是首选,而高星级饭店也正是以这部分高层次、高消费的旅游者为目标市场的;其次,本线路的日程安排为三日双飞,时间安排比较紧凑,考虑交通便利、节约旅行时间的原则,故将住宿地点选择在九寨沟口的漳扎镇上。因此,同属五星级酒店的九寨天堂国际会议度假中心虽然位于景区枢纽——九寨沟甘海子,但是距九寨沟口20公里,相对较远,故不予考虑。本线路关于住宿的安排如下:商旅豪华等宿九寨沟千鹤国际大酒店标准双人间;商旅贵宾等宿九寨沟喜来登国际大酒店标准双人间。

◆ 九寨沟喜来登国际大酒店

酒店名称:九寨沟喜来登国际大酒店
星　　级:★★★★★
具体位置:九寨沟口(漳扎镇)

挂牌价:RMB1 000.00/间/天;散客价:RMB780.00/间/天;团队价:RMB650.00/间/天

　　九寨沟国际大酒店是这个世界级自然风景区内唯一按国际五星级标准修建的度假休闲型酒店。酒店总建筑面积6.28万平方米,投资3.8亿元人民币,拥有566间(套)客房,多种不同风格的餐饮和中国一流的艺术剧院,为旅游者提供了一个旅途休闲的理想港湾。

　　九寨沟国际大酒店布局由南京金陵(国际)饭店管理公司管理,设计科学;依山造势,傍水取形,建筑风格既有传统藏式特色,又具有鲜明的时代感。整体建筑气势恢宏,由酒店(东楼、西楼)、艺术剧院、生肖艺术广场、标志塔四部分组成,各自独立又彼此呼应契合。蓝绿色与白色的和谐组合,金色的适度点缀,与九寨沟的自然环境浑然一体,传达出优美雅静的意境。

　　酒店拥有类型齐全的各种客房566间(套),是目前中国景区内客房最多的大型酒店。房间内精心布置,使旅客在不经意间就可感受到多姿多彩的藏羌文化。在饱览自然美景,领略藏羌民族风情的同时,享受周到细致的服务,一洗旅途劳顿。

◆ 九寨沟千鹤国际大酒店

酒店名称:九寨沟千鹤国际大酒店
星　　级:★★★★
具体位置:九寨沟口(漳扎镇)

挂牌价:RMB800.00/间/天;散客价:RMB480.00/间/天;团队价:RMB380.00/间/天

千鹤大酒店位于九寨沟规划宾馆区,距九寨沟风景区入口处仅 1.5 公里,地理位置十分优越。酒店占地 26 亩,总建筑面积约 20 000 平方米,是一座典型的集人文与自然、藏式风格与现代建筑有机结合、相互辉映的园林式四星级酒店。

酒店拥有高中档客房 234 间(套),目前首期投入运行的高中档客房有 107 间(套),豪华气派的餐厅可同时接待 300 多人的就餐,配套服务设施有茶坊、购物中心、多功能艺术表演厅、夜总会、桑拿浴、美容美发、棋牌娱乐以及大小会议室、商务办公设施等。

本章小结

通过本章的学习,能够了解和掌握有关旅游住宿的基本概念、饭店的类型、饭店的等级等知识点,对饭店宏观与微观选址有一个全面的了解,结合案例,在具体的旅游线路设计时,能对不同线路中的旅游住宿作出恰当的选择。

思考与练习

1. 什么是旅游住宿?
2. 简述饭店的类型及等级。
3. 影响饭店选址的因素有哪些?饭店宏观与微观选址要注意哪些问题?
4. 旅游线路对旅游住宿有哪些要求?
5. 按照旅游线路设计对旅游住宿的要求,结合所在地旅游住宿设施,设计一条旅游线路。

第 6 章

旅游交通

本章导读

旅游交通是旅游业经营者借助飞机、火车、轮船、汽车等交通运输工具,将游客从旅游客源地安全地送往旅游目的地以及在旅游目的地之间提供交通设施及服务的社会生产活动。旅游交通作为旅游线路的重要组成部分,是旅游活动得以实现的必要条件,也是旅游线路成功的保障,据不完全统计调查表明,在旅游效果影响要素中,与住宿、饮食、景点及其他服务消费等项目相比,60%左右的人将交通列为首位。因而,必须对旅游交通方式与特点、旅游交通在旅游线路设计中的地位及作用、旅游线路设计中旅游交通工具的选择及组合等问题,进行认真的思考和探究。

第一节 旅游交通与旅游线路的关系

关于什么是旅游交通,专家们的看法和解释基本上大同小异:旅游交通是指为旅游者由客源地到目的地的往返,以及在旅游目的地各处活动而提供的交通设施和服务的总和(保继刚,1999)。旅游交通是为旅游者提供旅行游览所需交通运输服务而产生的一系列社会经济活动与现象的总称,旅游交通是发展旅游业的先决条件之一,只有发达的旅游交通业才能使旅游者顺利、愉快地完成旅游活动(周进步,2002)。

一、旅游交通的特性

旅游与交通的关系密不可分,一方面,交通为旅游的发展提供了必要条件;另一方面,旅游对交通的发展也起到了相当大的促进作用。汽车、飞机等现代交通工具的问世,使人们用于空间转移的时间得以极大地缩短,从而为远程旅游提供了新的便利条件(图6-1)。第二次世界大战后,国际旅游的迅速发展同民用航空的普及是分不开的。可以说,现代旅游之所以会有今天的规模,活动范围扩展到世界各地,一个重要原因就是因为现代交通的发展。而在一些旅游资源相当丰富的地区,交通不畅已成为制约旅游线路乃至地区旅游业发展的"瓶颈"。

我国的旅游交通虽然不是一个完全独立的行业,但在整个国民经济交通运输业中,旅游交通既有其特殊性,又具有相对的独立性。

第6章 旅游交通

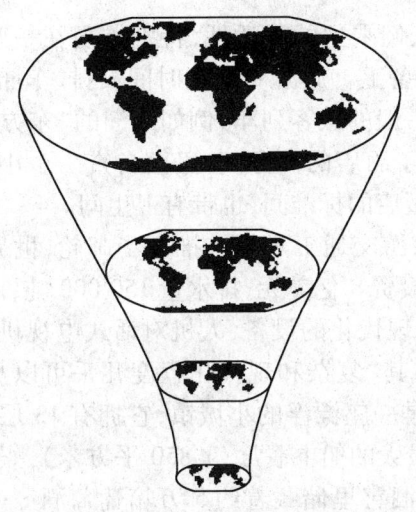

(a)1500~1840年
马车和人力船只的平均速度为16千米/小时

(b)1850~1930年
蒸汽火车平均速度为100千米/小时
蒸汽轮船平均速度为25千米/小时

(c)20世纪50年代
螺旋桨飞机速度为480~640千米/小时

(d)20世纪60年代
喷气式飞机速度为800~1 120千米/小时

图6-1 交通技术的进步对旅行时间的影响(引自佩吉,2004)

(一)层次性

旅游交通从其运送游客的空间尺度及人们的旅游过程来看,层次分明,可分为三个层次。第一层次是外部交通,指从旅游客源地到旅游目的地所依托的中心城市之间的交通方式和等级,其空间尺度跨国或跨省,交通方式主要是航空、铁路和高速公路;第二层次涉及中小尺度的空间,指从旅游中心城市到旅游景区(点)之间的交通方式和等级,交通方式主要是铁路、公路和水路交通;第三层次是景区(点)的内部交通,主要是徒步或特种旅游交通,如索道、游船、畜力(骑马、骑骆驼)、滑竿等。

(二)游览性

游览性是旅游交通区别于普通交通的最明显特征,无论是在交通线路设计,还是在交通设施上都表现出来。第一,从旅游交通线路的设计来看,旅游交通一般只在旅游出发地和目的地之间进行直达运输,或在若干旅游目的地之间进行最小重复的环状运输,使游客在最短时间内到达旅游目的地,且尽量不走回头路,做到"旅短游长"、"旅速游慢",使一次旅游能到达尽量多的旅游景点。第二,在旅游交通设施方面,旅游交通工具如随处可见的一些豪华旅游大巴,大多装饰豪华,车窗宽大而明亮,座椅舒适可调节,以便游客在乘坐时观赏沿途风光。第三,旅游交通工具各具特色,如最高时速达430千米上海磁悬浮列车以及古老的牛车、马车和极具地方风情的竹筏、滑竿等,对旅游者有极大的吸引力。

（三）舒适性

旅游交通较一般的交通更注重提高人们乘坐的舒适性,特别体现在一些国际的旅游专列和巨型远洋邮船的豪华设施设备上。旅游专列在时间安排、车厢设施、服务质量和项目、乘客定员等方面都优于一般的旅客列车,例如欧洲的"东方快车"就是比较好的旅游火车,其一等车厢相当于酒店的商务间,里面自带一个小餐厅,有淋浴设施,方便、舒服;二等车厢相当于饭店的标准间,也带有卫生间。

当今象征着浪漫与富豪生活方式的旅游交通工具当首推豪华邮轮,世界上最大的豪华邮轮非"玛丽女王二号"莫属,它投资8亿美元,排水量150 000吨,可容纳2 600名乘客、1 300名工作人员;配备了最现代化的设备,人机对话式电视机,无线上网的互联网设施,计算机网络管理系统,其"复杂和现代化程度几乎可以与一个城市管理系统媲美"。庞大的邮轮本身就是一座漂浮的小城镇,它拥有13层客舱、10家餐厅、13家酒吧,另外还设有世界上最大的船上餐厅(1 850平方米)、娱乐场、美容SPA会馆、5个游泳池、2 000间浴室,酒窖里储藏着约5万箱葡萄酒……连奶牛也被编制安排上了这艘巨型宫殿,甚至还有一个面向乘客开放的天文观测台,天文台那圆圆的穹顶,把邮轮变成群星照耀下的巨大露天晒台。

（四）季节性

旅游活动受季节、天气及人们闲暇时间的影响,表现出很强的季节性,有淡季、旺季之分;反映在旅游交通上也是如此,节假日期间,旅游交通的客运量会急剧增加。例如每到七八月份欧洲度假季节,在欧洲的主要公路上会看到很多房车(内设住宿铺位、餐厅、厨房、洗浴设施等),都是前往意大利、法国旅游度假或度假返回的。我国的旅游旺季一般在春、秋季节,这些时节天气温和,适合外出旅游,旅游交通也因此显得十分繁忙,特别是每年的"黄金周"期间,旅游交通呈现全面紧张的态势。游客人数的变动必然导致旅游交通在旅游旺季运力紧张,旅游淡季运力过剩。为了使游客人数和旅游交通的运力相匹配,旅游交通部门往往利用票价浮动的杠杆来进行调节,如民航部门在旅游淡季对机票进行打折,以免造成运力的浪费;铁路、公路和水运部门有时会在旅游旺季提高票价调节客流等,因此,可以说,季节差价是保持旅游交通客运量相对稳定的措施之一。

二、旅游交通方式与特点

旅游交通按其路线和运载工具的不同,可分为航空、铁路、公路、水路和特种旅游交通等类型,不同的交通运输方式各有其特点和优势,适用范围也不一样。

（一）铁路旅游交通

铁路旅游交通是以铁道为交通线、旅客列车为交通工具的现代化交通运输方式。火车是近代旅游发端的主要运输工具,1845年托马斯·库克在英国组织的第一次团体旅游就是火车旅游。铁路交通的优势在于客运量大、费用低、速度快(如日本高速铁路系统——新干线上的"子弹火车",最高时速已达300公里)、安全舒适(据有关统计资料,世界各国铁路客运的安全率是公路的18到30倍)、准时及受季节、气候等自然条件的制约性小等,但也具有工程造价高、修筑工期长、受地区经济和地理条件限制、灵活性差等不足之处。

目前,在我国如果仅是为了发展旅游业而修建铁路,从经济上看,还不宜进行大规模建设。但在一些经济条件好的国家和地区,已有专为发展旅游业建造的旅游铁路,如瑞士在阿尔卑斯山的电气化登山铁路和齿轨登山铁路;挪威连接奥斯陆与卑尔根的穿行于丛林与湖泊的铁路,在这长达7个多小时的行程中,游客可以观赏到绿色的森林、静谧的湖泊、陡峭的高山、赤红的岩石,完全沉浸在欣赏大自然的享受之中。

铁路交通,长期以来在我国国内运输业中一直占据重要地位,有"铁老大"之称,在中长距离的旅游交通中也发挥着骨干作用。近年来,随着铁路的提速、铁路旅游产品结构的调整以及大众化旅游的发展,铁路旅游交通的市场竞争力明显增强。旅游专列是近年在我国出现的一种新的大众化旅游方式,它是由铁路局(集团)或铁路分局(总公司)与一家或几家旅行社共同策划开发的往返于各大中城市间以及大中城市和著名旅游景区间的旅客列车。

旅游专列有中长途,也有短途,它"有流就开,无流停运",比一般的旅客列车更具灵活性,而且各旅游景点、城市的到发时刻和停留时间对游客来说都比较方便,服务水平相对较高,例如北京—西安—乌鲁木齐—阿拉山口的"丝绸之路东方快车"、北京—长春—桃山—哈尔滨的"冰雪专列"等长途专列,旅游者以列车当家,一路乘车一路游,"旅"中有"游","旅"、"游"结合,别有情趣。特别是在节假日到热点风景区旅游,来回车票难买,住宿也难保证,如何使得旅游"省心、省钱、省时间",跟着假日旅游列车出游,上述问题可迎刃而解(图6-2)。例如,上海铁路旅行社推出的"上海—黄山"4日游(实际只花去两个白天和两个晚上)全程软卧假日列车。

◆ 第一日,晚19:10从上海站开出。
◆ 第二日,早7:00,伴着曙光抵达黄山站。旅游大巴送至索道口,搭乘缆车或步行上山,一路游览玉屏楼、迎客松、蓬莱三岛、黄山第一高峰莲花峰,眺望天都峰,观赏百步云梯、鳌鱼峰、黄山第二高峰光明顶、排云亭景点;下榻山上酒店,傍晚时分去排云亭或丹霞峰观日落。
◆ 第三日,早起,前往狮子峰或丹霞峰观黄山日出。早餐后继续游览狮子峰、清凉台、猴子观海、梦笔生花、始信峰;然后乘索道缆车或步行下山,再乘车返回黄山市区,游览古色古香的屯溪老街,可以在此购物或品尝当地的风味小吃;17:30左右搭乘假日列车返沪。
◆ 第四日,上午7:30左右抵达上海站。

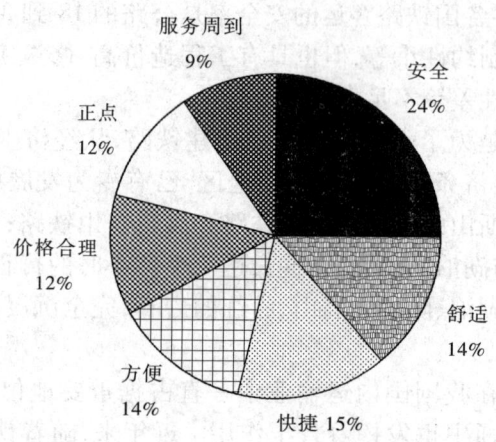

图 6-2 旅客选择铁路的主要因素

（二）航空旅游交通

航空旅游交通方式在现代旅游业特别是长距离的国际、国内旅游中处于绝对垄断地位。作为一种现代化的交通运输工具，航空旅游交通的优势在于航线直、两地之间线路最短，可以跨越地面上的各种自然障碍，具有快捷、舒适、安全、灵活等优势；飞行班次可根据旅游淡、旺季节的实际需要进行调整，是远距离旅行的理想交通方式。目前世界各国普遍使用的波音、空中客车等公司制造的中远程飞机，时速都在900公里左右，大大缩短了旅途时间，尤其能满足旅游者"惜时如金"的心理需求。例如，北京到广州的铁路里程约为2 300公里，乘坐特快列车需要22小时，乘坐飞机则只需2.5小时。

占民用机总数80%的现代喷气式客机，飞行高度在1万米左右，不受低空气流的影响，飞行平稳，噪声小，机舱内部宽敞，舱内休息、娱乐、通信设施齐全，乘客行动极为方便。随着人们生活水平的不断提高，对旅游舒适程度的要求也日益提高，航空运输正以其特有的优越性越来越受到旅游者的青睐。

但是航空交通也有自身的劣势，如票价高（因飞机造价昂贵，购置费用高，运输能耗大，运量相对小，成本高等），空港占地面积大，用地条件高，飞机起落噪声污染严重，机场要建在远离市中心的地区，航空运输受最小飞行距离的限制（空中直接距离200公里定为开办航线的最小经济半径）和天气条件的限制，只适合远距离、点对点之间运送游客，不适合近距离和面状旅游之用等，因此，它必须和其他交通工具相互配合，取长补短，共同完成旅游交通服务。

随着商务旅游、度假旅游的兴起，对民航提出了更高、更新的要求，旅游包机——以旅游为目的地的游客运送为主要业务，应运而生。很多国家的旅游经营商在组织包价国际旅游时,大都利用旅游包机作为主要旅游交通方式。在欧美一些国家中,规模较大的旅游经营商大都拥有自己的包机公司或者同经营包机业务的航空公司有密切的合作关系。在我国许多景点或城市之间也都有旅游包机服务,由旅行社组织的境内旅游包机更是数不胜数,已成为"黄金周"期间一种不可缺少的主要旅游交通方式。

(三) 公路旅游交通

公路旅游交通以汽车为主要交通工具,以公路为交通线,以汽车站场为停靠站,主要从事中短途旅游客运,在常规旅游交通方式中使用比重最高,例如,据有关调查资料显示,在欧美国家的国内旅游和其邻国之间的旅游活动中,公路交通方式所占的比重高达70%左右。另据文汇报2003年12月28日"汽车旅游玩遍长三角"报道:近年来,沪宁杭地区的高速公路,以及纵横交错的国道、省道,交织成稠密的公路交通网,极大地方便了上海和周边地区的旅游往来,改变了长三角区域旅游的产品结构,过去以火车、轮船为交通工具的传统线路,如今绝大部分退出了旅游市场,汽车旅游已成为上海市民短途出游的主导产品。

公路旅游交通的优势是方便、灵活、节约时间(据相关数据显示,在200公里左右的近距离旅行中乘坐汽车比其他方式更省时)、便于游览等。汽车能随时停留,车辆种类多,规格全,营运灵活,可以深入到旅游点内部。公路网里程长,密度大,四通八达,在旅游过程中,可以随时安排调整旅游行程和目的地,其通达深度、广度和覆盖面是其他旅游交通方式无法替代的。同时在公路交通的开发中,人们已经开始有意识、有组织地规划设计风景道,逐步将交通、景观、遗产保护和游憩等功能有机结合,强化和突出景观欣赏特征和旅游功能,以增强道路的吸引力。公路旅游交通的不利方面是运载量小、速度不如火车、运费较高、受气候变化影响较大、安全性能相对较差、排出的尾气对大气有污染等,因此,比较适用于短途交通,而且是最普遍、最重要的短途旅游运输方式。

近年来,高速公路发展很快,一般高速公路的设计时速为110公里,平均营运速度为90公里/小时,超过了一般火车的营运速度;高速公路采用全封闭、全立交,驾驶员经过严格训练和考核,为保障旅游者人身安全提供了很好的条件;由于汽车制造技术的提高,旅游汽车外形更加美观,动力、设备和装备也都更先进,内部装饰也更加豪华,除一般空调设备外,安装了航空座椅,还在车厢内装备闭路电视,甚至还有立体声音响、电热炊具、卫生间等设施;同时旅客乘车手续简便、候车时间短,节省了大量的时间,因而公路旅游交通具备了在一定范围内与铁路、民航客运竞争的条件。在一些经济发达国家,汽车已成为个人或家庭拥有的普通交通工具,旅游者可完全按照自己的需求,自由选择出游时间和游览线路;为促进汽车旅游的发展,汽车旅馆、汽车俱乐部、汽车营地等设施应运而生,极大地激发了家庭旅游活动的开展。

目前,大篷车旅游正呈异军突起之势,例如欧洲的大篷车旅游,其宣传和推销的理念是"花最少的钱和最少的时间(在行、住、食上),看尽可能多的东西",大篷车旅游具有"食、宿、行"都在一辆车上,方便快捷;节省费用;机动性强;所有的游客真正"同吃同住同劳动",游客之间密切交往;生态环保,对环境造成的压力,比其他旅游方式要小得多等优势。率先开展旅华汽车旅游的德国罗特旅行社,从"二战"结束后用两辆旧的奔驰车改装成集乘坐和住宿于一体的旅游专用汽车起,现已发展成为拥有数千名长期会员、数万名联络会员,在世界五大洲有200多辆大篷车、100多条线路的专业汽车旅游旅行社,目前,罗特旅行社每年大约有20辆车途经中国境内,"丝绸之路"是最主要、最核心的线路,并多与印度、尼泊尔、巴基斯坦及朝鲜、俄罗斯、蒙古、缅甸等国家的线路相衔接。

(四)水路旅游交通

目前,许多国家水路旅客运输正在不同程度地由单纯客运走向与旅游业相结合,即向旅游船业发展。水路旅游交通包括内河航运、沿海航运和远洋航运,是各种交通运输方式中发展历史最悠久的一种。水路旅游交通具有运载力大(如美国密西西比河相当于11条同样长度铁路的运输能力;大型的游轮一次可以运载数百名乃至上千名旅客,远远超过飞机的运载量)、经济、舒适、安全等优点,适宜在旅途中观赏山水风光。但水路旅游交通也有其不利一面,如行驶速度慢,受季节、气候和水情等影响,准时性、连续性和灵活性相对较差,因此,与其他交通运输方式的发展相比,水运受到很大挑战。当然,现代水路交通为了提高速度,使用气垫船,大大提高了竞争力。

现代邮轮被誉为"流动的旅馆",在很大程度上已超越了传统意义上单一客运功能,发展成为集运输、食宿、游览、娱乐、购物等多功能为一体的豪华旅游项目。截止到2007年年底,国际上共有317艘邮轮运营。著名的豪华邮轮有"玛丽女王二号"、"海上航行者号"、"海上探测者号"、"钻石公主号"、"嘉年华征服号"、"伊丽莎白二世"、"风之星"、"克里斯蒂娜"等。目前,在国际邮轮产业中,嘉年华公司、皇家加勒比海邮轮公司、P&O公主邮轮公司与丽星邮轮公司四大邮轮公司的载客能力占整个邮轮产业的80%,航行的主要区域在加勒比海—百慕大、地中海、亚洲—南太平洋、阿拉斯加、墨西哥西海岸与西北欧等地。现在国际上主要的远洋环游航线有两条:一是纽约—欧洲—贝鲁特—开罗—新德里—孟买—香港—日本—檀香山—旧金山—纽约;二是悉尼—毛里求斯—约翰内斯堡—圣地亚哥—复活节岛—塔希提岛—悉尼。

(五)特种旅游交通

特种旅游交通包括索道、缆车、轿子、滑竿、马、牦牛、骆驼、竹筏等交通方式,多用于风景区内,具有浓郁的地方特色。其优点是便于游客通过一些难行路段,有些还带有娱乐、参与、观赏性质,本身就算是一大游览项目,在风景区内的交通中占有一定的地位,可以招徕游客,提高旅游价值。不足之处是某些特种旅游交通,如索道、缆车等,有时会造成与景区不协调现象和对景区的破坏现象,使得游程缩短,沿途景点丢失。

总体来看,现代旅游交通是由航空、铁路、公路、水运等交通方式组成,虽然由于各种交通方式发展历程不同,分别有不同的适用范围,在旅游业发展的进程中所占地位和发挥作用不尽相同,但它们是相辅相成、相互补充和相互促进的,游客往往会利用几种运输方式,互相衔接完成旅游活动的全过程。

例如,盛夏季节海滨游中最热的当数山东半岛渤海湾地区,人们的出行方式大多以飞机和火车为主。随着华东高速公路网的完善,一些有交通工具优势的旅行社采取了走高速,边行边游的方式。旅游者乘坐进口空调车从上海出发,5个多小时到达海滨城市连云港,游览神州第一坝和苏马湾海滨沙滩;第二天驱车4小时后,便可到达青岛,在海边尽情观光游览;接下来再去山东半岛的蓬莱仙境、烟台、威海,然后乘飞机返回上海。此种安排,可充分发挥高速公路和汽车游的特长。

三、旅游交通在旅游线路中的地位及作用

(一)旅游交通是旅游者实现旅游活动的必要条件

旅游者按照某一既定线路进行旅游时,首先要解决的就是从居住地到旅游目的地以及在多个旅游目的地之间的空间转移问题,解决的方法是采用适当的交通方式。在现代旅游活动中,不借助旅游交通工具而到达旅游目的地是不可想象的,因此,可以说旅游交通是旅游线路的重要组成部分。一般情况下,旅游者可用于旅游的闲暇时间总是有限度的,若克服空间距离所用时间超过一定的限度,旅游者就会改变旅游线路或旅游目的地的选择,甚至会取消旅游计划,故而采用不同旅游交通方式所耗费的时间,也是需要考虑和解决的问题,原则上旅行时间越短,游览的时间就越长,旅游者旅游体验的满意度也会越高。

(二)旅游交通是区域旅游线路发展的命脉

旅游线路必须依赖旅游者的来访才能生存和发展下去,只有当旅游目的地的可进入性达到能使旅游者大量、经常地前来访问的程度时,该区域的旅游线路才会有不断优化和发展的可能。许多地区发展旅游的经验和教训表明,即使自然风景再美、人文名胜再古,如果地理位置偏僻,交通不便,也很难对旅游者形成吸引力。因而更谈不上旅游经济收入了。

(三)旅游交通是旅游线路质量的重要评价指标

关于旅游线路的质量评价,可以按整体质量与分项质量分别建立指标体系进行评价,比较常用的方法是调查征询游客意见法。由于旅游者在地域、文化、经济、兴趣、性格等诸多方面存在较大差异,因此对"食、宿、游"方面的质量评价有较大的弹性,而对旅游交通质量的评价则比较一致。例如,一些旅行社发现,在反映旅游

线路质量问题的投诉中,交通问题占了相当大的比例。由此可见,旅游线路质量的好坏在很大程度上取决于旅游交通质量的好坏。尤其是当旅游线路由"观光型"向"豪华型"、"享乐型"发展时,更是如此。

(四)旅游交通能成为旅游线路的游览项目

在可能情况下,通过新型的现代化交通工具和最能突出表现地方特色与民族风格的交通工具(如沙漠地区的骆驼等),可以使旅游交通成为旅游线路上的游览项目,甚至在一定程度上成为旅游者的旅游目的之所在。例如,上海浦东国际机场至龙阳路地铁站全长29.863公里的我国第一条高速磁悬浮列车开通后,乘坐和感受时速430公里的磁悬浮列车,和磁浮一起"飞翔",成为旅游活动中的主要内容。而峨眉山、黄山景区中提供的独具特色的滑竿、轿子等,从某种程度上说也是旅游线路中游览体验的活动项目。

第二节 旅游线路设计中的旅游交通选择

旅游线路是通过旅游交通把各个景区、景点串联起来的,没有安全、方便、快捷的旅游交通,就不可能有规模化发展的旅游业;旅游交通是旅游业发展的"瓶颈"之一,也是旅游线路设计的物质基础和不可缺少的重要环节。随着社会经济发展、人民生活水平的提高,旅游活动已从走马观花式的"苦行游",向"休闲游"、"度假游"、"生态游"等方向发展,旅游交通在旅游线路中的地位与作用日益突出,交通条件的好坏直接影响到旅游者对旅游目的地及旅游线路的选择,在旅游线路设计中,只有对旅游交通方式、工具以及它们之间的相互衔接等进行精心合理的组织安排,旅游线路才具有旺盛的生命力。

一、旅游线路对旅游交通的基本要求

旅游交通服务的对象是旅游者。旅游者对旅游交通的要求日益提高,已经从初级的"通",中级的"快",发展到现在的快捷、舒适、方便等。因此,在旅游线路设计中,首先要了解旅游者对旅游交通的要求,然后对旅游交通方式作出合理的组织和安排,以最大限度地满足他们的需求。总体来看,旅游者在对旅游线路中各种交通方式作出选择时,往往会受下列因素的影响。

◆ 旅游交通价格或旅游费用的因素。例如,经济型旅游者对价格比较敏感,价格高低通常对他们会起决定性作用,因而他们选择的交通方式往往是经济实惠的水路或铁路交通。

◆ 旅游目的地距离和旅游时间的因素。受时间和地域条件的限制,人们常会追求"快捷、安全、高效"的航空或铁路交通方式,公务繁忙的商务旅游者更是如此。

◆ 旅游者收入及旅游经验的因素。旅游者根据自身的实际情况,量入为出,

当然,享受型旅游者相对来说比较注重游览价值以及舒适程度,因而更愿意选择航空或特种旅游交通方式。

(一)安全、快捷、舒适、经济

"安全、快捷、舒适、经济"是旅游者选择旅游线路与旅游交通工具时首先考虑到的问题,因而,在旅游线路设计时必须对旅游目的地交通的现状进行深入调查,选择最适宜的交通方式和交通工具,并制订详细具体的线路计划,使旅游交通线路合理、形式多样、衔接方便,例如乘坐夜行卧铺列车、轮船等,既可节省住宿费用,又能节省时间。

1. 安全

安全是人们最基本的需要之一,虽然现代交通的安全性日益提高,但由于旅游过程中不可预测的因素太多,因而游客对旅游交通安全的关注度更高。"安全第一",当安全受到威胁时,旅游者会考虑改变行程。所以,交通安全是旅游线路设计对旅游交通的最基本要求,也是最重要的要求。

例如,在成都到九寨沟的3条旅游公路中,以松潘到平武的旅游公路最便捷,使成都至黄龙、九寨沟的游客可减少200多公里的旅途,但为了增加旅行中的安全性(公路交通中可能会遇到"泥石流"等自然灾害),进一步缩短旅游交通时间,又设计并修建了九寨沟旅游机场。

2. 快捷

旅游交通状况在很大程度上决定了旅游目的地、景点的可进入性。一般情况下,旅游线路中的时间安排是非常紧凑的。旅游者无不希望"旅"少"游"多,在有限的时间内,快捷地到达目的地,从而能用更多的时间用于景区游览。在旅游线路设计中对于旅游交通的安排必须注意下面的两大原则。

(1)直达原则

旅游交通服务首先应考虑旅游者对到达目的地的高度渴望心理,尽量安排快捷直达的交通工具,以避免过多地更换交通工具增加旅游者经济、体力上的消耗。而且直达可以更好地确保旅游者财物和人身安全,使旅游者获得美好的第一印象,为后续旅游活动的开展奠定一个良好的开端。

(2)省时原则

旅游交通服务应尽量减少旅游者的在途时间,以增加游览时间,在旅游线路的选择中,人们不仅考虑金钱花费,也关注时间耗费,往往会青睐耗时少的交通工具。此外,旅游线路设计中还应注意各种交通方式的衔接紧凑、方便,使旅游者能方便地从家门口或附近的集合点起程,尽量减少候车(机、船)时间。

3. 舒适

旅游者在旅游活动中的一个重要的心理诉求就是消除紧张感,获得轻松、解放感。特别是人在旅途,只有消除了紧张感,才能全身心地投入到旅游中,充分享受旅游的乐趣。因此，舒适是旅游者所追求的目标之一。旅游线路设计应尽可能提供舒适的交通环境，减少疲劳、危机感（如不安全、不可靠等），以便使旅游者能够精力充沛地开始游览活动。尤其是利用夜间完成交通过程降低费用与时间消耗的安排，不能单以速度为主要选择指标，舒适度是第一位质量标准。

(1) 内部交通环境

旅游从乘上交通工具后就已开始了，人们常用"旅途愉快"作为对整个旅游活动的祝愿。交通工具的内部环境噪声大、颠簸动荡、空气浑浊、空间狭小、座位不合适、卫生设施不齐备等，都会给旅游者带来不便，导致不愉快。现在，许多旅游车、船、飞机等交通工具上都安装了影视音响设备，提供报纸、杂志，努力营造富有家庭化、人情味的交通服务，给人以平和、亲切、真诚、温馨之感，使旅游者有居家的感觉，从而身心得到放松和愉悦。

(2) 外部交通环境

单调的环境易使人疲劳，例如，目前高速公路两旁大部分是水泥柱、铁丝网、稀疏而单一的树木，甚至光秃秃的一无所有，给人单调、枯燥、乏味之感，如果多种植一些花草树木，且注意品种和色彩的搭配与变化，再加之沿途的田园风光、姿态各异的地形地貌，不仅能增加旅游者视觉上的新鲜感、美感，减少和消除单调所造成的视觉疲劳，也有利于司机安全驾驶。因而，旅游线路设计除了要保证交通畅通外，还应重视与线路配套的外部环境。

4. 经济

许多旅游者之所以选择火车旅游线路，仅仅是因为其费用较乘飞机低得多，毕竟是否"经济"仍是大多数旅游者和旅行社必须考虑和面对的共同问题。

旅游线路的"经济"反映在旅游交通工具的选择上，就是要求旅途费用较小，这是旅游线路设计时必须要考虑的问题。而"安全、快捷、舒适"等方面的要求必然会与"经济"要求相矛盾，不可能"又要马儿跑，又要马儿不吃草"，因而旅游线路设计应协调好上述因素，尽量使旅游者感到在享受"安全、快捷、舒适"交通的前提下，自己的花费还是"值得"的，甚至是"便宜"的。

(二) 旅游交通多样化

旅游过程中交通耗时长、费用高、影响度大，故而将交通融入旅游是"压缩"交通时间，"降低"交通费用，"减少"交通负面影响度的有力措施。旅游交通除了解决游客旅游中"旅"的问题外，还可以增加"游"的交通设计，在可能的情况下，把旅游交通变成旅游者的目的，丰富旅途内容，增添游兴。这就需要从旅游线路的主题出发，根据旅游交通的实际情况，尽可能安排一些丰富多彩的节目，以满足旅游者求新求异的心理，如骑马、骑骆驼、乘船、坐马车、乘索道和缆车等，并将它们作为旅游项目有机地组织到旅游线路中去，起到调节游客情绪的作用。例如，"贵阳—荔波—樟江—桂林"旅游线路设计中，交叉安排公路、铁路、游船等交通工具，并在景点中安排乘马车、坐皮筏和游艇等活动项目,以提高旅游者的兴致。

在香港游的旅游线路设计中,充分运用海陆空立体交通方式,使旅游者在咫尺之间,便可欣赏到香港那些设计独特的摩天高楼、红砖绿瓦的中式庙宇及充满殖民地色彩的建筑,领略"动感之都"的风采,使用的交通工具有:

◆ 直升机空中游。乘坐直升机起飞后,徐徐划破蔚蓝的长空,让旅游者从空中欣赏维多利亚港两岸的货柜码头和美丽的景色。

◆ 中环至半山自动扶梯。登上中环至半山的自动扶梯,眺望人潮川流不息的巷弄、小商店、卵石路、百年古庙及SOHO美食区的时尚酒吧和地道小食店,令人感受到香港中西会聚、古今共存的独特一面。

◆ 水上畅游。旅游者乘坐自1898年起便穿梭于港岛和九龙之间的天星小轮;乘坐"水上的士"、舢板,畅游香港仔避风塘——香港水上人家聚居地之一,领略昔日渔港风情。

◆ 缆车饱览太平山。太平山顶海拔约397米,地处港岛之巅,是俯瞰维多利亚港景色的最佳之地。前往山顶的最佳方法是搭乘山顶缆车,除了快捷安全之外,沿途景色亦令人叹为观止。

目前,我国旅游线路中的旅游交通内容安排大都整齐划一,只考虑到健康成人的一般需求,而没有考虑到不同人的多层次需要,尤其是特殊群体的需要,往往会给这些旅游者带来诸多不便。由于旅游者经济、民族、年龄、身体等方面的差异,旅游交通手段也应多样化。不同年龄段的旅游者,对旅游交通的选择是不一样的。

1. 老年人对旅游交通的选择

相对来说,老年人对价格比较敏感,主要反映在对旅游交通类型、花费的选择上。在旅游交通安全方面,老年人从生理、心理上来说都是谨小慎微的,拥挤的交通、令人忧虑的路况等安全问题可能会让老年人望"游"止步。长线旅游以火车特别是旅游专列为主,至于飞机和一些有危险性的特种旅游交通工具,尽管吸引力较大,并不适合老年人。在行程安排上要注意节奏,与老年人的身体状况相适应,例如中午可根据具体情况适当安排短时间的午休;途中尽量以车代步,减少劳累等。总之,旅游线路设计应针对老年人的需求特点进行细致地了解和分析,提供适应老年人需求的旅游交通工具和交通方式,这样的旅游线路才会受到老年人的欢迎。

此外,为老年人提供一个温馨、舒适的旅游交通环境也很重要,老年人大都非常珍惜出游的机会,有很强的好奇心和求知欲,导游在车、船上要多介绍些民族风情、各地经济与文化特色,还可组织一些活动,如有奖竞猜,以活跃气氛,调节老年人的精神状态。在旅游车、船上配备一些老年人常用品,如带放大镜的指甲刀、折叠式手杖、用大号字排版的老年读物等。

2. 中年人对旅游交通的选择

中年人大多处于事业的关键时期，承受着工作和家庭的双重压力。由于工作需要，中年人公务旅游、商务旅游的机会较多，旅途中注重舒适性，飞机、火车卧铺、高速大巴常成为他们的主要交通工具。他们往往通过旅行社预订旅游交通，有经验的旅游者则自己预订交通，一般不会选择那些交通不方便的目的地，因此，交通的便捷性对他们来说是至关重要的。

3. 青年人对旅游交通的选择

青年旅游者喜欢独立的和比较灵活的旅游方式，自助型旅游线路对他们来说较有吸引力。他们的消费主要集中在当地的旅游设施上，如在当地的酒吧和餐厅里消费，用于旅游交通方面的费用要比普通旅游者低。他们对旅游交通的选择特点是比较实用和灵活；他们大多具有冒险精神和耐受艰苦条件的体魄，喜欢选择特种旅游交通方式，如徒步、骑马、驼队、自行车或自驾车旅游。

4. 儿童对旅游交通的选择

儿童生性活泼好动，多对知识性、趣味性、娱乐性的旅游项目感兴趣，对一些特种旅游交通方式比较喜欢。在旅游线路设计中要特别注意旅游交通安全，例如在乘坐飞机或汽车时，要帮助或督促系好安全带（婴幼儿抱在怀中），不要让他们随便走动，防止颠簸引起碰撞而受伤；如果是选择骑马等危险系数较高的特种旅游交通方式，必须由成年人带领。

（三）旅游交通网络化

旅游交通网络不仅是指一定密度的交通线路网，而且包括不同交通形式的相互组合和配合，实行优势互补，协调发展。其目的是使旅游线路可有多种路线形式和交通选择。例如由旅行社推出的"华东五市游"（南京、苏州、无锡、上海、杭州）旅游线路，由于该地区经济发达，区域内的"陆、水、空"交通已形成网络，旅游者可自由选择火车（沪宁线、沪杭线）、汽车和轮船（五市间相距一般只有百余公里，沪、苏、锡、宁已有高速公路或水路，锡—杭、苏—杭、苏—锡间还有江南运河或其他水道相通）、飞机（沪—杭、沪—宁之间有航空线）等交通方式。

一般来说，旅游者用于旅游的时间是非常有限的。在有限的时间中，旅游者无不希望能快捷地到达目的地，从而游览到更多的景点，因而建立区域旅游交通网络，提高外部交通的通达性，内部交通的便捷性，是旅游线路设计的重要问题。可以说，旅游交通网络化是实现旅游线路多层次化和多样化的前提和保证。这就要求在旅游线路设计中做到以下两点。

◆ 以旅游目的地现有的航空、公路、铁路、水路等交通路网和工具为依据，合理组织设计旅游线路，尽量安排快捷直达的交通工具，以减少旅游者的在途时间。

◆ 要根据旅游目的地旅游发展规模、结构与趋势，完善交通网络和工具，加大投入，使旅游交通配套化、高质量化和等级化。

例如,皖南旅游区设计的"三个大门,两个便门"及其连接线路,构成了区域旅游交通网络。"三个大门"即"南大门——屯溪",距离黄山最近,有铁路、公路、航空通达;"西大门——贵池",以吸引庐山和长江上游方面的游客;"北大门——芜湖",为沪宁沿线去黄山、九华山的中经旅游点。"两个便门",即铜陵(芜湖的辅助门户)和深度(屯溪的辅助门户)。它们共同构成客流以屯溪、贵池、芜湖来客为主,对外交通线以一条水路(长江)、一条空路(合肥—屯溪—杭州—上海航线)、两条铁路(宁铜、皖赣)、两条公路(徽杭、沪屯)为主的皖南旅游区旅游交通网络体系。

二、旅游线路设计中的旅游交通选择

旅游交通是旅游线路成功的保障。一方面,旅游交通是旅游路线设计的主要依据,另一方面,旅游交通也为旅游线路开拓了一片新领域、新天地,那就是"交通旅游"。即以交通为旅游的主要项目,或以交通为主、景点游为辅的旅游设计,既是交通路线,又是景观走廊,使得旅游交通线路成为一道亮丽的风景线。当然,旅游交通的发展与旅游线路的设计在特定情况下也有互相抵触的地方,例如,为了提高旅游景区的可进入性,往往会有以破坏当地旅游生态平衡为代价的事情发生。

(一)以旅游交通路线设计旅游游览项目

以交通路线设计旅游项目是目前普遍采用的一种交通旅游设计。对新开发的旅游项目必须首先考虑交通条件是否有交通线路通达性、交通供应能力、交通舒适度等。如果没有专门交通线路提供服务(如比较先进的轨道交通线、高速公路或一般的比较畅通的道路),那么此类新旅游项目必定好景不长。事实证明,依据交通路线策划设计旅游线路仍是最基本、最可靠的方法,如何提高旅游交通水平,增强交通的旅游特性,将是旅游业竞争的焦点之一。

"旅游交通"的内涵十分丰富,在某些经济发展较快、地理条件较好的地区(城市),交通发展的新成果本身就是一项极好的旅游资源,例如在上海乘坐磁悬浮列车既可以了解现代交通成果,又是一次极有价值的旅游体验。而对于经济相对落后、信息比较闭塞的地区,兼顾景观风光游览及娱乐健身等旅游内容,让旅游者体验和了解传统的交通工具,诸如乘坐牛车、马车、骑骆驼等,都是极具趣味的旅游活动。

(二)以旅游交通水平设计旅游路线等级

在与"行"有关的各种因素中,旅游交通方式和旅游交通价格极大地影响着旅游者对旅游线路的选择。而在旅游线路的实际设计中,所要面对的第一个问题就是旅游交通方式的选择,是选择火车团双卧还是飞机团双飞,要从价格、舒适度、安全性等多方面进行权衡考虑。

由于旅游者层次不同,对时间、费用、舒适度的认识差异也很大。事实上,旅游景点一般是不太变化的,无非是人为地添加了一些"包装"而已,饮食与住宿、购物、娱乐等消费水平,更多地表现为个人行为,只有交通才是唯一可构成"团队"统一消费水平的联系纽带。因此,按不同交通水平设计旅游路线是常用的方法之一,如常见的"双层豪华进口巴士×日游"被称为"豪华游",火车硬座来回加上国产巴士则被称为"经济游",并以此征集客源组团旅游。

第三节　案例

一、"船进神农架"旅游线路

(一)案例介绍

神农架位于湖北省西部边陲,东与湖北省保康县接壤,西与重庆市巫山县毗邻,南依兴山、巴东而濒三峡,北倚房县、竹山且近武当,相传因华夏始祖炎帝神农氏在此采尝百草,教民稼穑而得名。神农架是目前国内拥有极其丰富旅游资源禀赋的旅游目的地,区内现有3个4A级风景区和2个3A级风景区。除旅游吸引物外,经过多年的旅游开发,神农架景区旅游接待条件也得到了完善。旅游设施的数量、规模、质量也使其具备了新线路开发的价值。

湖北省宜昌市的旅游企业高峡平湖游船公司,向省内外旅游客源市场推出了一款新的旅游线路产品——"船进神农架"。该线路设计不通过陆路,而是从位于三峡工程所在地——宜昌三斗坪镇的太平溪轮船码头出发,经水路发送游客至著名的旅游目的地神农架景区,其行程具体内容如下:①

◆ 第一天:宜昌—木鱼镇

上午宜昌市内指定地点乘车,经三峡专用高速公路,沿途观赏西陵峡风光。抵达太平溪码头,乘坐"平湖号"豪华专用邮轮,船进西陵峡、香溪河观赏河谷风光。航行约2小时抵达兴山旅游码头。换乘旅游大巴至木鱼镇,游览官门山风景区等人文景点9处、兰科植物园等珍稀植物保护园9处、野生动物乐园3处,晚上可参加篝火晚会。

◆ 第二天:神农架自然保护区

上午游览5A级景区——神农架自然保护区:景点包括小龙潭、金猴岭、神农谷等。中餐后原路返回,游览天生桥景区、汉明妃王昭君故里,晚上抵达太平溪码头。乘车返回宜昌。

(二)案例分析

"船进神农架"线路的最大亮点,在于其对旅游交通工具的改进。在传统的神

---

① 潘金玉,吴涛.旅游线路产品开发创新的路径研究:以"船进神农架"为例.旅游论坛,2014(3).

农架旅游线路中，游客大多从毗邻神农架景区的宜昌市转乘旅游大巴车，途经宜昌县、兴山县进入神农架。旅游大巴车正常行驶需要近9个小时才能抵达神农架景区。而"船进神农架"线路中，游客从宜昌出发，乘坐旅游大巴车约45分钟经三峡专用高速公路抵达太平溪码头后，可在三峡大坝旅游区停留，参观坛子岭等景点后，在码头换乘"平湖号"系列全景观光邮轮，经长江西陵峡、香溪河航道航行约2小时40分钟抵达兴山峡口码头。游客下船后再乘坐1小时30分钟的旅游巴士，抵达神农架木鱼镇开始游览神农架景区。

"船进神农架"线路改写了游客从宜昌只能乘车前往神农架旅游的历史。该线路不仅大大缩短了游客前往景区的行车时间，还使游客在舒适的环境下欣赏西陵峡、香溪河等风光，领略到"华中屋脊"的独特气概。因此，该线路显著改进了游客的神农架旅游体验，也得到了市场的广泛认可。

二、西沙邮轮旅游线路

（一）案例介绍

西沙群岛是中国南海诸岛四大群岛之一，由永乐群岛和宣德群岛组成，这片大大小小的珊瑚岛屿群漂浮在50多万平方公里的海域上，美丽而纯净。由于西沙群岛在很多方面和著名的马尔代夫有惊人相似之处，如都居于海水包围之中，以一个大岛为中心，周围星罗棋布地散布着其他大大小小的岛屿，面积不相上下，风光美丽动人。因此，西沙群岛被誉为"中国的马尔代夫"。

西沙邮轮旅游航线自2013年4月首航以来，已运营20多个航次，接待各地游客3 000多人次。为了给游客提供更加美妙的西沙体验，旅行社对原有航程进行了调整优化，由原来的海口—西沙航线变更为三亚—西沙航线，邮轮航行至西沙的时间也缩短近6个小时，缩短海上航行时间，拉长西沙游览旅程时间。

新航线价格为4 000元至10 000元不等。游客可乘坐"椰香公主号"邮轮，从三亚凤凰岛游轮码头出发经过北礁再到三沙市永乐群岛，行程四天三晚。期间，游客们可以登上永乐群岛的银屿岛、鸭公岛、全富岛，在岛上逗留两天时间，体验渔民生活、游泳、日光浴、品尝西沙海鲜、购买西沙海产等。还可以在工作人员的陪同下开展潜水、海钓等一系列活动，全方位感受西沙的魅力，其行程内容具体如下：

◆ 第一天：抵达三亚

三亚凤凰机场专人接机，到凤凰岛隐居海上酒店休息。

◆ 第二天：三亚—"椰香公主号"，开始尊享之旅

上午在凤凰岛海上光华餐厅享用自助早餐，自由活动。下午在三亚凤凰岛国际邮轮码头集合，发放登船卡、登船、开航。

◆ 第三天："椰香公主号"—银屿岛

早上观海上日出，抵达银屿岛，体验爱国主义活动，如升国旗唱国歌、宣誓、集

体照留念等,然后岛屿观光、游泳、群龙戏珠、寻宝奇兵、环保卫士活动。

◆ 第四天:"椰香公主号"—全富岛—鸭公岛

早上观海上日出,抵达全富岛参加沙滩排球、百米家书、环保卫士活动。下午抵达鸭公岛半潜观光船,岛屿观光、参观渔民村、环保卫士活动。

◆ 第五天:"椰香公主号"轮西沙—三亚

"椰香公主号"邮轮返回三亚凤凰岛港。

(二)案例分析

近年来,邮轮旅游以其休闲度假式的独特形式逐渐进入人们的视野,并在世界范围内呈现由欧美市场转向亚洲市场的必然趋势。邮轮旅游并非只是一种交通工具,它是一种成熟的旅游方式,即一种体验式旅游,一座移动的豪华海岛。邮轮旅游有别于传统的旅游方式,邮轮旅游有两个核心亮点:邮轮就是此次旅游的"目的地",邮轮上通常配备齐全的豪华设施,游客可以享受超五星级奢华服务的同时,也可以上岸游览途经地(国家)的相关景点。

西沙邮轮旅游线路交通工具"椰香公主号"邮轮,船上拥有高中低档客房和中西餐厅,实行酒店式管理。船上设施相当于国际标准的星级饭店,船长140米,宽20.4米,海上航速每小时20海里,全船五层524个席位,均为豪华套间,船上设有阅览观景亭、大屏幕投影、音乐酒吧厅、卡拉OK音乐舞厅、主题餐厅、游泳池、健身房、剧场、影院等配套娱乐设施,为游客提供高品质服务。

西沙邮轮旅游线路定位为高端生态旅游,国内首条豪华邮轮航线是游客前往西沙群岛的首条正式海上航线,为游客解开长期以来一直半遮半掩的西沙旅游的神秘面纱。沿途风景一半是水一半是鱼,钓鱼和潜水是两大特色。线路经过的岛屿四周,海水十分洁净,最高能见度达40米,水底珊瑚丛生,是潜水的绝佳去处,到岛屿上参观珍奇物种,体验原生态海岛渔民生活,近距离感受海岛生活。

这条航线的终点北礁岛位于西沙群岛的最北面,是一个珊瑚礁岛屿,面积约50平方公里。北礁岛水清如镜,鱼、虾、参、贝生态可观,尤其是珊瑚堆星罗棋布,蔚为壮观。除了纯净原始的海上自然生态风光以外,这里还是海上丝绸之路的必经之地,沉船较多,出土的古文物也多,具有独特的历史文化魅力。

三、"长安号"丝绸之路专列旅游线路

(一)案例介绍

"长安号"丝绸之路专列旅游线路产品是根据丝路沿线的旅游资源产品和游客的需求专门策划设计的。专列从西安始发,经敦煌、乌鲁木齐到达北屯市,尔后从吐鲁番返回西安,行程总计11天。"长安号"专列串联了丝绸之路国内段沿线莫高窟、鸣沙山、月牙泉、天山天池、喀纳斯、五彩滩、吐鲁番、葡萄沟等众多核心旅游景

区,游客可以尽情体验丝路沿线丰厚的历史文化、优美的自然风光和独特的民族风情。[①]

"长安号"丝绸之路旅游专列是西安铁路局专门向铁路总公司申请的"游"字头列车,一列常规有16节车厢,除餐车和宿营车之外,全车有14节载客车厢,其中10节是硬卧,4节是软卧。硬卧车厢有60~66个位置,软卧车厢有36个位置,共计能容纳游客800位左右。这条线路全程共安排11天时间,根据不同人群、不同铺位,价格为1 680~3 480元/位,包括这11天火车卧铺、住宿、用餐、景点首道大门票、保险等方面的费用。同时,列车还专门配备有包括领队、保健医生在内的26名工作人员。

"长安号"专列全程贯穿旅游便民、惠民的服务理念,沿途只在线路景点站集中停靠,每到一处景点站,游客们将乘坐空调旅游车前往景点,而"长安号"将在停靠站点等待游客归来,其行程具体内容如下:

◆ 第一天:西安

中午乘坐"长安号"专列从西安出发,开始难忘的"丝路"之旅,晚上宿火车上。

◆ 第二天:西安—柳园

上午火车上,欣赏沿途美景,下午抵达柳园站,当晚乘汽车达到敦煌并留宿。

◆ 第三天:柳园

早上,游览世界艺术的宝库敦煌莫高窟后前往大漠中的孪生姐妹——鸣沙山、月牙泉风景区,体验爬山、滑沙、骑骆驼登山丘、滑翔伞,进行沙浴、沙疗等丰富多彩的沙漠活动,当天下午返回柳园并留宿。

◆ 第四天:柳园—吐鲁番

柳园站乘专列赴吐鲁番,欣赏沿途风景,晚上抵达吐鲁番,入住酒店。

◆ 第五天:吐鲁番—北屯市

早餐后,乘车游览露天博物馆之称的火洲吐鲁番,参观中国古代三大水利工程之一的坎儿井;游览5A级景区、火洲清凉世界、千米葡萄长廊葡萄沟;到维吾尔少数民族家里做客免费品尝瓜果,午餐后返回吐鲁番,乘火车前往北屯市。

◆ 第六天:北屯市

早晨到达北屯市,早餐后,前往有"东方瑞士"之称的喀纳斯湖,沿途可看到阿尔泰山、额尔齐斯河、途经阿勒泰大草原、白桦林、抵达贾登峪,换乘景区区间车前往喀纳斯湖核心景区。

◆ 第七天:北屯市—乌鲁木齐

早餐后乘车去五彩滩。"五彩滩"属于雅丹地貌,五颜六色的山丘和郁郁葱葱的林木互相呼应,景色迷人,游览完后从北屯乘专列抵达乌鲁木齐。

---

① 张越. 丝绸之路旅游专列"长安号"首发仪式在西安火车站隆重举行. 现代企业,2014(6).

◆ 第八天：乌鲁木齐

早晨到达乌鲁木齐，参观游览世界上规模最大的"大巴扎"（维吾尔语，意为集市、农贸市场）——新疆国际大巴扎；下午参观新疆维吾尔自治区博物馆，了解整个新疆的历史演变，各个少数民族民俗的文化介绍，是新疆的政治经济浓缩，一睹上千年的楼兰美女干尸；晚上自行品尝新疆特色风味小吃。

◆ 第九天：乌鲁木齐—西安

从乌鲁木齐出发赴 5A 级风景名胜区——天山天池，沿途观赏荒漠戈壁、田园风光，下去乘车返回乌鲁木齐，乘专列返回西安。

◆ 第十天：火车上

欣赏途中美景，畅谈旅途乐事。

◆ 第十一天：西安

下午抵达西安，结束愉快的"丝路"之旅。

（二）案例分析

旅游专列通常会连接具有代表性的景点，满足游客想一次出游游览众多景点的愿望。另外，相对普通火车团买票难的情况，旅游专列却不必担心。与此同时，火车出行的安全性、舒适性是其他旅游交通方式无法比拟的，游客不用再为疲劳的自驾游而担心，更不用承担飞机出行所付出的高昂费用。旅游专列具有定时、定点、定线等特点，可以发挥"一线多游"的优势，即一条旅游线路可以提供多种旅游选择。

"长安号"丝绸之路专列旅游线路的特色就在这列"长安号"、"游"字头旅游专列，它比一般的旅游交通工具更具有灵活性，游客还可以根据实际情况进行选择，人到哪里，车停哪里，原铺去原铺回，不但便捷安全，还体现出了"一铺往返不中转，游览行程节奏缓"的出行特点，一路上可观景、休息、游览、娱乐，省去了舟车劳顿。此外，专列还有随队医生、工勤人员全程陪同，为游客提供了一流的旅游条件，一流的服务。

本章小结

通过本章的学习，能够初步了解和掌握旅游交通的特性、各种旅游交通方式的特点等知识点，能结合实例，在具体的旅游线路设计时，对不同线路中的旅游交通做出恰当的选择。

思考与练习

1. 简述旅游交通及其方式和特点。
2. 旅游线路对旅游交通的基本要求是什么？
3. 试比较不同年龄段旅游者对旅游交通选择的异同之处。
4. 为什么说旅游交通是旅游线路设计的主要依据？
5. 结合所学知识，设计一条由北京前往法、瑞、意、梵欧洲四国的十日游旅游线路。

第7章

旅游景区

本章导读

旅游景区泛指具有一定自然或人文景观,可供旅游者游览并满足某种旅游经历的空间环境,是旅游活动的核心内容和主要目的,也是旅游业中最基础、最核心的组成部分。本章主要讨论旅游景区在线路设计中的地位与作用、旅游线路设计中旅游景区的选择与组合、景区内游览线路的设计等问题。

第一节 旅游景区与旅游线路的关系

旅游景区是一个复合群体和多元空间,由不同要素构成,主要包括旅游吸引物、旅游线路、娱乐设施、生活设施、管理设施等。一般而言,旅游景区的类型包括风景名胜区,森林公园,文物保护单位,博物馆,宗教寺庙、观、庵和教堂,园林(古典园林、城市公园、动物园、植物园),旅游度假区,主题公园,展览馆,工农业参观点,自然保护区等。

一、旅游景区的构成要素

(一)旅游景区吸引物[①]

旅游景区吸引物就是景区内标志性的观赏物。它是对旅游资源开发利用的结果,是景区旅游产品中最突出、最具有特色的景观部分,也是景区的核心。从某种角度讲,旅游也可属于"眼球经济"的一种,正是存在着旅游景区吸引物才引得旅游者不远千里、不怕车马劳顿赶来观赏,因此,它是旅游景区招徕游客的招牌,也是景区旅游产品的特色显示。没有这个吸引物,旅游者可能就不会来到景区旅游消费。尤其在今天旅游市场竞争日益激烈的情况下更是如此。

世界上著名的旅游胜地,如埃及的金字塔、美国的黄石公园、纽约的自由女神像、北京的长城和故宫、西安的秦兵马俑、湖南的张家界、四川的九寨沟、云南的少数民族风情园等,它们或是以其独特的地貌景观,或以其建筑奇景,或以其丰富的历史遗迹,或以其多彩的风族民情吸引着四面八方的游客前往游览观赏。

---

① 苟自钧.旅游景区(点)产品营销组合与经营方略.经济经纬,2003,(5):142-144.

(二)旅游景区活动项目

旅游景区活动项目是指结合旅游景区特色举办的常规性或应时性供旅游者或欣赏,或参与的大、中、小型群众性盛事和游乐项目,内容十分丰富,有民间习俗表演、文艺或体育表演及比赛等,它们不仅是景区旅游产品的一部分,而且还可作为旅游促销的内容,使旅游者的旅游感受更具趣味性,使旅游服务的主题更加鲜明和更有吸引力。

例如,河南博物院除了在造型古朴别致的展馆内展示中原五千年以来的出土文物外,每天进行两场古乐器演奏会,此项活动的举行,使中原古文化以丰满的姿态展现出来,大受中外游客的欢迎。开封清明上河园则拒绝所有现代游乐活动进园,园内全部活动项目必须以再现宋代特色为宗旨,充分体现旅游景区"一朝步入画卷,一日梦回千年"的定位构思。

(三)旅游景区管理与服务

旅游景区管理包含两个层面,一是对员工的管理,二是对景区的管理。对于前者的管理主要依靠各项制度作保证。对后者的管理主要体现在对游客的服务上。旅游景区服务可分为前台服务和后台服务,也可分为有人值守服务和无人值守服务,还可分为基本服务和有偿添加服务等多种形式,不管是哪种类型的服务,都要以最大限度地满足旅游者需要为宗旨,即"顾客第一"。旅游服务的质量会直接影响到旅游景区的形象和声誉,是构成景区吸引力的重要组成部分。因而,加强培养和提高旅游从业人员的素质,努力实现与世界服务水平接轨的标准化、规范化服务,将是旅游景区发展的目标。

(四)旅游景区可进入性

即旅游景区交通的通达性,基本目标是能够保证旅游者"进得来,散得开,出得去"。由于很多景区地处交通不便的偏僻地区,使得游客进出大受限制,"出不来",也"进不去",交通问题甚至成为制约旅游景区发展的"瓶颈"。目前,我国的交通条件已有了明显的改善,影响旅游景区可进入性的不是主干交通,往往是旅游景区门前的最后"十公里"。

二、旅游者对旅游景区的选择

我国历史悠久,文化璀璨,山川锦绣,民族风情多姿多彩,旅游资源得天独厚。其中,国家级森林公园779处、国家级森林旅游区1处、省级森林公园1 371处。我国已建成自然保护区2 349个,占地面积达150万平方公里(截至2010年年底);国家级风景名胜区8批共225处,面积约10.36万平方公里;世界遗产项目45处(截至2013年年底),国家级历史名城113座(截至2011年6月)。

(一)从旅游者出游目的角度选择

不同旅游者对于旅行中各种要素的重视程度是不一样的,有人重视的是景区中的旅游吸引物(人工的或自然的),有人更看中景区的旅游设施及服务,而在另一部分人眼中,并没有什么特定的旅游景区,旅途中的一些意外往往更能给他们带来乐趣。从旅游者的出游目的来分,可将旅游者分为体验型、度假型、观光型,不同类型旅游者对旅游景区的选择如表7-1所示。

表7-1 不同类型旅游者对旅游景区的选择

旅游者类型	体验型	度假型	观光型
出游目的	改变惯常的生活环境,感受各种生活方式	以休养身心为目的	以领略名山大川、奇风异俗为目的
对景区的要求	风景或民俗突出,开发程度低,保留原始风貌的景区	度假区及周围环境优美;接待设施相对现代化	重视景点(区)的名气,有名的景点希望都不要错过
行程特点	更重视途中的所见所闻所感,自由调节	通常只停留一地,停留时间长	走马观花,希望以最少的时间游览尽可能多的景点,行程安排很满

(二)从旅游者性别角度选择

据有关统计资料数据显示,我国平均出游性别男女之比为1.27∶1。这是因为同女性比较男性的实际平均收入高,更富于异向型心理特质,体魄更强健,受中国传统思想约束较小。男性出游频率高于女性,出游距离也远于后者[①]。总体来看,男性旅游者喜欢的旅游方式,或是很艰苦的,到高山深处去探险访幽;或是很休闲的,到一个热带海岛上晒几天太阳。相对来说,一些人文气息浓厚的旅游景区,更加适合女性旅游者。

(三)从旅游者年龄角度选择

无论哪个年龄层次,都偏好自然类景区,只是偏好程度有差异而已,体力较好的20~49岁的人所占比重高于其他年龄组。在选择文物古迹类景点上,50~59岁年龄层的选择比例居首位,其次为40~49岁,说明旅游者的年龄越大,越喜欢文史类景点。对于娱乐游戏类,不同年龄的人表现出不同兴趣。爱好娱乐游戏类的,以学生集中的10~19岁年龄层所占比重最高,总的趋势是年龄越高,对娱乐游戏类的偏好越低。

(四)从旅游者职业角度选择

各种职业的人都会把观赏风景放在首位。科技人员与公务员,更有机会借出差之机到景区旅游,度假休养的机会也多。有调查资料显示,第三产业从业人员外出娱乐的比例在各职业中居首位,且与家人同游和与人结伴同游的人也较多。离

---

① 吴必虎,等.中国城市居民旅游目的地选择行为研究.地理学报,1997,52(2).

退休人员出游的目的,主要集中在探亲访友、度假休养及娱乐上。而学生除了观赏风景外,以娱乐为目的的出游比例近年来上升,虽然经济实力不高,但依靠家庭的经济基础,加上出游欲望强烈,是个不容忽视的旅游群体。

(五)从旅游者受教育程度角度选择

旅游者的受教育水平明显地影响到对景区的选择。西安碑林和华山是两个相距不远的高等级旅游景区,但一个是历史文化景区,另一个是山地风景区,二者相比,碑林游客的文化程度要高于华山,即碑林游客的受教育程度总体上高于华山,而且这些游客出游前受报刊书籍介绍影响的比例也较高。

(六)从旅游者游兴角度选择

所谓旅游,即"旅行"和"游览"之意,也可以解释为"边走边游"。而游兴则是旅游者在游览过程中对旅游景色主观感受的评价,游兴的高低直接取决于所观赏景物的优劣与生理疲劳程度,可以说,游兴 = 景点级别 + 疲劳程度 + 游人对景物的熟悉程度。

一般来说,极佳的风景,即使在体力欠佳的情况下,仍能激发出旅游者的欣喜之情。随着游览路线的延长,旅游者体力逐渐下降,势必导致游兴的降低,同时旅游者对景物的熟悉程度也会影响游兴的强弱,景物的重复出现及游览方式的相似必将导致旅游者的风景信息获取量越来越少,游兴越来越弱。

此外,旅游目的地与旅游客源地之间的距离、旅游景区属性等也都影响着旅游者对旅游景区的选择。

三、旅游景区在旅游线路中的地位及作用

在旅游"食、宿、行、游、购、娱"六要素中,尽管各要素都很重要,但"游"这一要素无疑是最基础和最根本的内容。而旅游业作为一个产业,最初也是因以游览景区为主要内容的旅游活动的兴盛而促成的,可以说旅游景区是旅游业发展必不可少的重要载体。

与旅游景区相比,旅游线路是依赖于旅游景区分布的线形产品。旅游景区的空间格局及组合特点直接影响旅游线路的数量、形态、走向和结构体系。一个旅游区的景区(点)在空间分布与组合方面包括四个层次:第一层次是旅游区,是旅游资源较为集中,并含有若干共性特征的旅游地域单元,一般面积较大,范围较广;第二层次是旅游中心,是旅游活动的基地,其主要功能是提供旅游交通、食宿、购物和旅游管理等;第三层次是风景区,指具有一定规模、范围和条件的可供人们游览的并具有特色和集中性的自然景观和人文景观的地域组合空间;第四层次是景点,它是风景区内反映某一特点的景观地域。

旅游者游览的着眼点并不是孤立的一个个景区,而是旅游线路上的景区。如果旅游区空间几何形态呈块状(长轴与短轴长度相差不大),一般在旅游区内可以

形成两条或两条以上的一级旅游线路。如果旅游区空间几何形态呈线状或带状（长轴与短轴相差几倍以上），在这样的旅游景区一般只有一条一级旅游线路。旅游区内部如果存在阻碍游人穿行的自然地形障碍（如高海拔山岳、雪山冰川、大漠、江湖、沼泽等），必然影响旅游线路的走向，旅游线路必须绕过这些自然障碍。

旅游区内的景点若是围绕旅游中心城市集中分布，则有利于设计以旅游城市为中心的多条环形或辐射形旅游线路。若旅游景区远离中心城市或深处边远地区，则不利于形成旅游线路。但如果这类边远地区的景区旅游资源质量很高，则也会对游人形成很强的吸引力。若旅游景区成群分布，则有可能以当地城镇为依托，形成次一级的新兴旅游区和旅游线路。

第二节　旅游线路设计中的旅游景区选择

一、旅游线路对旅游景区的基本要求

人们外出旅游，大多希望游览更多的景区，感知更丰富的信息，获得更大的收益，但又不能太过紧张疲劳。因此，应根据旅游者旅游消费效用最大化原则，在旅游线路设计中科学合理地组织旅游景区。总体来看，旅游线路对旅游景区的选择，主要遵循下列一些原则。

（一）要有利于充分展现旅游线路上各景区的特色

一条旅游线路上串联着若干个景区，各个景区尤其是自然风景区因自身的构景特征不同而各有其最佳观赏时间。一般来说，以水景为主的景区宜安排在清晨游览为佳，此时风平浪静，水面如镜，岸边景物，倒映水中，宁静而秀丽。若恰值冬季，清晨的水面还会出现水汽蒸发的现象，薄雾之中，景色缥缈，别具风韵。若是以观赏植物为主的景点，则以下午游览为佳，午后风起，花瓣纷飞，清香飘远；柳枝摆动，松涛万里……以山体为主的景点，一般则以傍晚游览比较好，黄昏夕阳映照，勾勒出山峰起伏连绵的线形，在山后余晖散射的云天映衬下，更加显现出山体的雄浑气势。当然，至于具体到每个景区在何时游览效果最佳的问题，则需根据具体情况作具体安排。在旅游线路设计时，旅游者对旅游景区的观赏时间，应尽量安排在景区呈现其最佳景色的时候。

（二）要有利于充分发挥旅游线路上各旅游景区的功能

一条旅游线路上的若干旅游景区各有其不同的旅游功能，而各旅游景区的旅游功能又有其不同的最佳发挥时间。譬如，江河湖海等天然水体浴场的主要旅游功能是让旅游者游泳，而发挥天然浴场游泳功能的最佳时间是在午后水温升高之后，因此，如果旅游线路上有天然浴场之类的景点的话，在旅游线路设计时，应当尽量将旅游者游览该点的时间安排在下午为宜。登山攀岩类参与性的活动，由于运

动量大,游人自身产热耗能多,这类活动最好安排在上午进行,因为经过一夜的休息,人在上午的体力比较好。此外,上午比较凉爽,如果是在下午,气温升高了,加上大运动量,会使游人感觉太热、不舒适,严重的甚至出现中暑等。

(三)要有利于节省途中时间,避免走回头路

旅游者的游览活动其实并不仅仅限于旅游景区中,旅途中沿线的景观也是旅游观赏的对象。在游览过程中,如果出现走回头路,就意味着游人要在同一段游路上重复往返,沿路相同的景观,游人要再看一遍。这种重复,对旅游者来说,便是一种时间和金钱的浪费,是旅游者最不乐意接受的。因此,将旅游景区串联成环行旅游线路,不仅可满足游人希望尽量多地感知异国他乡环境信息的心理需求,还有利于节省旅途时间。

(四)要有利于景区内旅游购物活动的实现

购物活动是旅游过程中不可缺少的重要环节,不仅能给旅游地带来丰厚的经济收益,还能让旅游者外出旅游获得心理上全面的满足;而且,当地的旅游纪念品被游人带回其常住地后,又能成为旅游地的"无声的义务宣传员"。所以,设计旅游线路时,对旅游景区的购物活动应予以充分的关注,将旅游商品最丰盛、购物环境最理想的景区,尽量安排在旅游线路串联景点的最后,因为在旅游活动即将结束、准备返家之前,游人的购物欲往往是最强烈的。

(五)景区游览节奏应动静结合

游览不同的旅游景区,需要旅游者付出的体力是不一样的。在有的景区游人主要是通过乘船、坐缆车或坐下来观看各种表演等方式游览,旅游者本身处于相对静止的状态之中;而在有些景区,游览要完全靠旅游者步行,或参与其中如划船、登山、滑雪、参与民族舞蹈等,在上述景区中游览,旅游者自身基本上处于"动"的状态中,所需付出的体能消耗也较大。因此,在进行旅游线路设计时,应尽量使上述两类景区交错安排,以便旅游者能够劳逸结合,获得更好的游览效果。

(六)能兼顾旅游"冷"点和"热"点

要从全局观念出发,做到以"热"带"冷",平衡发展。其实,任何一个旅游景区都有一个从"冷"到"热"的发展过程,并具有各自特点和资源优势。因而要调查哪些景区资源是相互补充的,哪些景区资源是相互制约的,以便在设计时充分利用和发挥资源特色,克服制约作用,增强互补作用。某些景区尽管目前还可能处于"温"或"冷"状态,但其资源特点往往与"热"景点互补,也有利于加强主题思想。在旅游线路设计时,要善于识别,大胆创新,不断开拓新景点、新路线,尽快使"冷"点通过各种扶植手段变得"热"起来,使旅游景区发挥出最大的综合效益,进而带动整个区域旅游的平衡发展。

(七)景区游览顺序总体上应趋向"越来越好"

一条旅游线路上的各旅游景区,在风格、质量、品位等方面多少都会有一些差

异。如果旅游线路设计时把质量、品位高的景区安排在前,相对较差的景区安排在后,那么,游人在游览时,虽然获得的第一印象颇好,但在随后的旅游过程中因前面有高质量的景区做参照,感到后面游览的景区不如最初的景区,就会产生一种得不偿失的"失望感",进而会否定整条旅游线路。相反,若是将最好的旅游景区放在后面,游人在游览过程中,随着时间、体力和金钱的不断付出,能看到一个比一个更好的景区,自然会认为该线路是一条内容丰富多彩的高质量的旅游线路。

二、旅游线路设计中的旅游景区选择

对于不同类型景区间的线路设计,首先要对市场需求进行调研,对线路的投入产出进行必要的科学论证,针对旅游者消费行为、市场需求去进行线路设计;其次,还要突出特色,以精品取胜,要注重质量。

(一)旅游景区的组合原则

旅游线路设计,不仅要强调提供高质量的"硬件"——旅游设施和"软件"——旅游服务,更应注意各个旅游景区的特色及旅游者对旅游景区的游览偏好,考虑如何串联起独特的富有吸引力的旅游景区,以及为旅游者选择适宜的游览方式,这些将直接影响到游客对旅游线路产品形象的评价。考虑到旅游吸引物的特征,旅游线路在组合不同类型景区时应从数量适中、深度适当、关联适宜等几方面入手。

1. 数量适中

不同类型旅游景区组合应着重突出旅游资源的"新"、"奇"、"特",一般来说,同类旅游资源中只宜选择最具代表性的某一资源,且旅游景区组合的数量要适中,从而有利于充分发挥旅游业的潜力,开拓新的旅游市场。

2. 深度适当

不同的旅游景区,其类型、档次、特色是不一样的。在对反映同一主题思想,跨越一定地域空间,内容丰富,特色鲜明的若干旅游景区进行组合时,线路中选择的景区必须是等级和规格相对来说比较高的景区,且深度要适当,若专业性太强的话,也会使大多数旅游者失去游览的兴趣。

3. 关联适宜

不同类型的旅游景区在组合时,要么是老路线翻新,在日程、景点、活动安排与设置上巧做文章,融入新的活力,即以新为主,再串联起部分老的精华景区,可达到让人耳目一新之感;要么弃旧图新,另辟蹊径,大胆开辟全新线路。不管采用哪一种方式,所推出的不同类型旅游景区之间都应建立适宜的联系,这样做对旅游资源的充分利用和旅游企业的经营都有利。

(二)旅游景区的组合模式

旅游者的旅游体验过程是一个程序化心理活动过程,因此在进行旅游线路组织时,应有意识地强调某种文化主题,使游览过程成为一种意境流体验程序。例如,王衍用(1995)认为,一个游览线路的组织,需要有一个情感酝酿的过程和一个渐入佳境的空间,即需要引景和点景①。他在研究曲阜"三孔"的游览线路设计时,就注意到环境氛围的营造和意境流的体验。

◆ 为了使旅游者从一开始就体验到历史文化名城和孔子在中国儒家文化体系中的崇高地位,建议所有旅游者都从神道开始进入景区,顺神道北行,古式围墙封闭的纵向狭窄空间、苍劲古朴的柏树引出了历史的氛围,营造出肃穆、神秘的气氛,使旅游者进入"孔庙"特有的意境。

◆ 旅游者从金声玉振坊走出孔庙,通过"孔庙"与"孔府"之间的街道、马路,游客从古墙夹峙、古柏森然的封闭空间穿越阙里牌坊、过街钟楼,经鼓楼、照壁,体验到进入"孔府"之前的引景空间,踏进"孔府"大门。

◆ 从后花园出孔府,北行出曲阜古城北门,进入通往"孔林"的神道——具有营造引景氛围的通道,进入"孔林"。

1. 传统观赏旅游

游客一般以旅游景区为中心进行游览,对于旅游景区,一般多注重门票、索道、景区内部餐饮、购物亭的安排,对城市公园及游乐园等往往会注重游乐项目的安排。

2. 体验式观赏旅游

体验式的观赏旅游,与传统的观赏旅游不同,因此,要对游客的游赏过程进行深度设计,注意场景布置,形成情境氛围,引导游客进入情境,与自然、当地居民、文物环境、文化氛围或戏剧化节目等互动。一般而言,体验式观赏不仅需要在场景布置上进行投资,还需要深度的服务相配合,因此,成本要高于传统观赏旅游模式,但体验式观赏的吸引力及利润往往高于传统观赏旅游。

例如,在游览素有"碧水丹山"、"奇秀甲东南"之美誉的武夷山时,乘竹筏漂流九曲溪最令人陶醉,人随"九曲"溪流而折转,时东、时西、时南、时北,山转水流,"六六奇峰翠插天"的36峰因此具有百余种风貌迥异的形象,山水相映,构成一幅奇妙无比的美丽画面,加之景区投入大量资金和专业力量创作的导游词,大大提高了旅游者的游览兴致,产生了极好的山水体验效果,堪称是体验式观赏的典型。

3. 休闲旅游

休闲旅游有多种模式,如以"农家乐"为代表的餐饮主导模式、以一般度假村为主导的综合旅游模式、以运动项目为主导的健身休闲模式等。

以会议为主导的休闲,一般要进行综合游乐配套,比如保龄球、卡拉OK厅、垂钓、划船、游泳等;以"农家乐"为主导的休闲,往往"吃"与"购"结合得比较好,包括大棚餐厅、桃花节、乡村美食街等;以滑雪为主题的运动休闲项目,更多地集中了滑

---

① 王衍用."三孔"游览路线的设计和环境氛围的营造.旅游学刊,1995,(2):35-37.

雪、玩雪等娱乐项目；以高尔夫球为主题的休闲项目，其模式则较复杂，要包括会所、别墅、高尔夫球场等多种设施。

4. 度假旅游

度假不同于休闲，度假旅游者来自世界或全国各地，且在度假地滞留时间较长（三天以上）；休闲旅游者一般多为本地人，滞留时间较短，以不过夜为主。作为度假地必须要有独特的自然资源及气候资源，但不是以观赏为主，而是以多样化的综合消费为主，即对景区本身的观光要求处于较低的层次，比较注重住宿、餐饮、娱乐、运动项目、游乐项目、购物等。

第三节 案例

一、四川旅游景区与线路

(一)案例介绍

四川自古就有"天府之国"之美誉，是中国西部门户，大熊猫故乡。这里是旅游的天堂，人们无法拒绝它火辣辣的美食，无法拒绝它惊艳的自然风光，更无法拒绝它的古蜀文化。

随着越来越多的游客涌入四川，四川一跃成为中国的旅游热点地区。经过多年的发展，四川旅游业初步形成了以成都为中心，以自然和人文古迹为特色的东线、南线、西线、北线、中线共8条路线，点线结合，脉络串联，其具体线路如下。

◆ 东线：成都—广安、邓小平故居

广安是四川东部的重要城市，又是改革开放总设计师——邓小平的故乡，近年来，随着红色旅游的兴起，这条线路开始火热起来。这是一条经典的红色旅游线路，从成都出发经南充最后到达广安，一般游程为2~3天，宿广安。主要景区、景点有：邓小平同志故居、佛手山风景区、广安思源广场、广安旧城等。

◆ 南线：成都—自贡恐龙博物馆—蜀南竹海—西部大峡谷

这是川南最经典的一条观光旅游线路。从成都出发经内江，到盐都自贡，最后到达万里长江第一城——宜宾，一般游程为2~3天，宿自贡、竹海或者长宁。主要景区、景点有：恐龙博物馆、中国最大的竹文化博物馆蜀南竹海、西部大峡谷、宜宾五粮液酿酒基地等。

◆ 西线1：成都—九寨沟—黄龙

这是四川"九环线"中的西线，是目前四川旅游最为火爆的自然遗产线路之一。该线路从成都出发途径都江堰、汉川、茂县、松番，最后到达九寨沟和黄龙，一般游程为4~6天，宿九寨沟口、汉川、茂县或者松番。主要景区、景点有：都江堰、桃坪羌寨、松州古城、松番川主寺、人间天堂九寨沟、童话世界黄龙、牟泥沟、神仙池等。

◆ 西线2:成都—卧龙—四姑娘山

这是一条大熊猫生态旅游专线。从成都出发经都江堰进入汉川,再向西到卧龙,最后到达四姑娘山,一般游程为3~4天,宿日隆镇。主要景区、景点有:都江堰、卧龙大熊猫自然保护区、四姑娘山风景区、长坪沟、宝兴蜂桶寨等。

◆ 西线3:成都—海螺沟—康定—木格措

这是一条典型的自然生态与民族风情游旅游线路。从成都出发,经成雅高速,过二郎山隧道,穿历史文化名城泸定,到磨西古镇(位于海螺沟脚下),最后达到康定,一般游程为4~5天,宿磨西镇或康定。主要景区、景点有:二郎山风光、泸定桥、海螺沟、木格措风景区、康定跑马山等。

◆ 北线:成都—剑门关—广元—阆中古城

这是一条经典的三国文化遗迹旅游线路,从成都出发,沿成绵广高速公路北上,下高速到剑门关,然后到广元,最后到达阆中,一般游程为2~3天,宿广元或阆中古城。主要景区、景点有:剑门关风景区、翠云廊、昭化古城、皇泽寺、千佛崖造像、明月峡先秦古栈道、凤凰山公园、阆中古城、锦屏山风景区等。

◆ 中线1:成都—乐山—峨眉山

这是一条世界自然与文化遗产旅游线路。从成都出发,经成乐高速公路到乐山,最后到达峨眉山,一般游程为1~2天,宿峨眉山。主要景区、景点有:乐山大佛、凌云寺、大雄宝殿、九曲栈道、峨眉山风景区等。

◆ 中线2:成都—都江堰、青城山

这是离成都最近的一条世界文化遗产旅游线路。从成都出发到都江堰和青城山可以有多种走法,三个点基本呈"▽"形分布,一般游程为1~2天,宿都江堰或者成都。主要景区、景点有:都江堰水利工程、灵山风景区、二王庙、安澜索桥、青城山等。

(二)案例分析

第一,以上8条观光线路都是四川省比较著名的成熟旅游线路,它们各有各的优势。东线是一条经典的红色旅游线路;南线是川南最经典的一条观光旅游线路;三条西线分别是自然遗产线路、大熊猫生态旅游专线以及自然生态与民族风情旅游线路;北线是经典的三国文化遗迹旅游线路;两条中线分别是世界自然与文化遗产旅游线路和世界文化遗产旅游线路。东南西北中五线主题明确,游客可以根据自己的喜好来选择不同主题的旅游线路。

第二,游客进行旅游活动目的就是为了获得一种体验,如果线路上"吃住行游购娱"六要素组合得好,产品有特色,而且配套设施和服务完善,能够接近甚至达到旅游者的心理期望,那么旅游者就获得了自己想要的体验,满意度就高。值得关注的线路有两条:首先是"成都—九寨沟—黄龙"一线,这条线路是四川省"九环线"中的西线,一直以来是四川省的"黄金旅游热线",虽然线路在可进入性、产业分布、配套服务设施等方面并不具有太大的优势,但是其神话般的自然意境以及突出的"藏族风情"为两个主要的因子——"游"和"文化"增添了不少的分数;其次就是"成都—广安、邓小平故居"一线,该线路经过南充、广安等川东主要城市,经济比较发达,可进入性条件好,产业布局合理,基础服务设施完善。随着近年来红色旅游的逐渐兴起,一部分日渐富裕起来的人们和党政机关、事业单位的工作人员开始"饮水思源",纷纷怀着一份"感恩"的心情缅怀一代伟人——邓小平,使得这一线路日益火爆起来。

从以上几条线路我们看出目前四川的旅游线路设计注重旅游区域的综合利用,合理地将人文与自然景观相结合,并充分地展现了各个旅游景区的特色,让各个景区的功能得到最好的发挥。但与此同时我们也应该看到,这几条线路设计的动态参与性、娱乐性的活动较少,这提示我们在开发旅游线路和组织旅游活动时,要动静结合,使旅游者能够劳逸结合,获得更好的游览效果。

二、"北纬30°·中国行"旅游线路

(一)案例介绍

《北纬30°·中国行》是中央电视台《远方的家》栏目制作的系列旅游节目。这档节目从浙江舟山群岛出发,沿北纬30°线,自东向西一路行进,横跨浙江、江西、安徽、湖北、湖南、重庆、贵州、四川、西藏等9个省、自治区、直辖市,最后抵达西藏阿里地区,沿途到访300多个市县,总行程超过2万公里,着重展现北纬30°沿线的自然风光、历史文化、民族风情和普通百姓的生活状态,描绘这片土地上人们的人性美、人情美,紧扣当下最大多数中国人的情感脉动,向世界展示中国的北纬30°带上包括的自然风光、历史文化、民族风情和社会发展内的全景式图画。

从舟山出发,以"北纬30°·中国行"为主题,把这个纬度上相邻的景点串联起来,作一次北纬30度之旅,设计归纳了9条旅游线路,其具体线路如下。

◆ 第一站:【浙江】舟山—宁波—绍兴—杭州—金华—衢州—丽水

游程:第一天,登东极岛看渔乡风情、海岛风光;第二天,去宁波保国寺找寻古代建筑未解之谜,赴余姚探秘新石器时代河姆渡文化遗址;第三天,漫步柯岩采石场,领略柯岩石佛的神奇,在浣溪江畔寻找西施的足迹;第四天,登千岛湖特色岛屿饱览美丽的湖光山色;第五天,在磐安探寻磐安炼火,感受大山里的生活;第六天,探寻龙游石窟,游览江郎山,品常山胡柚;第七天,走进大山深处畲族村寨,田野间聆听美妙山歌。

◆ 第二站:【安徽】宣城—黄山—铜陵—池州—安庆

游程:第一天,走进壮美黄山,云开雾散赏黄山日出云海;第二天,梦萦徽州,走进朱熹笔下的江南第一村,探寻八卦村里的奥秘;第三天,山里山外品池州,探访南溪古寨寻找匈奴遗迹;第四天,来到佛教圣地九华山,探寻镇山之宝;第五天,游览

临江而立的振风塔,黄梅戏的故乡;第六天,天柱山脚下的白马潭体验竹筏漂流,攀峭壁体验采药惊险。

◆ 第三站:【江西】上饶—景德镇—九江—南昌—宜春

游程:第一天,乘车游览美不胜收的婺源;第二天,深入鄱阳湖感受草原与湖泊完美结合的自然景观;第三天,走近景德镇各道工序最知名的大师,探秘让人惊叹的制作工艺;第四天,登不走寻常路庐山,看三叠泉峡谷出现的走钢索的人;第五天,游江湖之城南昌,寻访中华一绝宣纸刺绣;第六天,去养生之地宜春,攀登明月山感受悬空栈道;第七天,探寻靖安群山中的秘密,在三爪仑品尝"太极图"的独特美味,山林间用一杯清茶解读禅意人生。

◆ 第四站:【湖北】黄冈—黄石—鄂州—武汉—咸宁—荆州—仙桃—孝感—荆门—宜昌—十堰—神农架林区—恩施

游程:第一天,赴黄冈游览东坡赤壁,走进李时珍的故乡蕲春县,游览"半城山色半城湖"的黄石;第二天,船行长江,探访武昌鱼的故乡;第三天,在武汉街头品尝热干面等武汉美食,寻访汉绣艺术;第四天,游赤壁、学脚盆鼓,访明清古镇羊楼洞,品味百年老砖茶;第五天,游荆州,寻访野生麋鹿,探访长吻鮠,品尝笔架鱼肚;第六天,观赏沙湖湿地风光,看仙桃沙湖盐蛋的生产制作过程,感受孝感云梦皮影的魅力;第七天,游荆门,寻访三峡人家,问道武当山;第八天,感受不一样的神农架;第九天,感受恩施人们的神仙般生活。

◆ 第五站:【湖南】岳阳—长沙—湘潭—益阳—常德—张家界—湘西

游程:第一天,赴大湖之城岳阳,君山区野生荷花世界享受夏日清凉,探访茶马古道,品尝一百年的香茗;第二天,岳麓山上体验湖湘文化,橘子洲头,火树银花,湘江之滨享受欢畅之夜;第三天,游览洞庭湖,探访桃花源里的城市常德;第四天,游张家界,游天门山,体验玻璃栈道,观天门洞,看当地特色的扬叉草狮舞,在山里人家,品尝剁椒鱼头;第五天,走进凤凰城,参加传统苗族婚礼,拜访名家,品读古城厚重历史,感受魅力湘西。

◆ 第六站:【重庆】

游程:第一天,抵重庆,在巫峡观赏巫山神女峰,云阳"天下第一缸"体验高空自行车的惊险刺激;第二天,大宁河畔体验巫溪人的逍遥慢生活;第三天,黄水镇感受清凉气候,品尝清新莼菜;第四天,探寻堰塞湖底的秘密,在土家山寨看民族舞蹈"打年宵",寻悬棺,进崖墓;第五天,到大足观赏石刻艺术群,领略大型佛教密宗道场的魅力。

◆ 第七站:【贵州】铜仁—遵义

游程:第一天,在梵净山上寻找"黔金丝猴"的足迹,品读雾中梵净山;走进印江县,在长号唢呐之乡发现不一样的生活方式,感受高腔山歌的魅力;第二天,走进长寿之乡石阡,探寻老人长寿秘诀,在仡佬族村寨,品尝神仙豆腐,与仡佬人同乐;第三天,在遵义会议会址,感受历史风云激荡,走进酒乡仁怀,与村民一起收割高粱;第四天,参加仡佬族传统节日——吃新节,领略独特的民族风情,龙潭古寨品三幺台,尝仡佬族传统美食。

◆ 第八站:【四川】泸州—宜宾—自贡—内江—资阳—遂宁—广安—达州—巴中—广元—南充—绵阳—德阳—成都—阿坝—雅安—眉山—乐山—凉山—甘孜

行程:第一天,品味泸州400多年历史的酒窖;第二天,游览万里长江第一城宜宾,追寻僰人的足迹,行走南丝绸之路;第三天,自贡仙市古镇上寻觅盐埠痕迹,釜溪河畔品地道盐帮水煮牛肉,走进大千故里,看一代国画大师张大千笔下描绘的《圣水晓钟》如今又是怎样的一番景象;第四天,游览"中国长寿之乡"资阳,欣赏民俗表演九莲灯,感受独特的天府绝技,去"中国观音文化之乡"遂宁探访"中国最美观音";第五天,前往广安寻访青少年时代的邓小平的故事,开启巴山达州行;第六天,蜀门秦关走巴中,游览女皇故里广元;第七天,品尝南充特色小吃"川北凉粉"游朱德故里,仪陇老县城,看川东北皮影戏;第八天,前往古蜀遗址三星堆所在地德阳,天府之国成都;第九天,前往羌族部落阿坝,熊猫之乡雅安大熊猫繁殖基地里,近距离接触可爱的熊猫宝宝;第十天,开启眉山长寿之旅,前往世界的乐山;第十一天,前往凉山女儿国泸沽湖,甘孜稻城香格里拉生态旅游区。

◆ 第九站:【西藏】昌都—林芝—山南—拉萨—那曲—日喀则—阿里

行程:第一天,游览藏东明珠昌都,走进强巴林寺,赏珍贵铜印,感受辩经,淡雅噶玛噶赤唐卡,探秘神奇藏医药;第二天,探访山谷人家,莲花圣地;第三天,赴山南寻香,寻找喜马拉雅藏獒;第四天,驰骋藏北草原,偶遇藏羚羊、野牦牛;第五天,感受日喀则的丰收季节;第六天,寻访边境小镇亚东;第七天去往318国道终点站樟木,隔河相望尼泊尔的异域风情;第八天,在阿里感受快乐的高海拔。

(二)案例分析

北纬30°线这条主题旅游线路横穿中国腹地,无论从自然还是人文角度,都呈现出一个丰富多彩的横切面。这里地形、气候多样,从舟山群岛到长江中下游平原,从四川盆地到青藏高原,跨越三大阶梯,海拔高度由海平面逐渐上升到世界屋脊。

这条旅游线路上风光奇特,普陀山、黄山、张家界、金沙江、澜沧江、怒江等景观闻名遐迩,贡嘎雪山、南迦巴瓦峰等十几座海拔4 000米以上的大山整齐排列,沿线的平原、高山、峡谷、河流、草原、森林构成了"中国最美的风景大道"。在这条旅游线路上,湖北神农架、四川三星堆等自然和历史之谜还有待人们的探索。

此外,这条旅游线路沿线物产十分丰富,鄱阳湖平原、洞庭湖平原、四川盆地等自古以来就是著名的稻米产区,养活了数以亿计的人口。同时,这里还是一个历史文化的宝库,吴越、荆楚、巴蜀、藏羌等不同类型的地域文化造就了沿途百姓多姿多彩的生活方式,充满了神奇的吸引力。

本章小结

通过本章的学习,初步了解和掌握有关旅游景区的基本概念、旅游景区的构成要素等知识点,对旅游线路与旅游景区的关系能有一个比较全面的认识和理解,结合实例,在旅游线路设计中,能对旅游景区进行恰当的组合设计。

思考与练习

1. 旅游景区的构成要素有哪些?
2. 试述旅游线路对旅游景区的基本要求。
3. 旅游线路设计中常见的景区组合模式有哪些?
4. 设计旅游线路时选择旅游景区要遵循哪些原则?
5. 按照旅游线路设计对旅游景区的要求,选择自己所在省(市)的若干景点,设计一条旅游线路。

第8章

旅游购物

本章导读

购物是旅游活动的重要组成部分,但近年来,由于各方面的因素影响,诸如旅行社、导游拿回扣、引导旅游者到"价高质劣"的商店购物等,使得一些旅游线路名为"旅游"实为"购物",由此引发的投诉一直高居旅游方面投诉的前列。因此,旅游购物在旅游线路中的地位与作用、旅游者购物行为及心理分析、旅游线路设计中的旅游商品开发等问题,将是本章学习和研究的重点。

第一节 旅游购物与旅游线路的关系

旅游购物指旅游者在旅游活动中的购物行为,是旅游过程的延伸和物化,它对丰富旅游线路内容,提高旅游目的地形象,增加当地旅游收入,扩大社会效益都有十分重要的作用。现代旅游不仅只是"游",而是以"游"为中心的一种社会文化经济活动。旅游购物活动实质上是商业与旅游业的互相渗透、互相推动、相互依存、共同发展的产物。商业的繁荣必然会促进旅游业的发展,同时亦拓宽了旅游活动的内容;同时,旅游的繁荣也为商业的发展带来了大量客流。

旅游购物消费在旅游者支出中有很大的伸缩性,相对来说是"无限花费",它既受旅游者支付能力的约束,也受旅游商品特色和丰富程度的影响,最具开发潜力。随着旅游者对旅游商品需求的急剧上升,许多地区已经把旅游购物作为新的经济增长点予以重视和支持。

一、旅游购物的行为特征

旅游者处于远离居住地的旅游过程中,不熟悉当地的情况,且逗留时间短,这些因素使得旅游购物消费有别于日常的购物消费,具有异地性、仓促性、随意性、一次性等特征。

(一) 异地性

"旅游是非定居者的旅行和暂时居留引起的现象和关系的总和",旅游活动具有异地性、综合性、暂时性、非就业性等特征。旅游购物的场所处于旅游目的地或旅行途中,对旅游商品的易携带性要求较高,而旅游购物的结果与目的地的旅游商品供给状况、经济发展水平、人文环境等因素密切相关。一方面,异地性是旅游购物的吸引力之所在;另一方面,异地性也给旅游者带来了一系列不便。例如,易受到来自导游、当地居民、传播媒体等各方面的误导,购买劣质商品后退换困难等。

(二)仓促性

由于受旅游行程安排的限制,旅游购物不可避免地具有选购时间短、决策仓促等特征。旅游者在走马观花、匆匆浏览的购物过程中,往往容易对造型独特、包装精美、摆设位置醒目、服务上乘的旅游商品产生兴趣,并在较短的时间内完成购买行为。旅游购物的仓促性带来的负面影响,诸如未能认真地对旅游商品的品质进行鉴别,返回居住地后才发现商品不尽如人意;被服务人员的热情与耐心感染,一时冲动,买下了本来并不需要的商品;受其他旅游者购买活动的影响,跟随购买等。

(三)随意性

在旅游的"食、宿、行、游、娱、购"六大要素中,"购"属于非基本旅游消费,弹性大,随意性强。旅游者可能有既定的购物意向,也可能没有既定的购物意向;有既定购物意向的旅游者不一定能购得称心如意的商品,而无既定购物意向的旅游者可能反而购到不少满意的商品;旅游购物支出可有可无,可多可少,波动性大。我国旅游业中旅游购物所占比重一直比较低,旅游购物消费的增长相对于其他旅游消费而言,具有更广阔的发展空间,因此,重视旅游购物的发展可谓意义深远。

(四)一次性

旅游购物的实现条件较为复杂,重复性差,具有一次性的特点。虽然旅游者可能多次前往同一目的地,购买相同的旅游商品,但这种活动的经济成本较高,属于少数。旅游购物的一次性决定了旅游者往往青睐于购买富有吸引力、纪念性强的当地特色产品或世界名牌产品。

二、旅游购物的构成

(一)旅游商品

旅游商品是指旅游者在旅游过程中,出于生活、旅行和纪念等需要所购买的商品,包括在旅游活动结束后作为欣赏、馈赠或在生活、工作中使用的商品,是一个地区旅游业发展的重要经济收入来源。地方性、民族性是旅游商品的生命力之所在,它有广义和狭义之分。广义的旅游商品,种类多、范围广,根据其自身的性质和特点,可分为艺术品、文物、装饰品、土特产、日用品、零星用品、旅游食品等;狭义的旅游商品,则仅指旅游纪念品(凡是游客携带方便、富有地方特色、在旅游结束后作为纪念、欣赏或馈赠的,如杭州西湖龙井茶、贵州蜡染等工艺品、土特产一类的旅游商品)。旅游者在旅游过程中购买的主要是土特产品和工艺美术品。

1.旅游工艺品

以旅游点的文化古迹或自然风光为题材,利用本地特色材料制作,设计新颖、工艺独特、制作精美的艺术品,能体现当地传统工艺和风格,富有纪念意义,主要有雕塑工艺品、陶瓷工艺品、金属工艺品、编织工艺品、刺绣工艺品、染织工艺品、花画工艺品等。

2. 文物古玩及其仿制品

主要指在文物商店和正规文物市场中出售的不属于国家禁止出口的古玩、文房四宝、仿制古字画、出土文物复制品、仿古模型等,如西安的仿秦兵马俑模型、洛阳的仿唐三彩,端砚、宣纸、湖笔等文房四宝,碑帖、拓片等。

例如,砚池是中国画和书法的必需品,历史悠久,与纸、笔、墨共称"文房四宝"。中国的名砚有:端砚,产于广东端州(肇庆),端砚石质细润,不吸水,发墨快,光泽好;歙砚,产于安徽歙县,石质坚韧,纹理细密,不吸水,不耗墨,不伤笔;鲁砚,山东砚台的总称,石质沉透湿滑,腻而不滑,发墨而不损毫;洮砚,取石于甘肃临洮制作的砚台,石质碧绿,莹洁如玉,纹理如云,储墨久不变质,不干涸。

3. 土特产品

土特产品是指一地独有或一地独优,他处逊色或一地产量特多而他处很少的农副产品及其加工品。我国土特产品十分丰富,诸如贵州的茅台酒、东北人参、云南白药、西北裘皮等一向是游人馈赠亲友的佳品。

(二)旅游购物场所

许多大城市都有著名的购物中心,如北京的王府井、上海的南京路等,不仅有琳琅满目的时尚品牌,还有舒适的购物空间、良好的服务和便捷的交通。

此外。全国各地还有许多具有地区特色的购物场所,如山东潍坊杨家埠木版年画(与天津杨柳青、苏州桃花坞的年画并称为全国三大年画)、浙江仙居白银市场(全国最大的白银市场,每年回收、加工、交易的白银有五六百吨,相当于全国白银产量的四分之一)、浙江海宁皮革城、义乌小商品城、云南昆明滇池东岸的斗南花市等均享誉华夏。

旅游购物场所有多种分类方法,如按零售业态可分为厂家直销店、旅游商品专业店、旅游商品综合店。厂家直销店,又称为前店后厂式旅游商店,是在旅游商品生产企业的基础上开办的一种商店,旅游者在选购的同时可以观看制作工艺。旅游商品专业店,是专营某一种或者某一类旅游商品的商店。旅游商品综合店,商品种类和规格多,规模也较大。

按照旅游购物场所的空间分布,可分为重点旅游城市的定点商店(包括文物商店、工艺美术品公司、免税商店等,主要为国际旅游者服务);各饭店、宾馆和其他旅游企业设置的商品部、商场(主要经营旅游商品,是企业内部的一个部门);风景名胜点、公园和繁华街道普遍设立的小型店铺(主要经营旅游日用品、纪念品)。此外,按照接待的对象又可分为散客旅游商店、团队旅游商店、散客和团队兼营的旅游商店。

三、旅游购物在旅游线路中的地位与作用

旅游购物是旅游产业"食、宿、行、游、购、娱"六大要素之一,作为旅游线路重要组成部分和创造效益的旅游购物活动,由于其自身与商业的紧密结合而在旅游线路中发挥着重要的作用。发达国家和地区旅游购物的收入已占到旅游总收入的45%以上,发展旅游购物前景广阔,对带动和提升旅游在国民经济活动中的地位和作用有重要的意义。

(一)丰富旅游线路的内容

旅游者选择旅游线路,往往不只是出于观光游览的需要,如许多女性旅游者在出游时,大都带有购物的动机。旅游者在观光游览之余,自由地安排购物活动,放松身心,对整个旅游活动的节奏有一定的调节作用,也丰富了旅游线路的内容。

(二)增加旅游线路产品的经济效益

首先,适销对路的旅游商品,可进一步丰富线路中旅游商品的种类,必然会带来旅游购物收入的增加;其次,因为有丰富多彩的旅游商品供游客购买、消费,自然会延长游客逗留的时间,使"食、宿"消费更进一步扩大;最后,旅游购物本身也是一种旅游资源,可满足游客"购"的需要,对游客颇具吸引力。因此,旅游目的地充分发挥区域性商贸都会的优势,开发"购物旅游",有助于培育新型旅游产品,拓展客源市场。

(三)促进为旅游线路产品提供支持的相关行业的发展

旅游商品与非旅游商品之间并无不可逾越的界限。农产品或轻工产品一经打上地方特色或旅游特色的烙印,引起游客的购买消费欲望,便可成为旅游商品,从而为轻工业、农业提供更广阔的发展前景。同时,对于从事旅游购物线路设计、开发、组织的旅行社来说,若能获得"精品旅游购物线路"的称号,就等于得到了一块金字招牌,有助于增强线路产品的市场竞争力。一般情况下,旅游购物市场的利润率远高于普通观光市场,积极开发旅游商品,可以获得较高的利润回报。

第二节 旅游线路设计中的旅游购物选择

一、旅游线路对旅游购物的基本要求

(一)对旅游商品的要求

1. 旅游购物心理分析

◆ 求新心理

追求商品的新颖、奇特、时尚。人大多喜欢新奇、新颖的商品,新的颜色、新的款式、新的质量、新的材料、新的情趣等,可以满足旅游者求新的心理,有助于缓解

紧张的工作节奏,调节枯燥、单调、烦闷的生活。

◆ 求名心理

追求名牌和有名的商品。优质名牌商品、具有纪念意义的商品、可炫耀身份的商品,都会使人爱不释手。对于有求名动机的旅游者来讲,往往不太注意商品的效用和价格,而更注意商品的名望、象征与纪念意义,并在感情冲动中作出购买决定。

◆ 求美心理

重视商品的艺术欣赏价值。"爱美之心,人皆有之",对旅游者来讲,离开自己的居住地参加旅游活动,不仅希望能欣赏到优美的风景,同时也希望能购买到一些富有美感的旅游商品,在求美心理作用下,往往重视商品的款式、包装,以及对环境的装饰作用等。

◆ 求实心理

追求商品的使用价值。旅游者,尤其是中低收入阶层的旅游者,在购买旅游商品时,看中的是实用、实惠,特别注意的是商品质量、用途,要求商品经济实惠、经久耐用、使用方便,对商品的外观并不十分在意。

◆ 求廉心理

对商品的价格特别敏感,喜欢经济实惠、价格低廉的商品。求廉的旅游者在购物时,会把主要精力放在价格上,希望购买同等价值但能少花钱的商品,还喜欢购买简单的甚至是不包装的商品。当然,从某种程度上说旅游也是一种高消费活动,因此旅游者通常不会像普通消费者那样过分追求廉价。

◆ 求趣心理

由于生活经历、宗教信仰、受教育程度、家庭背景等方面的差异,旅游者的兴趣、爱好各不相同,在旅游过程中,他们往往只重视购买与自己的兴趣、爱好有关的旅游商品。

总体来看,旅游者购物的主要动机是求新、求美、求名等,而且,多种购物动机往往同时并存。这就要求设计旅游线路时,在把握旅游者多种动机的基础上,尽可能安排具有多种选择的旅游购物活动。同时,积极研究旅游者的购物动机,准确把握旅游购物活动的新特点、新时尚和新趋势,在旅游商品的开发时也应考虑它的多样性和层次性。

2. 旅游者购物特点

在安排旅游线路中的旅游购物活动时,要考虑旅游者的购物特点。因年龄、性别、兴趣、职业等方面的不同,不同旅游者对旅游商品的消费心理、购买行为模式等是有较大差异的。

(1)男性旅游者的购物特点

男性消费者相对于女性来说,购买商品的范围较窄,一般多购买"硬性商品",注重理性,强调阳刚气质。

◆ 注重旅游商品质量和实用性

男性消费者购买商品多为理性购买,不易受商品外观、环境及他人的影响。注重商品的使用效果及整体质量,不太关注细节。

◆ 购买目的明确且迅速果断

男性的逻辑思维能力强,并喜欢通过杂志等媒体广泛收集有关旅游目的地的信息。因此,在设计旅游线路时,选择有一定知名度的旅游购物场所和商品,这样可以促使他们迅速地购买。

◆ 有强烈的自尊好胜心,购物时不太注重价格问题

男性一般有较强的自尊好强心理,购物时喜欢选购高档产品,而且不愿讨价还价,忌讳别人说自己小气或所购产品"不上档次",因此在旅游线路中不宜选择自由砍价的露天市场或物价不规范的商店。

此外,男性容易对以体育运动、军事、科技等为主题的旅游购物场所和旅游商品产生浓厚的兴趣。

(2) 女性旅游者的购物特点

女性游客的旅游购物花费远高于男性。在旅游市场中,女性旅游者数量已经具有相当规模,已形成一个"女性"消费群体。市场上专门针对"女性"的旅游线路不能说不多,特别是"三八妇女节"前后,此类产品的规模可谓十分"壮观",除了传统的温泉、赏花、美食线以外,包含美容、保健、首饰制作等元素的旅游线路五花八门,还有时尚新品"SPA 之旅"等。

◆ 注意旅游商品的外观和情感

爱美、求美心理加重了女性对旅游商品外观形象的注重,因此她们大多购买软性商品(流行性、装饰性强的商品)。女性往往会对商品仔细观察,商品细微之处的美感和优点会一下子抓住她们,迅速博得她们的欢心。而商品的品名、款式、色彩,以及购物环境气氛等也易引起女性消费者情感变化,从而产生冲动性购买。

◆ 注意旅游商品的实用性和具体利益

女性消费者在家庭中的地位和作用,使她们对旅游商品的关注角度与男性大不相同。她们在购买时会反复询问,对商品在生活中的实际效用和具体利益表现出更强烈的兴趣。

◆ 有较强的自我意识和自尊心

女性对外界事物反应敏感,在购买活动中,营业员的表情、语言、广告宣传及评价,都会影响女性消费者的自尊心,进而影响旅游购物消费行为的实现。

◆ 爱赶时髦,喜欢创新

女性有较强的从众心理和表现欲,对流行的旅游商品十分重视,喜欢赶潮流,常模仿参考群体的消费行为,但她们又有强烈的自我意识,不甘心完全模仿,总想略有创新。

3. 旅游商品的选择

(1) 注重旅游商品的纪念性、艺术性与实用性

旅游是一种"异地、异时、异常"的消费活动,同时,旅游也是一种心理体验,一种精神的享受。旅游者对旅游商品的期望具有纪念性、艺术性与实用性,其中纪念性比经济性重要,艺术性比实用性重要。美观大方、款式新颖、工艺精巧的旅游商品,例如,工艺精致的玉器、水晶等生肖物件;秀丽、高雅的丝绸衬衫等,再加上价格适中一点,最容易获得游客的认同。

(2) 旅游商品要具有地方特色,能体现民族文化

无锡的紫砂壶、南京的雨花石、贵州的蜡染等无不以其民族特色与地方风格吸引旅游者,特色是旅游商品与其他商品区别的最主要特征。人们在购买商品时大多会注重有文化差异的、有人情味的、能与购买者心灵沟通的商品。云南少数民族的长烟筒,经过夸张做成一米高的烟筒;西藏的牛、羊骨经过漂白处理磨制后,挂在墙上,散发着浓厚的、原始的、古朴的气息,这样的商品颇受游客欢迎。

(3) 要求旅游商品多样化、微型化

游客的多样性决定了旅游商品的多样性,即旅游商品在品种、花色、质地、用途、价格等方面必须具有较大选择性。旅游商品要以中、低档为主,尤其是小型纪念品价格低,又有纪念意义,往往最受游客欢迎。旅游购物场所除了要提供琳琅满目、丰富多彩、品种齐全的旅游商品供不同旅游消费者挑选外,最重要的是旅游商品还应小巧玲珑,方便携带。

(4) 能集参观、娱乐、销售为一体

现代都市生活的人往往会产生"回归自然"、"回归自我"的心理需求,如果有机会在古朴的作坊里亲自参与制作活动,自然会给人以无限快乐的享受。例如,在一家家制作陶艺、泥塑、雕刻、扎染、蜡染的作坊里,教会客人怎样制作,当客人手捧自己亲手做出的工艺品时,自豪感、满足感会油然而生,更乐于买下自己亲手制作的"工艺品"。

(二) 对旅游购物场所的要求

购买旅游商品离不开特定的购物环境,旅游商品与购物场所的不同组合会带给顾客完全不同的心理感受。旅游者越来越重视旅游购物环境、购物场所的现代化、特色化、人性化,并对这方面的要求越来越高。

1. 旅游购物环境

购物环境是影响消费者购买行为的基础条件,它包括商店总体构思特色、货架或柜台布置、客流线路设计、商品陈列以及店内照明、音响、色彩、温度、清洁状况等方方面面。例如,就商品陈列而言,实质上它是通过布景道具的装饰,配以灯光、色彩、文字说明,运用美学基本原理艺术地对商品进行的宣传,起着沟通买卖双方的纽带作用。精致、巧妙的商品陈列对旅游者具有强烈的吸引力,有助于延长旅游者在店内的停留时间,诱导并刺激其购买冲动,往往能使那些本来没有购物打算的游客产生购物兴趣。而旅游购物场所的外部环境,即商店的选址、周围环境、交通条件及建筑特色等方面,也是非常重要的,因为它有助于吸引旅游者的注意和记忆。

2. 旅游购物场所的选择

一般情况下,旅游景点的级别高低和分布集聚状况决定了其周围商店数目的多少,因为高级别景点的客流量大,人口密度大,对商品的需求量也大。旅游者在旅游目的地短暂停留的时间内,匆忙地奔波于暂住地与各个景点之间;散客主要乘公共汽车沿公交线路移动;团队旅游者则不受公交线路的限制,沿主要的交通干线移动。因此,旅游商品零售店一般在各主要景点外围,沿主要交通道路呈带状分布,并且同类商店相对集聚,大多分布在公交线路停靠点到景点入口这一段道路的两侧。而以吸引团队购物为主的旅游商品零售店主要分布在前往各主要景点的道路两旁,而且有些明显依托于某一景点。因为地处往来景点的主干道上可以节省旅行社的旅游交通运输费用以及旅游者的时间成本,对于商家来说,脱离景点商业区,商铺的房租较低,可以降低营业成本。

(1) 商业街

依托自然景观或人文景观开发建设的游览型商业街,是"商"、"游"相互融合,相互促进,共同发展的典型代表。例如上海号称"中华商业第一街"的南京东路,不仅有一大批中华老字号企业,商业文化氛围浓郁,还有外滩文化风景线等一大批人文景观,因而,对南京东路步行街的改造,可以说是在继承中求发展,既保持了历史情趣,又为消费者提供了多种购物活动空间。

(2) 现代特大型购物中心

现代特大型购物中心,经营商品种类齐全,往往集游览、观光、娱乐、餐饮、购物、交际等功能于一体,犹如一个室内商业街区。一般多位于城郊结合部,附近有酒店、办公楼、停车场,并设有娱乐设施,从而满足消费者购物、娱乐、美食、交往等多种需求,比商业街有着更宽松、温馨的购物和消费环境,发展的空间更大。

(3) 节日游览商业市场

最典型的代表是各地的"庙会"。当今社会,重要的体育比赛、各种节庆、艺术表演、经贸活动等都已被视为不可多得的社会旅游资源,它一方面给人提供了参与性、体验性相结合的生活感受,另一方面也给商业及服务业的发展提供了良机。"以节兴游","以游兴商",商业与文化融为一体,可扩大旅游市场范围。

(4) 专业观光市场

越来越多的国家和地区已开始将发展"绿色农业"与推动新型的农业观光旅游结合起来,游客在"绿色农业"基地不仅可观赏农产品的培育、生产过程,还可以在各种观光农场中购买到当地出产的农产品。再如工业旅游的开发,即通过有组织地参观工业、科技、手工业等各类企业,了解产品的制造过程,不仅使旅游业受益匪浅，还带动了相关的商业服务业和娱乐业。

此外，一些专业的产品市场，也颇具吸引力。例如号称"中国花木之乡"的斗南，距昆明市中心18公里，与南美安第斯山区的哥伦比亚、厄瓜多尔，东非高地的肯尼亚，一同被视为全球鲜切花生产气候条件最优越的宝地。斗南花市日交易鲜切花达500万枝至600万枝，为全国最大的鲜切花交易中心，主导着全国的批发价。斗南四季不断的"花潮"，便捷的交通，引得各旅行社纷纷开出"花乡之旅"。除了纷至沓来的中外游客外，昆明市民还将这里当成假日休闲度假的好去处，他们在这里看花买花、参观传统的现场鲜花交易及现代化的拍卖交易，或到花农家做客，徜徉花田，观看鲜切花加工过程，品尝鲜花宴和农家饭菜等。

二、当前我国旅游商品市场存在的问题

我国旅游商品的收入占旅游总收入的比重长期徘徊在20%左右，与世界发达国家相比存在相当大的差距，也与我国旅游业发展的强劲势头不协调。总体来看，目前我国旅游商品市场存在着以下一些问题。

（一）旅游商品缺乏特色和创新

目前国内的部分旅游商品的设计明显落后于旅游业的整体发展，普遍存在着"品位俗、档次低、易仿冒、无特色"，产品设计单一、缺乏新意，以及没有形成系统化等问题。游客对旅游商品的需求在变化，除了喜新厌旧外，还希望旅游商品有文化韵味。

（二）旅游商品质量差、信誉度低

纪念性、艺术性、实用性、收藏性是旅游商品应具备的基本特征。目前，在我国质量上乘，价格适中，真正能称得上旅游商品的并不多，很多旅游商品粗制滥造，质量低下，难以引起游客购物兴趣和购买欲望。有的甚至以次充好，以假乱真，使游客没有安全感，挫伤了旅游购物的积极性。此外，商品的实用性差，也是导致旅游购物不旺的一个重要原因，例如一些银饰、布艺、竹制品等。

（三）生产上重仿造轻研发

我国生产经营旅游商品的企业，大多科研技术力量先天不足，造成具有地方特色、沉淀历史文化底蕴、有新意、有纪念价值的旅游商品比重低，各地旅游市场上的旅游商品千篇一律，旅游特色商品的研发创新相对滞后。不少旅游商品生产企业不愿在旅游商品的研发上下功夫，主要靠相互抄袭、仿造来谋求短期效益。

（四）市场定位上重国外市场轻国内市场

目前，许多从事旅游商品开发工作的企业将旅游商品开发的重点放在海外来华旅游者的身上，忽视国内旅游者的消费潜力。大多数定点旅游商店中经营的旅游商品都是一些质高、价贵，以传统工艺品为主体的高档旅游商品，而针对国内游客消费水平和审美情趣设计，价格适中，具有地方特色的旅游商品十分缺乏。

(五)旅游商品深度加工不够

我国许多旅游商品的生产厂家往往只是对原材料进行一些简单的粗加工,生产出的旅游商品对旅游者来说缺乏吸引力。虽然商品档次有高低、体积有大小之别,但必须是精品,才能让人觉得有购买和收藏价值。目前国内许多旅游商品生产厂家依旧停留在传统的作坊式经营模式中,技术设备开发不足,生产水平落后,使许多新开发的纪念性、特色性旅游商品呈现出新产品老模式的状况,已难以适应旅游者的需要。

第三节 案例

一、美国纽约购物旅游线路

(一)案例介绍

纽约坐落在世界上最大的都会区——大纽约都会区的心脏地带,是国际级的经济、金融、交通、艺术及传媒中心,更被视为都市文明的代表,被世人誉为"世界之都",与英国伦敦、日本东京并称为世界三大国际大都会。纽约市区景色赏心悦目,包括这里的人、新潮时装、纽约特有的个性化商店,乃至顶级零售店,是公认的一线品牌聚集地。纽约有众多购物场所,大型百货公司、专卖店、艺术品店和品牌折扣店让你尽情购物。可以说,购物是吸引旅游者到纽约旅游的诱惑力之一。

目前,许多组团社均设计了纽约多日游产品,游览的内容除了观赏纽约的主要标志物之外,都无一例外的将购物活动视为重要的行程之一。从时间安排上,旅行社特意安排出时间让游客充分购物,其行程具体内容如下。

◆ 第一天:上海—纽约

乘机前往美国最大的城市——纽约。到达后,在时间允许的情况下,步行穿越华尔街,并参观联合国总部大厦(外观)、百老汇大街。

◆ 第二天:纽约—大西洋城

早餐后前往 woodbury 大型 outlet 自由活动购物,尽享超低折扣。之后驱车前往有"美国东部的拉斯维加斯"之美誉的大西洋城,每当夜幕降临,彩灯齐放,热闹非凡。

◆ 第三天:大西洋城

全天自由活动。大西洋城是美国新泽西州著名的海滨疗养城市,在纽约西南约 160 公里,费城东南约 96 公里,位于长约 16 公里的沙洲上。因其接近纽约、费城,从 19 世纪末便成为旅游度假区、疗养地。大西洋城有巨大的市属会议厅,能容纳 4.1 万人,常为国内、国际召开会议的场所。另外值得一提的是,棋盘游戏"大富翁"的灵感来源即大西洋城。虽然大西洋城的发展晚于都城拉斯维加斯,但是近几年其大有后军突起之势。

◆ 第四天：大西洋城—费城

早餐后，驱车前往美国旧国都——费城。1776年美国发表《独立宣言》，宣布脱离英国统治即建都于费城，这里是座历史文化名城，在费城游览参观独立宫、自由钟及旧国会大厦等。

◆ 第五天：费城—华盛顿

早餐后驱车前往华盛顿，到达后参观美国的政治中心：总统官邸白宫、国会山庄、华盛顿纪念碑、林肯纪念堂、杰弗逊纪念堂、罗斯福公园。

◆ 第六天：华盛顿—纽约

早餐后驱车前往纽约。抵达后乘坐水上观光游轮参观自由女神像、洛克菲乐广场、帝国大厦、洛克菲勒大厦，观"911"遗址，逛世界名品店一条街第五大道。随后参加夜景游览，领略这个国际大都市神秘的一面。

◆ 第七天：纽约—上海

早餐后游览纽约时代广场，之后前往机场乘机返回上海。纽约时报广场（Times Square），原名"朗埃克广场"（Longacre Square），又称为"世界的十字路口"，常误译为"时代广场"。时报广场是剧院、音乐厅以及特色酒店的文化集中地，其得名于《纽约时报》早期在此设立的总部大楼，是美国纽约市曼哈顿的一块街区，中心位于西42街与百老汇大道交会处，东西向分别至第六大道与第九大道，南北向分别至西39街与西52街，构成曼哈顿中城商业区的西部。

◆ 第八天：上海

抵达上海，结束愉快的旅程，返回温馨的家。

（二）案例分析

这条线路主要观光游览和购物旅游相结合的旅游线路，适合那些第一次去纽约的游客，或每次到纽约都只是来去匆匆、从没有深入了解纽约的人，他们可以从八天的旅程中，对纽约有个大概的了解。纽约给人的感受总是千差万别的，有人注重于它的繁华气息，有人热衷于它是购物圣地，有人喜欢它的历史和风俗，有人喜欢它的美食、时尚、夜色……因此，纽约游线路设计要满足不同层次、不同文化背景旅游者的需求，而把旅游观光游览和旅游购物活动穿插起来是最好的办法。

线路设计中将购物项目做了整体安排，旅游者在游览购物场所时还能够了解当地的风土人情。整个行程安排相对宽松，并安排一整天时间来进行购物，因为游客要想真正体验在纽约购物的乐趣，必须拿出充足的时间对购物场所相对集中的区域进行游览，才能对想要购买的商品进行质量、价格的比较，这也是符合消费者行为心理的必然要求。

旅游线路选取的购物场所高中低档次相结合，可以满足不同游客的需要。较高档次的场所有纽约第五大道上的精品店和麦迪逊大道。前者能与米兰的购物金三角和巴黎的购物黄金区并驾齐驱,在街上一字排开的顶级精品商店彰显着纽约时尚巅峰的霸气,高度发达、奢侈华贵则是后者的代名词。而美国最大的国际时尚品牌厂家直销店中心——伍德贝瑞名牌折扣购物中心、SOHO 和 Village 里的跳蚤市场和二手服饰店、SOHO 区设计师的小店等都是淘宝一族的天堂,可以满足游客多种层次的购物需求。此外,旅游线路中购物场所的类型和风格体现了多样化的特征,只有这样才不至于使游客在较长的购物时间里感到索然无味。

二、韩国首尔购物旅游线路

(一) 案例介绍

2014 年,中韩旅游互访人数突破 1 000 万人次大关,韩剧《来自星星的你》让很多人追随"都教授"去往韩国,踏上这片制造"韩流"文化的地方。不过,据调查显示,到韩国旅游的外国游客中,60.2% 的人都为购物而来。而到韩国购物,首尔是首选地点。首尔是一个历史与现代相融合的城市,既古色古香,到处散发着历史气息;又经济发达,高楼大厦鳞次栉比。从尖端百货商店、现代化的大型购物中心到历史悠久的传统市场、批零市场,数不尽的购物街区为游客的韩国购物之旅提供完美保障。此外,2015、2016 中韩旅游年的开展更为两国人民的购物之旅助力,其具体线路如下。

◆ 感受传统文化气息的购物一日游

商品种类:传统工艺品、杂货

游览线路:北村韩屋村→三清洞→景福宫→仁寺洞→JUMP 表演

首先游览首尔最有代表性的北村韩屋村,感受韩屋的魅力,探访展示韩国传统文化的博物馆和别具特色的美术馆,中午去三清洞路品尝韩国传统面食,下午参观景福宫,后去仁寺洞路购买韩国传统文化艺术品和工艺品,晚上欣赏音乐剧"JUMP"后结束一天行程。

◆ 古典与现代的多彩首尔一日游

商品种类:纪念品、化妆品、眼镜

游览线路:历史博物馆→光化门广场→清溪广场→南大门市场→明洞

首先参观历史博物馆,感受首尔的根、生活面貌和变化,接着游览首尔具有代表性的地标——光化门,午餐后参观世宗故事展览馆,游览清溪广场,然后到达韩国最大、最好的批发、零售综合市场南大门广场购买服装、工艺品、土特产、日用百货等,晚上游览大韩民国著名的"一站式"购物街明洞后结束一天行程。

◆ 首尔里的地球村:梨泰院一日游

商品种类:杂货、电子产品

游览线路:梨泰院→国立中央博物馆→I'PARK MALL→龙山温泉馆

首先游览梨泰院,在梨泰院的国际饮食街吃完午饭之后,游览中央博物馆观赏韩国文化遗产,随后游览博物馆附近的生态公园——龙山家庭公园,接着去"I' PARK MALL",选购百货商店、折扣店、电子产品等,晚上去龙山温泉馆做韩式水疗或者桑拿后结束一天行程。

◆ **伴随首尔夜景的夜间购物一日游**

商品种类:时尚服装、杂货

游览线路:明洞→N 首尔塔→清溪川→东大门市场

首先游览明洞,购买化妆品、服装、饰品,之后参观罗马天主教圣堂——明洞圣堂,结束明洞购物以后,到附近的南山将首尔美景尽收眼底,乘坐缆车到山顶,然后沿着散步路一边看汉江上的夕阳一边下山,接着观赏清溪川的夜景,最后到东大门商业街购买服装、鞋、箱包、饰品等所有与时尚相关的商品后结束一天行程。

(二)案例分析

这 4 条线路是观光旅游和购物旅游相结合的旅游线路,主要特点是以购物为中心的旅游产品,主要适合那些想对首尔有初步了解的游客和以购物为目的的游客。整个行程安排相对轻松,通过游览首尔知名的购物景点,使游客对首尔有一个大概的了解,并把这些购物景点周边的旅游景点串联起来。虽然都为购物景点,但是这些购物景点主打的购物产品并不尽相同,这 4 条旅游线路针对购买不同种类物品的游客,设计了不同的购物游览路线,让游客在尽情购物的同时感受首尔当地的风情。

购物旅游是指凭借价格规模优势、依托大型的商品销售市场或主题商贸街区,以购物和观光休闲为主要目的旅游活动。随着韩国偶像剧的热播,韩流文化逐渐开始盛行,赴韩购物已经成了越来越多年轻女性的选择,韩国已然成为新兴的购物旅游地。此外,中韩两国旅游往来日趋密切,2015 年为"中国旅游年"、2016 年为"韩国旅游年",双方以互办旅游年为契机,更是全面扩大了旅游合作和文化互鉴,加强了两国旅游资源推介,推出更多便利游客往来举措,拓展旅游合作深度,健全旅游交流机制,举办一系列让普通民众参与其中、乐在其中的活动。中韩双方以互办旅游年为契机,开启两国旅游合作和人员往来的新时代,在两国人民之间架起通往友谊与合作更加宽广的桥梁。

三、丝绸之路特色旅游线路

(一)案例介绍

丝绸之路全长 7 000 多公里,中国境内总长 4 000 多公里,沿线途经 20 多个城市,拥有丰富多彩的旅游资源,自然风光实所罕见,文化遗迹更是数不胜数。丝绸之路作为中国最早推出的旅游线路之一,通过国家旅游局和各地旅游局多年的科学规划、积极开发,其影响力逐步扩大。随着丝绸之路的申遗成功,丝路旅游也迎来了一股新的热潮。"丝绸之路经济带"的战略构想提出后,国内陕西、甘肃、新疆等沿线省区和中亚沿线国家乃至欧洲国家,都借丝绸之路经济带建设,重新规划,联合推荐打造新的精品旅游线路和产品。

作为丝绸之路起点城市,西安市旅游局联合咸阳、宝鸡、天水、兰州、武威、张掖、酒泉、嘉峪关、敦煌、吐鲁番、哈密、乌鲁木齐等12个城市旅游局,组建了新丝路旅游推广联盟,联合推游丝绸之路赏西部风情深度旅游专列线路,并与相关旅游企业将联合推出8条丝路特色深度旅游线路,共同开启丝绸之路经济带旅游新篇章,其具体线路如下①:

线路一:发现新丝路之"精彩游西安"

西安大雁塔—钟鼓楼—大唐芙蓉园—寒窑—兵马俑—华清池—半坡遗址—西岳华山—乾陵—法门寺

线路二:新丝路快车之"完美河西"

西安兵马俑—陕西省历史博物馆—北院门仿古街—大雁塔北广场—大唐芙蓉园—曲江遗址公园—天水麦积山—兰州黄河—武威汉墓—张掖七彩丹霞—嘉峪关城楼—敦煌莫高窟—玉门小方磐城—雅丹魔鬼城

线路三:新丝路快车之"大漠风清"

西安兵马俑—钟鼓楼—北院门仿古街—大唐芙蓉园—寒窑—武威汉墓—张掖七彩丹霞—嘉峪关城楼—敦煌莫高窟—玉门小方磐城—雅丹魔鬼城

线路四:新丝路快车之"七彩云天"

西安兵马俑—钟鼓楼—北院门仿古街—大唐芙蓉园—曲江遗址公园—敦煌莫高窟—鸣沙山月牙泉—玉门小方磐城—雅丹魔鬼城—张掖七彩丹霞—康乐草原—裕固少数民族风情—大佛寺—黑河湿地公园

线路五:新丝路快车之"金银不换"

西安兵马俑—钟鼓楼—北院门仿古街—大唐芙蓉园—寒窑—张掖七彩丹霞—康乐草原—裕固少数民族风情—黑河湿地公园—兰州黄河—水车园—武威雷台汉墓—天水麦积山—伏羲庙

线路六:长安号丝绸之路专列

西安—敦煌—莫高窟—鸣沙山—月牙泉—吐鲁番—葡萄沟—乌鲁木齐—天山天池—喀纳斯

线路七:丝绸之路精华游

精华8日游:西安—乌市—吐鲁番—哈密—敦煌—嘉峪关—张掖—兰州—西安

精华10游:西安—乌市—吐鲁番—哈密—敦煌—嘉峪关—张掖—武威—兰州—西安

精华10日+郑州游:乌市—乌鲁木齐—吐鲁番—哈密—敦煌—嘉峪关—张

---

① [作者不详].畅游丝绸之路.旅游时代,2014(10).

掖—武威—兰州—西安—洛阳—登封—郑州

精华13日游:西安—兰州—武威—张掖—嘉峪关—敦煌—乌市—富蕴—布尔津—贾登峪—克拉玛依—乌市—吐鲁番—乌市

线路八:丝绸之路豪华专列游

北京—乌市—吐鲁番—敦煌—嘉峪关—天水—西安—洛阳—北京

(二)案例分析

国内旅游的目的地大多集中在环渤海、长三角、珠三角等区域。习近平总书记提出共建"丝绸之路经济带"的战略构想和"政策沟通、道路联通、贸易畅通、货币流通、人心相通"的总体思路,把丝绸之路经济带旅游业发展推上了一个新的历史舞台和高度。丝绸之路经济带沿线,拥有丰富多彩的旅游资源,自然风光世间罕见,无论是大漠孤烟,还是冰川探险,抑或高原湖泊,长河落日,都有其独特的魅力。文化遗迹更是繁星点点、数不胜数。"游丝绸之路·赏西部风情"推出发现新丝路之"精彩游西安"、新丝路快车之"完美河西"、"大漠风情"、"七彩云天"、"金银不换"、"长安号丝绸之路旅游专列"、"丝绸之路精华游"等特色深度旅游线路产品,将使曾经丝路漫漫,驼铃悠悠,闻名遐迩的丝绸之路再现世人眼前,形成一条独具魅力的旅游线路。

丝绸之路沿线区域旅游资源得天独厚,品位高,数量大,组合好,吸引力强,加之与现代交通干线相吻合,对加强丝绸之路沿线城市之间区域旅游合作创造了有利条件。沿线13城市通过采风、采访、考察、交流等多种方式合作,联合设计推广丝路特色旅游线路,共同打造"游丝绸之路·赏西部风情"线路产品的魅力价值,联合推出的不同主题的8条丝路特色深度旅游线路全面提升了丝路旅游的吸引力。

本章小结

通过本章的学习,对旅游购物的基本概念、旅游购物的行为特征等能有一个比较全面的认识和理解,在了解和掌握旅游线路对旅游购物的基本要求的同时,结合实例,在旅游线路设计中,能对相关的旅游购物作出系统的分析和恰当的选择。

思考与练习

1. 简述旅游购物及其行为特征。
2. 试述旅游购物在旅游线路中的地位和作用。
3. 我国旅游商品市场存在哪些问题?
4. 简述旅游线路对旅游购物的基本要求。
5. 按照旅游线路设计对旅游购物的要求,以"购物"为主题,设计一条所在省(市)的旅游线路。

第9章

旅游娱乐

本章导读

一些国际休闲经济专家认为:"世界将进入一个休闲时代,休闲、娱乐和旅游业掀起的经济大潮将席卷世界各地。"旅游娱乐是旅游线路设计中的重要一环,本章首先对旅游娱乐的特点、旅游娱乐的构成、我国旅游娱乐业的现状及发展、旅游娱乐在旅游线路中的地位与作用等进行了分析,之后,重点探讨了旅游目的地的旅游娱乐项目设计和旅游景区的旅游娱乐项目设计等。

第一节 旅游娱乐与旅游线路的关系

旅游娱乐,是指以娱乐、消遣、放松为目的,以获得精神愉悦和身心平衡为感受的多种旅游活动方式的总称。

一、旅游娱乐的特点

(一)旅游娱乐的文化性

文化因素渗透于现代旅游活动的各个方面,可以说文化因素贯穿于"吃、住、行、游、购、娱"六大环节中,而旅游娱乐中的文化因素更是不容忽视的。旅游娱乐之所以能和一般或传统娱乐方式区别开来,正是由于文化因素。文化因素也是旅游娱乐的竞争力所在,主要是因为文化在一定程度上的不可移植性和不同文化背景下人们所获得满足程度不同造成的。例如,旅游者如果想欣赏"正宗"的云南民族歌舞,会亲自到云南,他们往往会沉醉于迷人的芦笙、巴乌、三弦、唢呐以及数不清、不知名字的民间乐器奏出的音乐声中,但是如果把云南民族歌舞放到上海、北京的舞台上表演,吸引力将大打折扣。

(二)旅游娱乐的主题性

目前,旅游娱乐业的总体发展趋势是主题化,树立鲜明主题、深入挖掘主题、创造独特主题,是各国旅游娱乐业共同追求的目标。其中,深入挖掘主题,主要是挖掘民族文化,在此基础上,努力形成新的旅游吸引物。例如,美国夏威夷的波利尼西亚文化中心,即是以当地土著民族文化为主题并通过进一步深入挖掘内涵而形成的一种文化。而我国冬季的东北地区,除了以滑冰雪、泡温泉吸引各地游客外,看二人转、瞧扭秧歌、吃农家菜、放烟花爆竹,欢欢喜喜过一个浓郁关东风情的大年,也是旅游亮点之一。

(三)旅游娱乐的参与性

随着旅游业的不断发展,人们已经不再满足传统的那种"白天看庙,晚上睡觉"走马观花式的游览方式,更加注重旅游活动中娱乐因素的融入,热衷于主动参与、亲身体验的现代旅游方式。在旅游活动中,旅游者喜欢感受全方位的享乐和刺激,随着旅游者旅游意识及旅游个性的增强,他们不仅要求旅游目的地好看,而且要求好玩、有趣。国家旅游局资料显示,目前国内参与型娱乐性项目在旅游项目中所占比例仅为2.8%,还远远不能满足人们日益高涨的旅游娱乐需求,而在旅游发达国家,这个数字一般为20%~30%。

(四)旅游娱乐的科技性

随着全球经济的发展,尤其是科技的高速发展,生产力的不断提高,促使旅游需求和旅游供给出现重大发展变化,而作为旅游要素之一的旅游娱乐,更显现出高速发展的态势,不仅使旅游业结构更趋合理,带来效益,更为各国旅游者带来更多的交流机会和内容,形成了一种独特的文化现象。随着高科技在旅游娱乐业中的大量运用,旅游娱乐不仅达到了寓教于乐的目的,更带来了巨大的综合性经济效益,以美国为例,美国居民每年休闲娱乐消费高达34 000亿美元。

二、旅游娱乐项目

旅游者在旅游目的地游览中的娱乐项目,按照各类娱乐项目活动的场所可分为空中娱乐项目(包括鸟人飞行、悬挂式飞翔、滑翔伞、超级跳伞、蹦极等);陆地娱乐项目(包括攀岩、滑板、山地车、卡丁车等);滑雪运动项目(包括自由式滑雪和单板滑雪等);水上娱乐项目(包括冲浪、滑水运动、帆板运动、划船等)等。

按照娱乐项目的内容又可分为文化娱乐(音乐、戏剧、动感电影、水幕电影、魔术、音乐喷泉、灯会、激光表演、电子游戏、棋牌、舞会等);游艺体育运动(各种游乐设施、庙会、滑雪、高尔夫、游船、各种比赛等);表演型娱乐(民族风情表演、历史文化表演、体育竞技表演、动物表演等);参与型娱乐(民族民俗生活参与、农家/渔家/牧家参与、复古生活参与、探险参与等)。

以表演型娱乐项目为例,世界各地的旅游文娱表演,一般都分布在景点和大城镇,形式多样、特色突出。通常有民俗表演、杂技马术、竞技体育、动物表演等内容,既有在各景点、场馆的相对固定的表演形式,也有每年或若干年一届的极富风情和有相当规模的"节日"及"会议",如西班牙的"斗牛节"、德国的"啤酒节"、巴西等地的"狂欢节"、泰国的"宋干节"等,还有轮流在世界各地召开的各类博览会。

景点文娱表演从内容上又可分为以下几类。

◆ 民族风情表演:一是歌舞表演,主要通过有一定情节的歌舞形式,表现不同民族劳动、生活的不同侧面。这类表演特色鲜明、题材广泛,充满喜庆欢乐的气氛。二是民族工艺品制作演示,将本民族工艺品的制作过程搬到景点或特定的表演场所,为游客现场演示,这类表演有些还允许游客参与,如荷兰的木鞋制作表演等。

◆ 历史文化表演:从历史的角度刻画节目内容和人物,再现一个国家、一个民族的历史和文化,有较深的历史和政治烙印以及经济发展的特征,使游客在了解历史的同时,了解旅游目的地的政治、经济、文化并受到启迪。

◆ 体育竞技表演:通常以竞技性强、民族特色浓郁的表演为主。

◆ 动物表演:表演的主体是经过专门训练的动物,节目以滑稽、幽默、新鲜、奇特见长,以逗乐为目的,同时也可让人类加深对动物习性等方面知识的了解和认识。能适应多层面游客需要,对儿童的吸引力尤其突出。例如,香港海洋公园的海狮、鲸鱼和海豚表演,开演至今,长演不衰。

三、旅游娱乐在旅游线路中的地位与作用

(一)改善旅游产品结构,提高旅游线路的竞争力

从某种程度上说,旅游与娱乐存在着一定的替代性,随着人民生活水平的进一步提高,旅游不仅会面临着传统休闲和文化消费方式,例如欣赏影视作品及各类演出、体育健身、购物等的竞争,而且也面临着新兴的网上娱乐、在线游戏等方面的有力挑战。然而,旅游与娱乐相结合,旅游娱乐业的发展,不仅让游客参与各种游乐活动,体验其中的知识与乐趣,而且旅游景区(点)等作为这些娱乐活动的场所,可调动整合多种社会资源,运用诸如文艺节目、杂技、电影等不同形式,创造出旅游市场上的独特产品,甚至成为带动其他要素共同发展的龙头,进而使"娱"变得丰富多彩,满足游客休闲、娱乐、健身的需要,使旅游产业体系更为完善,产品结构更加合理,内涵愈加丰富,从而提高旅游线路产品的竞争力。

事实证明,"娱乐因素在旅游业中的地位日益凸显出来,娱乐业发达的沿海地区代替了观光旅游时代的传统明星景点,而成为旅游者的新宠"[1],深圳、珠海等新兴旅游城市便是典型代表。

(二)满足旅游者的多种娱乐需求,丰富旅游活动的内容

旅游者花费时间和金钱出门旅游,"一方面是要获得亲历旅游目的地的人生经历,获得异质文化的享受;另一方面是希望在消费旅游产品的过程中得到质价相符的旅游服务"[2]。因而,在旅游活动中,旅游者喜欢感受全方位的享乐和刺激。他们不仅要求旅游目的地值得一看,而且要求好玩、有趣。"现代旅游的重要特征在于

---

[1][2] 汪克会.浅析旅游娱乐中突出文化因素的重要性及途径.辽宁经济职业技术学院学报,2004,(2):43-44.

娱乐,追求异域文化的情和趣"①,事实上,就某次旅游经历而言,令大部分人难忘的往往就是娱乐中的欢乐时刻。

(三)有助于旅游地旅游企业旅游形象的改善和提高

注重娱乐性是大众旅游时代的一个显著特点,而旅游也已成为众多文化娱乐方式中极具发展前景的一种。因此,娱乐因素越来越受到旅游景区(点)及旅游开发商的重视。例如,以影视、小说、游戏等为题材开发旅游项目,建设主题公园、人造景观的例子比比皆是。此外,某些旅游设施也日益多功能化,例如,很多度假区的酒店十分注重康乐设施的建设,酒吧、网吧、咖啡厅、音乐厅、健身房、游泳池、桑拿中心、多功能厅等各种娱乐健身设施一应俱全,这些设施的建设不仅延长了旅游者的停留时间,扩展了酒店的收入空间,更重要的是通过全方位地满足旅游者的多种休闲娱乐要求,可改善和提高企业的形象。

(四)有助于减轻季节性给旅游业造成的冲击,提高旅游业的经济效益

室内的水上游乐场所、滑雪场、球类馆、水族馆、大型电子游戏等项目,可以不受季节的约束,从而有助于避免旅游淡、旺季的失衡,减轻季节性给旅游业造成的冲击,提高经济效益。例如,日本东京东部修建的室内滑雪场,一年四季可供游客滑雪(每场 2 小时,限 2 000 人,每人票价 54 美元),达到了超季节游乐的目的。体育赛事对减轻季节性给旅游业的冲击也有一定作用,如以世界杯赛事而设计的旅游线路。世界杯足球赛与奥运会、F1 大奖赛(世界一级方程式赛车大奖赛)同为世界上最具魅力的三大体育赛事。2014 年第 20 届巴西世界杯,于 2014 年 6 月 12 日至 7 月 13 日在南美洲国家巴西境内 12 座城市中的 12 座球场内举行,世界杯的举办带动了巴西旅游业的全面发展,旅游业为巴西带来了收入和机会,凭借世界杯巴西吸引了 60 万外国游客,收入达 110 亿美元。

第二节 旅游线路设计中的旅游娱乐选择

一、旅游娱乐项目的设计要充分体现当地文化特色

文化本身就是一种潜力巨大的产业,因此,文化不排斥商业操作,关键是如何找到一个最佳的契合点,寓"文化"于"娱乐"中,使娱乐产生文化韵味,做到雅俗共赏。当然,这里的"俗"不是指粗俗、低俗,而是指通俗、参与性强。唯有如此,旅游娱乐项目才具有吸引力,也容易形成市场规模。许多少数民族地区结合当地民俗文化开发出的一些旅游娱乐项目,普遍受到了国内外游客的欢迎,特别是结合各种

---

① 汪克会.浅析旅游娱乐中突出文化因素的重要性及途径.辽宁经济职业技术学院学报,2004,(2):43-44.

民族节日开发的旅游娱乐项目,有些已成为当地吸引游客的关键因素。例如,内蒙古草原上一年一度举行的"那达慕大会",现已成为内蒙古举办草原民俗旅游节的一张"王牌"。

二、把握消费潮流,在旅游娱乐项目中融入流行文化的元素

旅游消费与时尚关系密切,流行文化往往是时尚的集中体现,旅游娱乐要想不断创新,始终吸引消费者的目光,就必须与流行文化紧密结合。换言之,就是要让旅游娱乐项目具有时代色彩,反映当代社会文化、人们生活的价值取向和旅游的主流趋势。例如,一些地方举办的各类"文化旅游节",为吸引更多游客的参与,组织者通常会邀请一些演艺界的明星前来助阵,使旅游节成为万众瞩目的"娱乐中心",从而营造出一种"普天同庆、万民同乐"的氛围,不仅提高了举办地的知名度,而且也扩大了旅游节的影响力。

当然,流行文化并不是浅薄庸俗的代名词,很多流行文化也拥有持久的生命力。例如美国洛杉矶的迪斯尼乐园,非常善于利用高科技来反映、表现时尚和流行元素,始终能以自己的"新、奇、特"吸引全世界游客的目光,不仅开创了全世界旅游主题公园建设的新时代,而且构建了现代概念的旅游目的地形态,改变了旅游者休闲娱乐选择的方向,深刻地影响着现代旅游业的发展,甚至对区域社会、经济、文化等领域也产生了广泛的关联效应。

三、提高旅游娱乐从业人员的文化素养

领略不同地区的民族风情,是旅游者的旅游目的之一,可以说,人本身就是一道亮丽的风景线,因而旅游娱乐从业人员的文化素养高低,行为举止是否优雅等,对于旅游者能否获得满意的娱乐效果具有举足轻重的作用。吸引人的旅游娱乐项目和真诚、热情、淳朴、高效的接待服务是分不开的,即使再好玩的娱乐项目,如果服务人员态度恶劣,行为粗俗,也会使游客乘兴而来,败兴而归。所以,服务人员不仅要掌握一般的服务技能,还要有较高的文化素养,要对自己所服务的娱乐项目的历史渊源、文化内涵以及各种特殊技能(如"唱、舞、说、做"等)有良好的掌握。一些少数民族地区为更好地体现娱乐项目中原汁原味的民族风情,大量使用本民族人员担任服务接待工作,不失为一种好的做法,但同时也必须提高他们的文化素养与服务技能。

四、把握文化娱乐活动方向,杜绝不健康东西滋生

"健康、文明的旅游娱乐活动不仅可以开阔旅游者的眼界、充实旅游者的旅游活动内容,还能帮助旅游者进一步了解各地文化,起到推动中外文化交流的作用。"[①]随着旅游业的进一步发展,文化因素对现代旅游活动的影响更加深远。"一

些民俗旅游地办起了歌舞厅、美容院、KTV包房,有的不惜以色情、赌博招徕旅游者,有的甚至出现'三陪'现象,这些都严重污损了民俗旅游地的社会环境,不利于民俗旅游的发展。"[②]针对旅游娱乐业的特点,突出其文化因素,弘扬优秀民族文化,吸收外国文化精华,杜绝不健康的娱乐活动,如色情和赌博等对旅游业的侵害,才能使旅游业走上一条健康的可持续发展之路。

第三节 案例

一、上海旅游节旅游娱乐项目与线路

(一)案例介绍

上海旅游节是由上海黄浦旅游节衍化而来,是被国家旅游局以"旅游"命名的旅游节庆活动,属于全国重大旅游节庆活动之一,截至2014年,已成功举办了24届精彩难忘的旅游节。每届都有创新,都有新特色。上海旅游节以"人民大众的节日"为定位,集中展示上海的都市风光、都市文化、都市商业的大型旅游节庆活动。

上海旅游节期间,设计并推出的娱乐活动丰富多彩,各种活动高潮迭起,匠心独具,别有风味。例如:2014年的上海旅游节,于2014年9月13日至10月6日举行,为期23天,在国家旅游局提出"智慧旅游"主题的引领下,本届旅游节以"四季上海欢迎你"为主题,共有40余项活动(见表9-1),主要内容包括四大板块。

表9-1 2014年上海旅游节活动一览表

活动民称	时间	地点
开幕大巡游	9月13日	淮海路
花车巡游暨评比大奖赛	9月14日—10月6日	全市范围
上海旅游美食节	9月13日—10月6日	全市指定饭店
上海旅游节摄影大赛	9月13日—10月6日	全市范围
微游上海	9月14日	全市范围
上海购物节	9月12日—10月7日	全市范围
上海邮轮旅游节	9月16日—10月6日	宝山、虹口
浦江彩船大巡游	9月28日	黄浦江及两岸
"中国梦劳动美"浦江文化之旅	9月	黄浦江及相关景点

续表

活动民称	时间	地点
上海特色旅游食品评选活动	9月25日—27日	上海旅游纪念品展示中心
上海旅游纪念品设计大赛	6月—9月	全市范围
上海健康彩色跑活动	9月27日	东方体育中心及周边道路
音乐剧《上海滩》首演式	9月24日（首轮演出至2015年春节）	云峰剧场
"舞马上海"马术主题活动	9月27日—28日	东方明珠广场
上海国际音乐烟花节暨上海旅游节闭幕式	9月30日、10月3日、10月6日（旅游节闭幕式）	世纪公园
浦东慕尼黑啤酒节	10月5日、9—12日、15—19日	浦东假日酒店
动物武林大会	9月14日—10月31日	上海野生动物园
孙桥快乐丰收节	9月26日—10月31日	孙桥现代农业园区
豫园中国日	9月11日—10月7日	豫园商城
九子大赛（决赛）	9月14日	九子公园
玫瑰婚典	10月5日—9日	外滩大平台
老码头灯光舞蹈秀"上海故事"	9月13日—10月23日	老码头
南京路欢乐游	9月14日—17日	南京路步行街
中意徐家汇	9月19日—21日	徐家汇源、徐家汇商圈
唐韵中秋	9月6日—8日	桂林公园
西岸风暴电音节	10月5日—6日	徐汇滨江绿地
扬子江德国啤酒节	9月10日—20日	扬子江万丽大酒店
小主人欢乐游主题活动	9月28日	奉贤海湾旅游区
环球港旅游文化购物节	9月15日—10月7日	上海环球港
大宁欢乐购物节	9月1日—9月30日	大宁国际商业广场
四川北路欢乐节	9月17日—19日	四川北路绿地
都市森林狂欢节	10月1日—6日	共青森林公园
上海大学生旅游节	9月17日—10月15日	黄兴公园、部分大学
2014中国·上海静安国际雕塑展	9月20日—11月20日	静安雕塑公园

续表

活动民称	时间	地点
都市咖啡文化节	9月22日—28日	梅龙镇广场中庭
静安国际起泡酒节	9月12日—14日	静安公园
美兰湖音乐节	9月26日—28日	金罗店美兰湖
老外滩风情周	9月—10月	老外滩
南翔小笼文化展	9月28日—10月28日	南翔老街
2014安亭赛车季	9月19日—11月2日	安亭上海国际汽车城
第十届"吴根越角"枫泾水乡婚典	9月21日	枫泾古镇
第十七届旅游风筝会	9月27日—10月7日	奉贤海湾旅游区
"动感松江欢乐魔幻"2014上海欢乐谷国际魔术节	9月中旬—10月7日	欢乐谷
上海淀山湖旅游节	9月21日—10月	淀山湖
崇明森林旅游节	9月16日—10月30日	崇明

◆ 都市经典——感怀浦江两岸恢宏今昔,体验弄堂人家的幸福生活

每年的金秋时节,上海总会沉浸在欢声笑语的海洋中。连续举办23届的上海旅游节不仅成为城市庆典的标志,更是打开了都市人的心扉,呼吸清新愉悦的节日气息,感怀浦江两岸的恢宏今昔,体验弄堂人家的幸福生活。

开幕大巡游中来自海内外的花车和表演沿着上海最繁华的淮海路巡游表演,接受数十万市民的检阅;浦江彩船大巡游中20余艘邮轮张灯结彩在黄浦江列队巡游,两岸的绚丽彩图让市民和游客感受妩媚的浦江风情;玫瑰婚典中浪漫的祈福仪式,美丽而壮观的花车巡游,隆重的证婚及华丽的婚宴,海内外近百对有情人在芬芳的玫瑰花中举行浪漫的婚礼仪式;上海国际音乐烟花节上来自海内外的音乐烟花燃放大师用烟花的色彩、构图与节奏展现音乐的韵律和意境,为游客编制出反映不同国家文化的美妙梦境,演绎音乐烟花传奇。此外,本届旅游节上还有上海邮轮旅游节,旅游节摄影大赛等活动。

◆ 康乐生活——倡导健康理念,召唤美好向往

生态、绿色、运动、活力的关键词已经融入都市人的生活。健康的生活、快乐的旅游、美好的节日正是人民大众向往的目标。上海旅游节倡导欢乐健康的理念,召唤起人们对美好生活的向往,到森林乡村、到户外田园,伸展双臂,与大自然拥抱,与天地共享美好时光。

西岸风暴电音节集结了国际顶尖电音明星,呈现一场空前的STORM电音盛

典,为乐迷提供最极致的电子音乐节体验;音乐剧《上海滩》首演式,让市民品味老上海的情怀,重温老上海的音乐,寻回对过去《上海滩》的经典回忆;本届旅游节还将"健康彩色跑"活动引入上海,推崇这项健康、快乐、彰显自我并回报社会的跑步活动。此外,还有以"放飞梦想"为主题的上海大学生旅游节,"舞马上海"马术主题活动,老码头灯光歌舞秀"这就是上海"等一系列主题活动。

◆ 饕餮上海——荟萃中华民族料理的典范,融汇世界著名美食的精华

上海是灵感之都,也是世界东方的美食之都。这里不仅荟萃了中华民族料理的典范,还融汇了世界著名美食的精华。吃在上海名不虚传,尤其是徜徉在老洋房、小酒店里品尝各地风味、当地佳肴,让你感受时空交错的奇妙。

都市咖啡文化节把咖啡和美酒的历史文化、艺术人文展现在广大游客面前;静安国际起泡酒节加深了市民对起泡酒文化的了解和认知,传递美酒时尚创造快乐的生活理念;扬子江德国啤酒节上,市民可以边品尝融合德国和世界风味美食的丰盛自助餐,边欣赏来自慕尼黑乐队带来的精彩表演。此外,还有南翔小笼文化展、上海特色旅游食品评选等活动。

◆ 海上风景——旧完美融合的城市风情和海纳百川的城市风情

上海,一直以其独特的城市气质吸引着世界各地的人们。在这里可以领略岁月洗练后的永恒经典,可以触摸现代化国际大都市的新锐时尚。亦中亦西、亦古亦今,上海以其新旧完美融和的城市风情和海纳百川的城市精神,无疑成为全球最具特色的文化城市之一。

南京路步行街上推出特色巡街表演。来自国内外的民间风情队伍边巡游边表演,与中外游客同乐,形成一道亮丽的旅游文化风景线;上海静安国际雕塑展以"城市家园"为主题展出8个国家17位艺术家的作品,寄托在城市中构建理想人居环境的美好愿望;老外滩风情周首创地把十几个国度的风味餐馆浓缩到一条街上,通过美食呈现原汁原味的多国文化;微游上海通过网络报名等新媒体手段组织微旅行。此外,还有崇明森林旅游节、第十届"吴根越角"枫泾水乡婚典、上海欢乐谷魔术秀等活动。

2014上海旅游节除了传统的旅游节主题旅游线路之外,还以时下热门的徒步旅游方式,组织开展"微游上海"活动。6条主题一日游线路以徒步微旅行的方式,带领游客发现隐藏在上海大街小巷中的名人足迹、历时故事和城市文化。

◆ "漫步·苏河岸"一日游

跨越苏州河两岸的桥记录着上海发展的痕迹,河道两侧的旧仓库是上海工业起步的开始,而那灯火阑珊处的礼查饭店,继续讲述着那些年的纸醉金迷。

途经:黄浦公园—南苏州路—圆明园路—北京东路—虎丘路—香港路—江西中路—南苏州路—成都北路桥—光复路—北苏州路—外白渡桥—黄浦公园

线路长度:6.8公里

第 9 章 旅游娱乐

◆ "寻宝·老城厢"一日游

当人们泛舟黄浦江、漫步外滩、啜茗豫园之时,一定很想知道脚下的这块土地上昨天和前天的故事。那么,去老城厢寻找历史留给我们的"宝贝"吧。

途经:古城公园—人民路—方浜中路—光启路—学院路—西姚家弄—西牌楼路—复兴东路—巡道街—乔家路—凝和路—河南南路—尚文路—一粟街—文庙街—柳江街—梦花街—曹家街—复兴东路—肇方弄—孔家弄—松雪街—露香园路—大境路—人民路—旧仓街—福佑路—古城公园

线路长度:7.9公里

◆ "对话·张爱玲"一日游

那些关于她的故事永远讲不完……

途经:中山公园—愚园路—江苏路—武定西路—万航渡路——镇宁路—延安西路—上海戏剧学院—华山路—乌鲁木齐中路—延安中路—茂名北路—南京西路—静安寺

线路长度:7.9公里

◆ "遇见·邬达克"一日游

从当年在外滩上岸的那一刻起,匈牙利建筑师邬达克在上海的传奇就开始了。

途经:静安寺—南京西路—铜仁路—北京西路—陕西北路—南阳路—泰兴路—张园—石门一路—石门二路—北京西路—大田路—凤阳路—黄河路—南京西路—南京东路—佐丹奴旗舰店

线路长度:8.0公里

◆ "聆听·虹口"一日游

这里有周恩来领导中央特科的奋斗经历,有左联为了真理不停地奋笔疾书,有在这里流淌永不消逝的电波。这些貌不惊人的红色遗迹也许就在我们居住的弄堂里。

途经:龙之梦—四川北路—甜爱支路—山阴路—四川北路—多伦路—四川北路—东江湾路—宝山路—横浜路—东横浜路—海伦西路—四川北路—塘沽路—大名路—黄浦路—浦江饭店

线路长度:6.8公里

◆ "风云·上海滩"一日游

哈同的海上大观园、嘉道理的大理石宫殿、马勒的童话别墅、黄兴的劳苦奔波、许崇智的凄凉半生、犹太难民的诺亚方舟、巴金老人的伏案背影……

途经:静安寺公园—南京西路—铜仁路—南阳路—西康路—新闸路—陕西北路—陕西南路—新乐路—东湖路—淮海中路—常熟路—安福路—武康路—黄兴故居

线路长度:6.9公里

(二)案例分析

上海旅游节主题旅游这一线路中旅游娱乐活动项目的安排具有以下特点。

这条线路体现了观光游览与旅游娱乐相结合的特点,各大旅行社推出的二日游线路主要针对的是那些初次来上海,或者时间仓促不能深入了解上海的人,使他们可以在两天的旅程中,了解上海的历史和民俗,目睹它的繁华,欣赏它的建筑风格,对上海的经济、社会、文化有一个初步的了解。2014年,上海旅游节推陈出新,策划设计了紧扣时代特色的六条"微游上海"一日游线路,整合了上海最精华的都市旅游资源,创新了旅游活动形式,迎合了市民和游客的需求。"微游上海"以徒步为为主,推广"慢生活"和城市微旅行的理念,市民和游客能较为深入地体验上海的都市文化。因此对上海旅游节旅游线路的设计要满足旅游者的不同需要,把参加上海旅游节与观光游览结合起来。

上海旅游节旅游线路体现了旅游娱乐的主题性、参与性。突出各个的主题,主要是挖掘文化因素,如九子大赛传承的是上海坊间文化;孙桥快乐丰收节使游客能感受现代科技指导下的农业发展所带来的变化,亲身体验丰收的喜悦,突出人们的参与性,让人们寓教于乐,使游人在观赏、娱乐的同时,了解上海当地的历史文化、风土人情和科技知识。

旅游线路中旅游娱乐活动的项目和形式具有丰富性和多样化的特征,而且需要不断创新,突出时代色彩。旅游者在参加旅游娱乐活动时,有求新、求异、求奇的心理,因此需要对不同年龄、不同文化背景的游客针对性的开发,让旅游娱乐活动形式多样化,项目丰富化。2014年上海旅游节以时下热门的徒步旅游方式,结合微信等新媒体的线上合作,组织开展"微游上海"活动;本届旅游节将一个全新的非竞技时尚体育项目,"健康彩色跑"活动引入上海,符合全民健身的最新趋势;首次将十分具有观赏性的"舞马上海"这一西方古老的马术主题活动引入国内;此外,脍炙人口的经典影视剧《上海滩》华丽变身音乐剧,在旅游节期间隆重首演。

二、东方绿舟

(一)案例介绍

东方绿舟是上海青少年科技教育基地,坐落于上海市青浦区西南,临近风景宜人的淀山湖畔,占地面积5 600亩,水域浩渺,植被苍翠,道路纵横,35公里长的湖滨大道依着水波荡漾的淀山湖,其中,17万平方米的四季常青大草坪和21万株大树为上海之最。东方绿舟的主题词是"享受阳光自然,遨游知识海洋,感受竞技快乐",广告词是"都市人的生态休闲园"。东方绿舟由知识大道区、勇敢智慧区、国防教育区、生存挑战区、科学探索区、水上运动区、体育训练区、生活实践区共八大园区组成。

◆ 知识大道,是一条集艺术性、思想性、知识性为一体的景观道路,由162位世界文明史上著名人物的雕塑组成,长700米,宽25米,该公园是目前世界上最大的雕塑公园之一。

◆ 运动训练区,按照"地球村"的思路设计建造,设有各类运动场馆,建有荟萃世界各地30多种民居的生活实践区。

◆ 素质体验测试园,是一个运用电动、气动技术,融入高科技含量测试人们体能、智力和心理素质的娱乐活动项目。参与者通过"勇攀珠峰、跨越山谷、跋山涉水、踩石过河",完成新奇有趣的挑战,得到一个专家级的评估,从而了解自己的攀爬与平衡协调能力、力量素质、耐力、勇气和智慧等。

◆ 智慧大道,有一个硕大的中国象棋盘,可进行"真人"当棋子的博弈。

◆ 趣桥世界,里面有十几种不同类型的桥,过每个桥都有一定的难度。

◆ 绿舟游艺场廊,有多种游艺项目,如迷你F1、人际对抗、姜太公钓鱼、超霸点球、拉绳觅宝和草原风情等。

此外,东方绿舟的传统娱乐项目还有四维影院、攀岩登高、索道滑翔、龙舟竞渡、高空速降、"浪漫宿营"等活动。东方绿舟的娱乐每年都有创新,如2004年春节期间打造了666只活泼可爱的卡通猴雕塑;2005年春节推出"东方绿舟生肖游";2006年春节,推出了"陕西安塞锣鼓"表演;2008年春节推出"鼓缀绿色冬景,喜迎祥和奥运",贯穿奥运主题的活动;2009年推出了"盛世太平鼓"、冬泳表演赛、踏春赏梅等丰富多彩的活动;2011年推出"拍客"印象、4D电影、56枪激光射击等活动;2014年春节推出了有浓郁文化气息的"百马卷图"、极具精彩创意的3D军事立体画、动感活泼可爱的机器达人等。

（二）案例分析

上海东方绿舟是青少年的活动基地和市民日常的休闲活动场,该旅游线路主要是短程旅游线路,一般以一日游、两日游行程为主。该旅游线路区别于上海其他的都市旅游、民族风俗旅游线路,主要突出人们的参与性、竞技性,既适合市民日常休闲,也适合公司、学校团体竞技娱乐,突出了东方绿舟拓展训练基地的旅游形象,提高了旅游线路的竞争力。

游客在东方绿舟场所内停留时间长,要求旅游娱乐项目丰富,能够满足旅游者的多种娱乐需求。对于家庭来说,开展亲子游,在娱乐的过程中,体验亲情;对于团体来说进行体验式拓展培训,让参与者通过体验重申自我,挖掘自身潜力,增强团队凝聚力。在旅游活动中,既能感受全方位、全过程的享乐和刺激,也能够得到令人难忘的旅游经历。

旅游娱乐项目必须要不断地创新,不断满足游客的需要。同时在旅游线路设计中也要突出主题,这样一方面方便旅游者选择适合自己旅游娱乐的旅游线路,同时也有助于该旅游线路的营销。

本章小结

通过本章的学习,能对旅游娱乐的基本概念及特点、我国旅游娱乐业发展现状等有一个初步的认识和了解,比较全面地掌握一些旅游娱乐项目的设计手法,能结合案例,在旅游线路设计中,对旅游娱乐活动进行恰当的设计安排。

思考与练习

1. 简述旅游娱乐及其特点。
2. 简述我国旅游娱乐业的发展现状与趋势。
3. 旅游目的地的旅游娱乐项目设计应从哪几个方面入手?
4. 试述旅游景区娱乐产品的类型及开发思路。
5. 按照旅游线路设计对旅游娱乐的要求,以所在地旅游娱乐项目为主线,设计一条旅游线路。

第10章

旅游线路设计实务

本章导读

旅游线路的基本理论终究要应用到具体的旅游线路设计实践中去。因此,本章结合大量实例,首先阐述了旅游线路设计的步骤,并探讨了旅行社进行旅游线路设计的着眼点问题,以及欧美国家旅行社产品的开发设计问题等,以提高和增强旅游线路设计方面的实际操作能力。

第一节 旅游线路的总体设计流程

在旅游线路设计之前,必须首先搞清几个问题。第一,所针对的目标市场是什么,变化趋势如何,它决定了旅游线路设计的需求背景。第二,与接待国及地区经济发展水平、国际旅游发展水平、体制和管理水平等相联系的旅游供给一体化程度如何,以及国际旅游的产业内关联和协调能力如何。第三,旅游者在接待国及地区消费时,其行为的自主程度如何。或者反过来说,接待国政府和旅行机构在何种程度上,以何种方式试图操纵和引导旅游客流。以上这些构成了旅游线路设计、销售的大背景。在一定时间内,旅游线路的设计和经营都受制于这些因素,处于初期发展阶段的欠发达国家的国际旅游业尤其如此。

一、旅游线路设计的步骤

楚义芳(1992)在《关于旅游线路设计的初步研究》一文中指出,影响旅游线路设计的基本因子有旅游资源(旅游价值)、与旅游可达性密切相关的基础设施、旅游专用设施、旅游成本因子(旅游费用、时间和距离等)。旅游线路的设计大致可分为以下四个阶段。

第一,确定目标市场(游客群)的成本因子。它在总体上决定了旅游线路的性质和类型。

第二,根据游客的类型和期望确定组成线路内容的旅游资源的基本空间格局。旅游资源的对应旅游价值必须用量化的指标表示出来(旅游者的体验水平可用旅游价值指标,如旅游吸引力或旅游吸引力加上设施水平来表示)。

第三,结合前两阶段的背景材料对相关的旅游基础设施和专用设施(住宿等)

进行分析,设计出若干条可供选择的线路,以供不同层次的游客选择和拼合。

第四,选择最优的旅游线路(可以有几条)。

其中,第三阶段的工作最具有经验性和技术性,同时在设计中必须对第二阶段给出的基本空间格局不断进行调整,以形成新的、带有综合意义的空间格局。

旅游线路设计是一项系统而复杂的工作,它要求整个过程中的每一步环环相扣,严密有序。诸如旅游交通是选择直航还是要中途转机?选择游览哪些城市和哪些景点?酒店的住宿和用餐标准怎样等,如果某个步骤或环节出了问题,必然会在其后的旅游活动过程中暴露出来,给旅游者造成不必要的麻烦,甚至会给旅游线路经营企业、旅游者造成巨大的损失。

(一)实地考察与调查

为了全面了解和掌握旅游线路设计所涉及的各个要素的历史、现状和发展趋势,旅游线路设计者必须深入旅游目的地的景区、景点进行实地考察,走访旅游及其相关部门和企业,从而获取感官认识和第一手资料,旅行社行业俗称为"踩线"。实地考察要以重点资源为主,兼顾一般,对有潜力的新资源要予以充分的重视。同时,在条件允许的情况下,还应对旅游目的地的周边旅游景区进行考察,从而可以比较出该线路中景点的优势所在,明确与其他景点的竞争与合作关系。

调查可以采取访问、座谈、收集资料、抽样调查等多种方式进行。调查对象一般是旅游、交通、住宿、餐饮、娱乐、购物等企业和相关管理部门,以及旅游者。内容包括各行业的历年统计数据、价格水平、发展规划、对未来潜力的预测,以及游客的评价和要求等。

例如深圳中国旅行社在设计"丽江假期"线路之前,曾事先多方联系市政府、旅游局、深圳航空公司和地接旅行社,并邀请深圳电视台记者、报纸特约撰稿人专程赴丽江作了为期一周的实地考察,这些都为后来线路设计的成功打下了良好的基础。

(二)分析与预测

分析与预测的出发点应是客源市场,即从客源市场的历年发展变化特点,市场细分、需求量、客源市场的分布一直到市场今后的发展趋势出发,然后根据市场状况,对各要素进行筛选和加工。旅行社通过广泛搜集与新的线路产品开发设计有关的信息,对构思进行可行性分析和研究预测,以求得出不同的设计方案。分析和预测的内容主要包括下列几个方面。

1. 旅游线路的发展前途

包括线路产品市场的大小;打入市场的可能性;游客需求的持久性;线路的发展趋势;其他旅行社仿造的困难性。

2. 销售市场

包括线路产品的需求量和需求时间;线路的销售范围和目标市场;线路产品的

销售量和市场占有率；潜在旅游者数量及旅游者实际购买能力；旅游者对新产品的要求和希望；季节变动对线路销售的影响；与旅行社现有产品的关系；线路的销售渠道等。

3. 竞争态势

包括开发设计和销售类似线路产品的竞争者数量；各竞争对手的产品结构、特点以及差异程度；各竞争对手采用的竞争策略、手段及变化情况；竞争对手的市场占有率和价格差；潜在的竞争对手及他们进入线路产品市场的可能性。

4. 价格

包括竞争产品的价格变动情况；旅游者对类似线路产品价格方面的意见和要求；产品的价格弹性。

5. 内部条件

包括旅行社设计线路所需的人、财、物的保证程度；旅行社的信誉度与管理水平；所需各种服务设施的供应能力和服务质量等。

（三）确定线路的品牌名称

线路名称是线路的性质、大致内容和设计思路等内容的高度概括，因此整个旅游线路需要一个响亮的品牌名称。确定线路名称应该综合地考虑各方面的因素，并力求体现简约、主题突出、时代感强、富有吸引力等原则，如上文提到过的"丽江假期"旅游线路，之所以要用这个名字，是主要考虑到批发和通俗易懂的因素。其标志中运用了至今还在使用的纳西族东巴象形文字——"伴"字，整个轮廓又像云南特色的房子，一整块又像一个印章，便于在批发给其他旅行社时在栏内加盖。

（四）策划旅游线路

从形式上看，旅游线路是以一定的交通方式将线路各节点进行的合理连接。节点是构成旅游线路的基本空间单元，一个线路节点通常成为一个有特色的旅游目的地。一般来说，同一条旅游线路中的各节点，都有相同或相似的特点，用于满足旅游者的同一需求并服从于某一旅游主题，起着相互依存、相互制约的作用。节点可以是城市，也可以是独立的风景区。线路的始端是第一个旅游目的地，是线路的第一个节点，终端是最后一个节点，是旅游活动的终结或整个线路的最高潮部分，而途经地则是线路中的其他节点，是为主题服务的旅游目的地。因此，策划旅游线路就是安排从始端到终端以及中间途经地之间的游览顺序，并在线路上合理布局节点。

例如，"烹饪王国游"线路的始端是广州，终端是上海，途经地为成都、北京、南京和无锡，游览顺序即为"广州—成都—北京—南京—无锡—上海"。可以说，旅游线路一方面是对符合主题特色的节点城市或景区的选择，另一方面是对节点游览顺序的安排，是遵循时间最短、费用最省、交通便利、合理搭配的原则进行的全面考察、综合平衡及合理选择。

(五) 计划活动日程

活动日程是指线路中旅游项目顺序、内容和地点及各项目的具体时间安排,应体现劳逸结合、丰富多彩、节奏感强、高潮迭起的原则。表 10-1 为广州市丽景旅行社推出的"深圳、香港、澳门、珠海、广州等地六日游(北京发,深圳接,广州送)"。

表 10-1 广州市丽景旅行社港、澳、穗旅游线路日程安排

日程	行程	活动日程与景点安排
第一天	北京—深圳	晚上深圳接团
第二天	深圳	乘车游览深圳市区深南大道、邓小平巨幅画像、世界之窗
第三天	深圳—香港	乘火车赴香港,午餐后游览浅水湾、海洋公园、集古村,晚餐后观赏太平山夜景
第四天	香港	游黄大仙、珠宝展示中心、艺术馆广场、维多利亚港、会展新翼、紫荆广场、欧洲名表、百货店、青马大桥观景台
第五天	香港	自由活动
第六天	香港—澳门	早餐后乘船前往澳门,午餐后游览大三巴牌坊、主教山、炮台山、妈祖阁、宝石城、盛世莲花、镀金望海观音像、澳凼双桥、跑马场(外景)、澳门四面佛、葡京娱乐场
第七天	澳门—珠海—广州—火车返北京	拱北海关入境后游览珠海回归广场、情侣路、珠海渔女雕像、九洲城门广场;广州中山纪念堂、越秀公园、五羊雕像;晚餐后,乘火车返北京

(六) 选择交通方式

交通方式的选择要体现"安全、舒适、经济、快捷、高效"的原则。首先要了解各种交通方式的游览效果,依次序为直升机、水翼船、汽车、火车、海轮、客机。其次要了解各种交通工具的适用旅程,其中直升机、水翼船、汽车适宜短途旅游,火车、轮船适合中程旅游,客机、海上邮轮适于长途旅游。最后要了解国内外旅游交通现状,如类型、分布、形式、网络等。在具体选择交通工具时要注意多利用飞机,以尽量减少旅行时间;少用长途火车,以避免游客疲劳;合理使用短途火车,选择设备好、直达目的地、尽量不坐用餐的车次;用汽车做短途交通工具,机动灵活等。总之,要综合地利用各种交通方式与工具,扬长避短,合理衔接。

(七) 安排住宿餐饮

食、宿是使旅游活动得以顺利进行的保证,应遵循经济实惠、环境幽雅、交通便

利、物美价廉的原则进行合理安排,并注意安排体现地方或民族特色的风味餐。当然,旅游者有特殊要求者除外(表10-2)。

表10-2 济南中国旅行社部分报价(地方风味餐)

(单位:元/人)

孔府家宴	40	孔府喜宴	50	孔府寿宴	60
济南饺子宴	30	泰山豆腐宴	50	青岛渔家宴	60

(八)留出购物时间

购物活动是一个完整的旅游过程所不可缺少的重要环节,购物通常在游客总花费中占据30%左右的比重。旅游购物的圆满实现,不仅能给旅游地带来丰厚的经济收益,还能让旅游者的外出旅游获得心理上全面的满足;而且,当地的旅游纪念品被旅游者带回其常住地后,又能成为旅游地的"无声的义务宣传员"。所以设计线路时,对旅游购物应予充分的关注。

在线路设计时,应注意将线路上旅游商品最丰盛、购物环境最理想的景点,遵循时间合理、能满足大部分游客的需要,不重复、不单调、不紧张、不疲惫的原则尽量安排在游线所串联景点的最后。因为在旅游活动即将结束、要返家之前,旅游者的购物欲望是最强烈的。而在旅游开始之时,旅游者一是对需购的物品要多看几处,比较之后再选定;二是如果在旅游刚开始就购物的话,带着物品旅游很不方便;三是旅游之初,旅游者带出来的钱不敢多用,要备后面急用……可以说,旅游者在旅游活动之初一般是不大想购物的。如果将主要的购物点安排在旅游初始之时的话,就会给旅游者的旅游活动留下缺憾。

(九)筹划娱乐活动

在进行旅游线路设计时就要充分考虑安排游客参与旅游地的节事活动。娱乐活动要丰富多彩、雅俗共赏、健康文明、体现民族文化的主旋律,达到文化交流的目的。以山东省为例,各地主要节庆活动如下:

◆ 曲阜国际孔子文化节(每年9月26日至10月10日)
◆ 泰山国际登山节(每年9月6日至8日)
◆ 青岛啤酒节(每年8月6日至26日)
◆ 青岛海洋节(每年7、8月份)
◆ 潍坊国际风筝节(每年4月20日至25日)
◆ 淄博陶瓷琉璃艺术节(每年9月5日至11日)
◆ 菏泽国际牡丹花会(每年4月20日至5月初)

二、旅行社进行旅游线路设计的着眼点

央视无锡影视基地市场营销部对全国各地的大中型城市的旅行社进行了调

查,调查时间为1999年和2000年,调查范围为华东地区,研究的主要目的是摸清华东七个城市(上海、济南、温州、徐州、宁波、杭州、南昌)旅行社是如何作出旅游线路、旅游景点选择的。调查报告将上海、杭州、温州、宁波归为A类城市;将徐州、南昌、济南归为B类城市。

(一)旅游线路:旅行社看重什么

对旅游者来说,旅游首先要考虑的就是选择旅行线路,因此,对一个旅行社来说,选择什么样的旅游线路是至关重要的。80%的旅行社看重"接待条件";70%以上旅行社看重"旅游者的意向或兴趣"、"有吸引力";超过半数的旅行社看重"安全"、"交通便利"、"假日的长短"、"综合报价"(表10-3)。从众多的旅行社选择了"接待条件"来看,旅行社在旅游线路的选择上是比较务实的。

表10-3 旅行社选择旅游线路时考虑的因素

(单位:%)

新开发的景区	35.7					
成熟的线路		50.0				
综合报价(如交通、住宿)			60.0			
假日的长短			60.0			
交通便利				67.1		
安全				68.6		
有吸引力					75.7	
旅游者的意向或兴趣					77.1	
接待条件						80.0

(二)路经城市:旅行社看重什么

选择了旅游线路,旅行社还要选择旅游线路中经过的城市。调查显示,90%以上的旅行社在选择路经城市时,看重"可游览性、观光性"。这一点是不难理解的。70%以上的旅行社看重"历史与文化背景"和"城市特色"。50%以上的旅行社则看重"地接社的信誉和能力"、"该城市的交通状况"(表10-4)。从这些选择来看,旅行社在路经城市的选择上看重的已经越来越靠近直接决定旅游内涵的因素,例如,看重"可游览性、观光性"、"历史与文化背景"、"城市特色"的旅行社超过了70%,远远超过其他因素选择的百分比。这一点是与旅游线路的选择不同的。

表10-4 旅行社确定路经城市时考虑的因素

（单位:%）

当地经济发展状况	21.4						
环境卫生		31.4					
行程时间安排			45.7				
城市的交通状况				52.9			
地接社的信誉和能力					60.0		
城市特色						72.9	
历史与文化背景						75.7	
可游览性、观光性							91.4

（三）旅游景点：旅行社看重什么

旅游者最终消费的相当一部分还是旅游景点。我们来看看旅行社在选择旅游景点时考虑的因素主要有哪些。调查显示，旅行社在选择旅游景点时，首要考虑的是"知名度"，76%的旅行社选择了这一点；其次为"自然景观"，74%的旅行社选择。然后是"门票价格"和"文化内涵"，选择的旅行社都超过了60%。由此可见，旅行社选择景点时，除了考虑直接决定旅游内涵的因素外，同时也比较看重旅游者最为关心的"门票价格"（表10-5）。

表10-5 旅行社确定旅游景点时的考虑因素

（单位:%）

景区环境					48.6
奇特新异				50.0	
文化内涵			62.9		
门票价格			64.3		
自然景观		74.3			
知名度	75.7				

（四）延伸服务：旅行社看重什么

除了选择旅游线路、路经城市、旅游景点外，旅行社还会考虑旅游时的一些延伸服务，例如饮食、购物等。调查显示，在饮食方面，80%的旅行社看重"干净卫生"，40%以上的旅行社看重"价格合理"、"有特色/特产"（表10-6）。这说明，"干净卫生"是大多数旅行社在饮食方面的考虑。而"特色/特产"则体现了旅行社对自身利益的隐性诉求。

表 10-6 旅行社选择延伸服务/饮食时的考虑因素

（单位：%）

服务水平/态度	18.6				
口味/品种		31.4			
环境好/规模大		32.9			
有特色/特产			42.9		
价格合理				47.1	
干净卫生					80.0

而从旅游者的立场出发，随着生活水平的提高，人们对旅游服务的要求也趋向于细节化。旅游车空调不制冷，宾馆洗澡水不够热，餐桌上没有公筷，洗手间里有异味，景点里缺少导向标志，机票上没有说明哪个机场……凡此种种，都会影响旅游者的审美心情。近年来，不少旅游者有机会远游异国他乡，感受最深的也常常是发达国家对服务细节的精益求精。可以说，细节是旅游服务的生命线，因为它体现了"以人为本"的服务理念。

（五）未来旅游产品：旅行社的观点

对于未来的旅游产品，旅行社的意见主要集中在"自然风光"、"娱乐/表演节目特色性"和"游客参与性强"这三方面。其中，A 类城市中超过三分之一的旅行社选择了"自然风光"，这可以看成是对回归自然观念的认同。B 类城市中超过三分之一的旅行社则选择了"游客参与性强"，这在一定程度上反映了旅游者主动参与意识的增强（表 10-7）。

表 10-7 旅行社对未来旅游产品的看法

（单位：%）

	合计	A 类城市	B 类城市
自然风光	32.9	37.5	26.7
娱乐/表演节目特色性	28.6	27.5	30.0
游客参与性强	27.0	20.0	30.0
有文化内涵/地方特色/民族特色	18.6	17.5	20.0
景点新奇有特色	15.7	17.5	13.3

续表

	合计	A类城市	B类城市
增加探险的产品/刺激的	14.3	17.5	10.0
休闲度假为主的	7.1	7.5	6.7
自然与历史相结合	4.3	2.5	6.7
旅游产品与园内气氛相符	4.3	5.0	3.3

（六）老景区里的新景点：旅行社选择的可能性

对于老景区里的新景点，调查显示旅行社的态度是较为积极的，尤其是A类城市旅行社，"可能会考虑选择"的占73%，"肯定会选择"的占23%，两者之和为95%。B类城市旅行社的可能性小了一些，但"可能会考虑选择"和"肯定会考虑选择"的也超过了50%（表10-8）。

表10-8 老景区里新景点选择的可能性

（单位:%）

	合计	A类城市	B类城市
肯定不会考虑选择	2.9	—	6.7
可能不会考虑选择	7.1	—	16.7
不确定	12.9	5.0	23.3
可能会考虑选择	58.6	72.5	40.0
肯定会考虑选择	18.6	22.5	13.3

三、欧美国家旅行社产品的开发设计

欧美国家旅游业发展所走的道路和中国是不同的，各自的发展进程和变迁模式使得从旅行社的概念、作用、企业组织结构到经营运作、营销组合都有很大的差异。在欧美国家中，旅行社是由市场经济体制的内生力量驱动，经过市场自然演进的过程而逐渐形成的垂直分工体系。它以旅行社向旅游者提供旅游服务的流程中所起的作用作为划分依据，呈现出"相关旅游企业—经营—批发—零售—旅游者这样一种状态"（杜江，戴斌，2000），因而欧美旅行社也就自然而然被划分为旅游批发商（Tour wholesaler）和旅游零售商（Tour Retailer）或旅游代理商（Tour Agent）。

(一)旅游批发商产品开发设计的步骤

欧美国家旅行社新产品的开发设计过程具有非常强烈的市场导向特点,一项新的旅游产品从酝酿到推向市场经过一个很漫长的开发过程,一般要经过2年的时间。

1. 市场调查

(1)第一阶段(3个月)

决定开发一个目的地/地区的包价旅游产品必须经过仔细的市场调研。与其他消费品相比,旅游产品需求的未来发展趋势更易受环境变化的影响,因此,可能使市场预测不够准确。如旅游者的类型不断变化,他们的兴趣点从一国转向另一国家。尽管如此,新产品的开发仍必须以对未来市场发展取向的准确的把握为基础。由于旅游批发商的产品优势主要在于其低廉的价格和物有所值的产品,因此,旅游批发商还要调查各种影响成本的因素。如交通成本就与本国包机租用权、飞行距离和地面服务费用有关,国外住宿和其他成本则与汇率、通货膨胀和宾馆的竞争环境有关。另外,还要考虑航空公司对相关服务航线的支持程度、目的地国家旅游部门对入境旅游的态度、目的地的政局、政府管制情况、目的地国内的大众旅游发展状况以及客源国与目的国的关系。

(2)第二阶段(3个月)

经过第一阶段的调研分析后,旅游批发商将缩小潜在旅游目的地的选择范围,确定发展可能性最大的两个至三个旅游目的地。然后对它们进行现实可行性评估(realistic appraisal)与对比。评估内容主要有以下几个方面:

◆ 目前此地吸引旅游者的数量;
◆ 过去几年的游客增长率;
◆ 目前竞争对手市场份额的占有和分配情况;
◆ 今后的一年和随后几年公司预期达到的市场份额的估算。

另外,必须确定飞行航班的可利用情况,因为这在一定程度上会影响旅游产品的接待容量。

(3)第三阶段(3个月)

这一阶段的工作有:确定每个旅游团的接待力、行团时间以及设计旅行日志,其内容主要包括要游览的城市、每到一处的停留天数、城市间的交通方式、一个简单的时间顺序表等。另外还包括与印刷商的初次接洽。

2. 与主要供应商谈判

一旦旅游目的地、旅游季节、要运送的顾客数量和启程日期确定后,就需要与航空公司、饭店和其他供应商谈判直至最后签约。

(1)第一阶段(2个月)

与航空公司进行谈判,谈判内容主要有飞机的包机业务事宜,旅游产品运作中的飞行计划,确定飞行的日期、频次、停留机场和抵离时间。

(2)第二阶段(2个月)

与饭店、地接经营商和汽车公司进行谈判,与饭店谈判要比与航空公司随意得多,但要考虑到一些因素。长期预订批量房间或整个饭店可以为旅游批发商带来最低的价格,但也会存在很高的风险,例如通货膨胀。另外,旅游批发商需要考察这一饭店周围是否存在相近标准的住宿设施,以备出现超额预订情况采取补救措施。与汽车公司的谈判涉及旅游者从机场到宾馆和任何可选择的短途旅行的运送工作。旅游批发商与地接经营商的谈判包括短途景点的观光、预订程序、财务处理和导游服务。在这一阶段还要向旅游小册子设计师提出有关设计方面的建议。

(3)第三阶段(2个月)

与饭店、航空公司、地面运输公司、地接商等签约。

3.行政管理(2个月)

这一阶段的工作包括确定兑换率、必要的人员培训、确定最终价格、印制旅游小册子和建立预订系统。

4.市场营销(6个月)

旅游批发商通过大量营销活动将旅游新产品推向市场,在这期间的工作重点按时间顺序为:旅游小册子的分发,旅游产品向旅游代理商的促销、试销,大量广告和促销策略的运用,导游人员的招聘和培训,首次出团。

(二)旅游零售/代理商散客旅游产品的设计

在欧美国家,随着旅游业的深度发展和旅游市场的不断成熟完善,散客旅游取代团体包价旅游成为旅游市场中新的旅游消费趋势。旅游零售/代理商为满足散客旅游的有关需要,向其提供个性化服务。旅游零售/代理商散客旅游产品的设计过程主要有以下几个步骤。

(1)顾客向旅游零售/代理商提出自身需求意向,要求提供一项特别的旅游产品(文化、宗教等)。

(2)旅游零售/代理商根据顾客的需求,评价确定为其设计的旅游经历(产品)中应该包含的因素:旅游的范围、启程时间、必需的各种服务等。

(3)以上面的评估为基础,为顾客设计旅行日志并向顾客通报最大估算成本。顾客认可后,旅游零售/代理商编制详细的成本预算,包括交通、住宿、服务(如导游)、运行成本,并以书面文件形式传给顾客。

(4)获得顾客的积极反馈后,旅游零售/代理商的运营部门开始为顾客预订交通及各项其他服务。

(5)将各种票据、单据、专门的旅行日志、书面材料提交顾客。

另外,有的顾客希望可以更灵活更多样更自由地选择,他们要求得到"量身定制"的旅游产品(Trailor Made Tour),旅游零售/代理商提供这种产品的最独特之处就是完全依照顾客的意愿,给顾客足够的设计空间将他们自己的构想转化为他们理想的一件旅游产品。这时,顾客本身就是产品设计者。当然,旅游零售/代理商需要顾客填写一份详细的调查资料,该资料将顾客的旅游需求具体化,以方便旅游零售/代理商为顾客预订组装成顾客自己"制作"的旅游产品。

第二节 案例

一、影视旅游线路设计

影视旅游是一种因特定的对象的某一性征引发媒体的关注与投入,通过电视广播与影片使该对象的特殊性征得以强化,产生更为广泛的社会关注从而引发带动旅游效应的一种旅游形式。近年来,随着电视剧、真人秀节目的热播,越来越多的游客专门前往自己喜爱的电视剧、真人秀取景地参观旅行,于是一些旅行社看到商机,纷纷将电视剧、真人秀拍摄场地列入旅游景点之中,设计出专门的影视旅游线路。

(一)"爸爸去哪儿"旅游线路设计

1. 案例介绍

《爸爸去哪儿》是湖南卫视引进的户外亲子真人秀节目。节目中,五位明星爸爸在72小时的户外体验中,单独照顾子女的饮食起居,共同完成节目组设置的一系列任务。节目播出之后对于星爸、星二代热捧和讨论使得旅行社纷纷趁热推出极具特色的亲子游线,给处于淡季的旅游市场带来新的机遇,其具体行程内容如下。

◆ 第一站:北京灵水——举人村

位于北京西门头沟区的军响乡灵水村,灵水先人以"风水"理论择地建村,定"四神砂"而立玄武(龟形)为村形。整个村庄处于群山环抱之中。围合封闭,附阴抱阳,藏风聚气,东进西收,前罩抓髻山,后靠莲花山,依山泉而建,水绕村而流,构成了"天人合一"的自然格局,体现着灵水先人选址建村的"人的本体文化"。是先人留下的一份乡村建筑的历史文化遗产。

行程:第一天,乘机赴北京,游览天安门广场、毛主席纪念堂、故宫博物院;第二天,乘车前往延庆,游览居庸关、鸟巢、水立方,参观中国科技馆;第三天,乘车前往灵水村,感受崇尚文明的风气和寂静悠然;第四天,乘车前往中央电视塔,鸟瞰北京全景,走进非物质文化遗产的艺术长廊——国学课堂;第五天,前往北京大学感受第一学府的文化氛围后返程。

◆ 第二站:宁夏腾格里——沙坡头

沙坡头位于腾格里沙漠东南边缘处。集大漠、黄河、高山、绿洲为一处,不夸张地说就是,西北风光之雄奇加上江南景色之秀美,沙为河骨,河为沙魂,相依相偎,和谐共处。沙坡头旅游区被包兰铁路一分为二,南部比邻黄河,是水上活动旅游区,提供诸如羊皮筏子、铁索飞越黄河等旅游项目;北部与腾格里沙漠接壤,是沙漠活动旅游区,提供诸如沙漠飞车、骑骆驼等旅游项目。

行程:第一天,乘机赴银川,参观华夏西部影视城、贺兰山岩画、宁夏枸杞博物馆、游览沙湖;第二天,乘车赴腾格里沙漠旅游区沙坡头,参加滑冰、羊皮筏子漂流,骑骆驼穿越腾格里沙漠;第三天,乘车赶赴西宁,参观塔尔寺;第四天,乘车前往湟源参观丹噶尔古城,参观游览青海湖;第五天,返程。

◆ 第三站:云南文山——普者黑

普者黑位于云南省文山壮族苗族自治州丘北县城西北。普者黑是典型的喀斯特地貌,中心景区主要有普者黑湖、荷花湖、灯笼湖、仙人洞湖、落水洞湖、摆龙湖等大小湖泊16个。普者黑以独特的峰群、湖群、洞群、古老的民族风情等奇丽的自然风光融为一体,规模宏大,品位较高,组合性好,受到专家学者的高度赞誉和国内外游客的青睐,是"世界罕见、中国独一无二的喀斯特山水田园风光"。

行程:第一天,乘机赴昆明;第二天,乘车赴广南,途中在弥勒参观葡萄园;第三天,游览坝美风景区,乘船游世外桃源,参观猴爬岩,进寨体验壮族风情,品壮家风味餐,乘船游览嬉水区,坐牛马车感受河谷美景,后乘车赴普者黑;第四天,游览普者黑,游仙人湖、火把洞、观音洞,蹬青龙山赏普者黑全景,参观天鹅湖;第五天,游览抚顺湖,乘车返回昆明,游览鲜花市场后返程。

◆ 第四站:山东威海——鸡鸣岛

鸡鸣岛位于山东省威海市下辖的荣成市港西镇虎头角西北约1公里的海域中,海岛形状很像雄鸡。面积约0.31平方公里,海岛上有居民66户,近200人,主要从事渔业生产,鸡鸣岛像一艘远航归来的大船,遗世独立,永不靠岸。

行程:第一天,乘机赴青岛,游览栈桥、小青岛、五四广场、青岛奥林匹克帆船中心、海军博物馆;第二天,参观中国海洋大学,乘车赴海阳市,参观海阳跨海大桥、万米沙滩浴场旅游度假区,游览结束后乘车赴威海;第三天,乘车赴荣成西乡湖头角码头,乘船赴威海鸡鸣岛,参观胶东著名名居建筑——海草房,游览威海国际海水浴场;第五天,游览华夏城风景区后返程。

◆ 第五站:湖南岳阳——福寿山

福寿山位于湖南省平江县南部思村乡白寺村附近,福寿山海拔高1 573.2米,森林植被茂盛,自然景观资源丰富奇特,有全国罕见的千年寿藤,有时间难觅的摇钱树,有落差达800米的连绵数公里瀑布群,以及世界稀有的珍贵碳酸泉,至今无人走通的白莲教大本营遗址暗道、保存完好的清代木乃伊、10多尊明代石佛、200多座自唐始历代留下的舍利塔,被誉为"养生天堂、度假福地"。

行程:第一天,乘机赴张家界,游览张家界国家森林公园,游览金鞭溪、黄龙洞等景点;第二天,乘车赴索溪峪,换乘至百龙天梯,游览天子山景区,袁家界风景区,观看《魅力湘西》;第三天,乘车前往凤凰古城,游览凤凰九景;第四天,乘车到岳阳,游览福寿山;第五天,游览洞庭湖、岳阳楼;第六天,返程。

◆ **第六站:黑龙江牡丹江——雪乡**

中国雪乡位于黑龙江省牡丹江市境内的大海林林业局辖区内的双峰林场,位于黑龙江省海林市长汀镇秃顶子山西南侧,张广才岭中段。这里有北国最高的山峰,最密的林海,最厚的积雪,最洁净透明的阳光,最淳朴的伐木工人。走入中国雪乡,展现在眼前的雪屋、雪景,定会让您赏心悦目,不虚此行。

行程:第一天,乘机赴哈尔滨,乘车前往亚布力滑雪旅游度假区,第二天在雅旺斯初级滑雪场亲自体验惊险而刺激的滑雪运动,随后前往牡丹江途中观赏新建的欧式火车站;第三天,乘车前往雪乡,沿途欣赏银装素裹的世界、塞北风光、林海雪原、奇松树挂的北国雪景,参观梦幻家园;第四天,等羊草山观日出,游览雪韵大街,乘车返回哈尔滨游览哈尔滨冰雪大世界;第五天,游览防洪纪念塔,松花江、斯大林公园、中央大街后返程。

2. 案例分析

"爸爸去哪儿"专题旅游线路,主要游客群体为亲子。相比观光旅游和度假旅游,亲子游是个性化特征突出的细分市场,是兼具家庭旅游和儿童旅游属性的一种放松身心、开阔视野、增进亲子感情的旅游形式,其基本特征是参加人员为父母与孩子。市面上的亲子游开发不足,缺乏产品特色和服务标准,像"爸爸去哪儿"这种融旅游、教育于一体、户外生存加休闲拓展的亲子游将成为进入市场的一大突破口。

现阶段很多旅行社推出的亲子游线路还处于由传统的大众观光游向亲子游这一专门旅游转变的阶段,大都是在常规线路基础上稍作改动,并非专门针对亲子游制定的。我国亲子游市场产品中还存在一定的问题,比如旅行社缺乏成熟的亲子游产品,旅游供给体系中缺乏完善的亲子游服务和设施;亲子游产品的安全要求较高,但保障不利,亲子游中父母角色定位失准。若想打造真正的亲子游线路,旅行社需要以满足孩子兴趣为基准,以提升父母参与为依托,以感受亲情为元素,以创新亲子游理念为动力,以儿童附加服务为卖点,以安全保障为根本。

(二)"背着青春去旅行——花样爷爷"旅游线路设计

1. 案例介绍

我国是世界上老年人最多的国家,世界上五分之一的老年人生活在中国。近几年,随着生活水平的提高,不少老人尤其是城镇老人的旅游热情日益高涨,"夕阳红"旅游火热。越来越多的老年人像电视真人秀节目《花样爷爷》中的老人一样选择重新背起行囊,开启一段别有意味及趣味的旅行,其具体行程内容如下。

◆ **第一天:上海—迪拜—维也纳**

由上海乘机经迪拜前往维也纳。

◆ 第二天:维也纳

奥地利首都维也纳到处都流动着美妙的音乐,置身于这座"音乐古都",时刻都能感受到古典音乐的气息。上午游览美泉宫,茜茜公主和佛兰茨在这里曾经一起度过美好时光,而法国皇帝拿破仑两次占领维也纳时都曾在宫里居住。下午游览富丽雄伟的庞大皇宫建筑群——霍夫堡宫、1938年希特勒宣告德奥合并的英雄广场、维也纳标志之——"圆舞曲之王"的音乐家施特劳斯的金色雕像以及"世界十大著名步行街"——克恩顿大街。

◆ 第三天:维也纳—哈尔施塔特—萨尔茨堡

驱车前往湖区,游览美丽的湖畔小镇——哈尔施塔特,在湖边餐厅的露台上找个好位置,品尝当地特色烤鱼餐,再点上一杯奥地利啤酒。下午游览音乐之声的拍摄地——米拉贝尔宫殿和花园、音乐神童莫扎特的出生地萨尔茨堡老街。

◆ 第四天:萨尔茨堡—英戈尔施塔特—慕尼黑

驱车前往英戈尔施塔特购物村购物,之后驱车前往巴伐利亚首府慕尼黑,沿着繁华的新市政厅街前往玛利亚广场,参观慕尼黑的标志建筑——慕尼黑新市政厅、弗劳恩教堂、圣彼得教堂。

◆ 第五天:慕尼黑—福森—苏黎世

驱车前往福森,游览根据巴伐利亚国王路德维希二世的梦想所设计的新天鹅堡,之后前往苏黎世。

◆ 第六天:苏黎世—琉森

驱车前往琉森。漫步美丽的琉森湖,穿过卡贝尔廊桥和八角形水塔,欣赏古城风光及狮子纪念碑。可以在琉森老城区自由观光,还可以在步行街挑选瑞士军刀、名表、巧克力,等等。

◆ 第七天:琉森—因特拉肯

驱车前往阿尔卑斯山脚小镇——因特拉肯,泛舟湖上观光或者乘高空缆车登上欧洲屋脊——瑞士少女峰,之后参观瑞士著名的观光小镇——荷黑马特。

◆ 第八天:因特拉肯—伯尔尼—苏黎世

驱车前往瑞士首都伯尔尼,游览伯尔尼老城区之后前往苏黎世,游览班霍夫大街,参观新巴洛克式建筑风格的苏黎世歌剧院。

◆ 第九天:苏黎世—迪拜

自由活动,可以在班霍夫大街的品牌店内挑选精品,也可以漫步于苏黎世湖畔品尝美味的冰激凌。之后由苏黎世搭乘国际班机经迪拜到达上海。

◆ 第十天:迪拜—上海

带着对欧洲风情的美好回味和精彩感受回到温暖的家,结束此次旅程。

2.案例分析

"背着青春去旅行——花样爷爷"专题旅游线路主要游客群体为老年人。随着经济的发展、社会的进步以及社会保障制度的建立和完善,一部分老年人的生活、消费观念发生了转变,产生了丰富生活、享受生活的强烈愿望,传统的休闲活动方式如下棋、养花、打麻将等已经不能完全满足老年人的精神需要,他们更渴望能有一些融知识、娱乐、健康为一体的更高层次的休闲活动。而旅游不仅能够领略异地的自然风光,体味民族风情,还能陶冶性情,强身健体,增添生活乐趣。因此,越来越多的老年人选择了旅游。

老年人外出旅游拥有更大的自由度和灵活性,选择的空间和形式也更多,完全可以根据自己的身体条件、气候条件等自由地安排出行时间和选择地点,而不必在节假日凑热闹,这一点恰恰是其他客源群体所无法企及的。但是由于受年龄的影响,老年人的行动节奏往往缓慢,出游时间较长,他们接受不了急风暴雨行军式的旅游,而喜欢根据自己的身体客观条件和喜好自由安排活动。

从旅游线路主题看,美丽的自然风光和独特的传统文化是对老年游客吸引力最大的两类旅游产品;从旅游目的地选择看,老年人对旅游目的地选择性强,出游活动的安排比较慎重;从旅游内容看,老年游客以纯旅游活动为主,区别于青少年组的休闲旅游活动,更不同于中年组的带有特定商务目的的旅游活动;从旅游方式上看,老年人旅游以团队旅行活动为主,往往老两口结伴而行,对旅程中各种活动的安排,要求以舒适、休闲和旅游机构的高质量服务为标准。其中,健全的医疗安全保障体系是老年旅行团完成旅行的一个极其重要的组成部分,这也是老年旅行团不同于一般旅行团的一个显著特点。

二、养生专项旅游线路

养生旅游具体是指离开原住地前往具有养生资源的旅游地,进行以健康为主题的养生旅游活动,是一种专项旅游。进入21世纪以来,全球老年人口和亚健康人群比重增大,世界性疾病蔓延,养生成为一种全球化现象。在我国,随着人们可自由支配的时间越来越多,收入日益上升,生活质量日益提高,人们对养生的需求和认识也渐渐提高。养生康体旅游产品获得了广泛的重视,成为时代潮流。设计以保健疗养为主题的专项旅游线路,将有广阔的发展前景①。

(一)神奇桂西——中国第一条世界级养生旅游线路

1. 案例介绍

桂西系广西西部,位于云贵高原东南麓,是滇、黔、桂三省交会地带,也是祖国的南疆,与东盟国家越南有着近千公里的边境线。这里自然风光秀丽,景色迷人,旅游资源十分丰富,品质高,以乐业天坑群和靖西峡谷群为代表的自然奇观属于世界顶级的旅游资源。

---

① 王玲伟,张鹏杨,邹慈婷.近15年国内养生旅游综述.市场论坛,2013,(9).

第10章　旅游线路设计实务

桂西是珠江流域的源头,海拔落差达2 000米,有寒带、温带、亚热带以及热带森林植被,空气质量高,每立方厘米负氧离子平均含量约2万个。澄碧河、盘阳河两大河流流域形成了世界级的养生胜地,是闻名世界的长寿带,人均寿命世界最高,百岁老人比例世界第一;这里居住着壮、瑶、苗、彝、侗、仡佬等少数民族,民族风情原生原态,被称为活的少数民族博物馆;这里是小平领导百色起义的地方,是全国12个重点红色旅游区之一,也是人们祈求幸福、保佑安康的福地。广西西部旅游联盟在党委政府的领导和大力支持下,将桂西地区最好、最美的旅游资源和景区进行整合,打造成为中国第一条世界级养生旅游线路,其行程具体内容如下:

◆ 第一天:桂西福地——百色市

上午参观游览百色起义纪念公园,登迎龙山祈求幸福,保佑平安。下午前往被誉为"桂西养生明珠"的澄碧湖风景区,这里是桂西地区养生的最佳去处。晚上可品尝红七军特色菜。

◆ 第二天:世界长寿之乡——巴马、凤山

上午前往世界著名长寿之乡——巴马、凤山,上午游览三门海景区。下午前往巴马真正的长寿村——仁寿源景区。走进养生学堂,感受巴马千年长寿文化,与这里的村民一起,制作地道的长寿养生特色小吃,如糯米饼、豆腐花、糍粑等长寿小吃,品尝地道的巴马养生菜肴。晚上举行篝火晚会,与当地的瑶族青年载歌载舞,忘情欢歌。

◆ 第三天:壮族发祥地——敢壮山

上午走进壮族发祥地——敢壮山。壮族是中国少数民族中人口最多的民族,也是平均寿命最长的少数民族之一。在这里可以了解到壮族源远流长的历史,了解到壮族独特的民族风情,也了解到壮族千年的养生文化。

◆ 第四天:中国最美的边境线——德保、靖西、大新

上午来到祖国的南疆,被誉为中国最美边境线的德保、靖西、大新。首先我们来到德保——一座充满灵气与福气的美丽边城,参观游览德保枫树林公园,下午来到被誉为山水迷宫的吉星地下长廊景区。离开吉星地下长廊,来到"酷似桂林、胜似桂林"美丽边城——靖西,参观游览古龙山峡谷景区。

2. 案例分析

首先,"神奇桂西,中国第一条世界级养生旅游线路"把自然养生与休闲旅游密切结合在一起,该旅游线路将桂西地区独特的养生旅游资源和景区进行整合,线路不仅涵盖了广西西部的旅游精华,澄碧湖风景区、三门海景区、仁寿源景区、田阳敢壮山、德保枫树林公园、吉星地下长廊景区、古龙山峡谷景区等精品风景区都被囊括其中,还深度展示了桂西各民族久远的历史和独特的养生文化传统,以及遵循自然规律的生存状态。

其次,该线路依照当地各民族饮食习惯推出特色养生餐,精心设计"红七军特色菜"、"寿乡养生特色菜"、"桂西少数民族特色菜"、"中越边关风情特色菜"、"高山民族特色菜",深度展示了桂西各民族饮食化传统,具有鲜明的地方特色和民族特色。

最后,富于参与性也是该旅游线路的一大特色,游客可以亲自参与和互动,例如线路中安排与村民一起制作地道的长寿养生特色小吃,与当地的瑶族青年载歌载舞,亲身体验各民族的民族风情,充满娱乐性。这提示我们在开发旅游线路和组织旅游活动时,要动静结合,多设计一些符合线路主题的娱乐活动,吸引游客的参与。

(二)广元温泉节——三条温泉精品旅游线路

1. 案例介绍

广元被誉为"中国温泉之乡",温泉资源相当丰富。最具特色的温泉是位于广元市工农镇女皇温泉,它是一个存于山水之间清新自然的温泉,拥有川北唯一地下2 921米的稀有氡温泉,水体无色、低硫、含氡含氟含硅等多种微量元素。女皇温泉融合了私家别墅汤苑及天然露天温泉的综合优势,共计80多个原山温泉池。

近年来,面对温泉养生旅游市场的日趋火爆,广元市利用自身丰富的温泉旅游资源,举办了温泉旅游节,并结合了当地优美的自然风光、悠久的文化历史及独特的川北民族风情,设计推出三条以"欢乐温泉之旅、养生女皇故里"为主题的精品旅游线路,其具体线路如下:

线路一:温泉度假观光游

◆ 第一天:凤凰楼—皇泽寺—女皇温泉

上午游览被誉为"川北第一楼"凤凰楼和女皇帝武则天的祀庙皇泽寺,下午前往汤山女皇温泉景区,享受一场健康养身温泉之旅。

◆ 第二天:天曌山—增加山

上午前往家级森林公园天曌山,天曌山以武则天独创字"曌"命名,这里重峦叠翠、风景如画,登高眺望,便有一览众山小之感。下午前往"石林洞乡"美称的曾家山,欣赏岩溶地貌景观,参观美人靠、吊脚楼典型的川北民居风格,感受"麻柳刺绣"、"李家狮舞"、"平溪傩戏"等极富地方特色的民俗文化。

线路二:特色风味美食游

◆ 第一天:皇泽寺—万源老街—川北民俗文化园—女皇温泉

上午游览女皇帝武则天的祀庙皇泽寺,前往万源老街品尝特色风味小吃,下午游览川北民俗文化园,游览结束后前往汤山女皇温泉景区,享受一场健康养身温泉之旅。

◆ 第二天:青溪古镇—阴平村—广元南河湿地公园

上午前往历史古镇青溪古镇和国家级自然保护区阴平村,参观川北民居风格,感受古道旅游风貌,体验"吃农家饭、住农家屋、干农家活、享农家乐"为主要特色的川北农家生活,下午前往四川省内唯一的国家级湿地公园广元南河湿地公园,参观生态湿地、水景风貌等迷人景观。

线路三:女皇传奇文化游

◆ 第一天:皇泽寺—天曌山—女皇温泉

上午游览女皇帝武则天的祀庙皇泽寺,前往国家级森林公园天曌山,游览结束后前往汤山女皇温泉景区,享受一场健康养身温泉之旅。

◆ 第二天:昭化古城—剑门蜀道风景名胜区—千佛崖

上午前往昭化古城,参观游览国家重点风景名胜区——剑门蜀道风景名胜区,下午前往四川境内规模最大的石窟群,被誉为"历代石刻艺术陈列馆"的千佛崖。

◆ 第三天:龙潭—明月峡风景区

上午参观游览仿佛一幅青山绿水画面的龙潭,下午前往明月峡风景区,饱览古栈道"飞梁架绝岭,栈道接危峦"风光,领略雪溪洞底下仙宫奇观。

2. 案例分析

首先,线路一温泉度假观光游将温泉与观光游乐组合设计,泡健康养身温泉,品尝美味农家小吃,体验趣味山地骑游。线路二特色风味美食游将温泉与饮食文化组合设计,是一条以广元风味美食为代表的温泉美食旅游线路,让游客泡温泉的同时也能品尝到广元酸菜米粉、女皇蒸凉面、老马家核桃饼、鸭脑壳、跑山土鸡、核桃花、烟熏老腊肉、青溪豆腐等当地特色美食。线路三女皇传奇文化游将温泉与人文旅游组合设计,是一条以皇泽寺、千佛崖、天曌山为代表的武则天女皇文化旅游线路,再现了武则天一生的智慧与传奇,成为人们缅怀、纪念武则天的一条精品旅游线路。

其次,以上三条以温泉为主题设计的旅游线路,均根据温泉旅游节活动召开的时间、方式、地点等相应的变化,以设计出最好的旅游线路,满足市场的需要,并且呼应节事活动的主题。在现有旅游资源整合的基础上,融合了温泉、名山、人文、娱乐、美食等多种旅游元素,基本涵盖了广元丰富多彩、各具特色的景点,将温泉旅游资源与不同元素进行组合,设计出各具特色的旅游线路,以满足不同游客的需求。

最后,温泉养生旅游线路是不断创新的、不断丰富的,在现有三条精品旅游线路逐步成熟的过程中,逐步将广元的"温泉度假观光之地"、"风味美食之地"和"养生女皇故里"的旅游目的地形象推介到海内外,以吸引更多游客来到广元,并在广元有新的发现、新的体验。

本章小结

> 通过本章的学习,系统了解和掌握旅游线路设计的流程,在探讨旅游线路设计、销售背景的基础上,结合案例分析,加深对旅游线路的认识和理解,提高旅游线路设计的实际操作能力。

思考与练习

1. 试述旅游线路设计的步骤。
2. 旅行社进行旅游线路设计的着眼点是什么?
3. 我国的旅行社产品开发与欧美旅行社的产品开发有什么不同?你认为欧美旅行社的产品开发设计案例对我国的旅游线路产品设计有何启发?
4. 搜集相关资料,按照旅游线路设计的步骤,设计一条"江南水乡游"旅游线路(假设从你的家乡出发)。
5. 以你所在省(区)为例,设计几条最能突出地区特色的旅游线路。

参考文献

[1] Britton, S. G., 1980, The spatial organization of tourism in a neo-colonial economy: A Fiji case study. Pacific Viewpoint, 21(2).

[2] Butler, R. W., 1980, The concept of a tourist area cycle of evolution: implications for management of resources, Canadian Geographer, 24.

[3] Gormsen, E., 1981, The spatio-temporal development of international tourism: attempt at a center-periphery model. In La Consommation D'espace Par le Tourism et sa Preservation, Chet, Aix-en-Provence.

[4] Hills, T. L. and Lundgren, J., 1977, The impacts of tourism in the Caribbean, A methodological study. Annals of Touism Research, 4(5).

[5] Leipir, N., 1990, Tourist attraction system. Annals of Tourism Research, 17(3).

[6] Lundgren, J. O. J., 1973, Tourist impact/island entrepreneurship in the Caribbean. Conference paper quoted in Mathieson, A., and Wall, G. 1982. Tourism: Economic, Physical, and Social Impacts. Logman.

[7] Miossec, J. M., 1976, Elements pour une Theorie de l'Escape Touristique, lesCahiers Du Tourisme, C-3, CHET, Aixen-Provence.

[8] Schirmbeck, E., 1983, Restaurants. New York: Architecturad Book.

[9] Stewart, S. I. and Vogt, C. A., 1997, Multi-destination trip patterns. Annals of Tourism Research, 24(2).

[10] 保继刚,楚义芳. 旅游地理学(修订版). 北京:高等教育出版社,1999.

[11] 保继刚,郑海燕,戴光全. 桂林国内客源市场的空间结构演变. 地理学报,2002,57(1).

[12] 蔡海燕. 浅谈旅游线路的设计. 克山师专学报,2004,(4).

[13] 陈传康. 区域旅游发展战略的理论和案例研究. 旅游学刊(旅游论坛),1986,(1).

[14] 陈俊鸿. 论风景名胜区的自助旅游开发. 旅游学刊,1995,(6).

[15] 陈亮. 中国4A级旅游景区(点)与旅游线路的对应关系分析——以华东地区为例. 桂林旅游高等专科学校学报,2003,14(6).

[16] 陈南江. 从"百艺盛会"、"欧洲之夜"谈旅游景区娱乐走向. 旅游学刊,1997,12(2).

[17] 陈启跃. 旅游者对旅游线路的选择. 镇江高专学报,2003,(2).

[18] 陈秋萍,郑向敏. 旅游购物的心理误区与调整对策. 北京第二外国语学院学报,2001,(5).

[19] 陈志学. 导游员业务知识与技能. 北京:中国旅游出版社,1994.

[20] 吃在香港名不虚传,汇集世界各地美食餐厅超9000家. 新民晚报,2005-01-26.

[21] 迟景才. 改革开放20年旅游经济探索. 广州:广东旅游出版社,1998.

[22] 崔卫华. 现代旅行社实务. 沈阳:辽宁科学技术出版社,2000.

[23] 楚义芳. 关于旅游线路设计的初步研究. 旅游学刊,1992,(2).

[24] 邓宗德. 世界旅游娱乐业现状与发展趋势. 中国旅游报,2004-03-11.

[25] 邓宗德. 中国何时踏准世界旅游娱乐业节拍. 中国旅游报,2004-03-24.

[26] 丁健,李林芳. 广州市居民的出境旅游行为. 地理研究,2004,23(5).

[27] 杜江. 旅行社经营与管理. 天津:南开大学出版社,2003.

[28] 杜江,戴斌. 旅行社管理比较研究. 北京:旅游教育出版社,2000.

[29] 段学红,张素娟. 关于河北旅游线路设计的构想. 石家庄职业技术学院学报,2004,(1).

[30] 冯国珍. 21世纪饭店经营与管理发展趋势. 江西社会科学,1999,(12).

[31] 冯若梅. 中国旅游线路组织因素与系统分析. 北京大学城市与环境学系硕士论文,1998.

[32] 丰之. 踏上一条不成熟的旅游线路——符拉迪沃斯托克(海参崴)纪行. 价格理论与实践,2003,(9).

[33] 甘朝有. 旅游心理学(修订版). 天津:南开大学出版社,2001.

[34] 苟自钧. 旅游市场需求与旅游产品的开发设计. 经济经纬,2001,(5).

[35] 苟自钧. 旅游景区(点)产品营销组合与经营方略. 经济经纬,2003,(5).

[36] 龚维嘉. 旅游线路开发与设计. 合肥:合肥工业大学出版社,2008.

[37] 庞规荃. 旅游开发与旅游地理. 北京:旅游教育出版社,1992.

[38] 管宁生. 关于游线设计若干问题的研究. 旅游学刊,1999,(3).

[39] 胡波. 中、低档旅游饭店的市场定位策略. 重庆商学院学报,2000,(2).

[40] 黄婧. 宁夏旅游区旅游线路设计. 宁夏大学学报(自然科学版),2000,21(4).

[41] 黄婧,何彤慧. 宁夏旅游线路开发中存在的问题及对策. 宁夏大学学报(自然科学版),2001,22(3).

[42] 建方. "锦江之星"全国连锁80家. 新闻晚报,2005-04-27.

[43] 蒋祖云. 试论"两江一湖"旅游交通和线路布局. 旅游学刊,1992,(6).

[44] 金华,王丽华. 旅游规划学. 大连:东北财经大学出版社,2002.

[45] 居怀祥. 开辟"拉萨—林芝—泽当"环形旅游线路的设想. 旅游调研,1992,(6).

[46] 粮艳玲. 文化人类学视野下的旅游线路设计. 桂林旅游高等专科学校学报,

2007,(2).

[47] 雷为可.西安旅游线路建设开发探讨.西安欧亚学院学报,2006,(1).

[48] 李炳武.发展旅游购物应注重营销创新.湖南商学院学报,2002,(4).

[49] 李国振.实用饭店营销学.上海:上海交通大学出版社,1998.

[50] 李建平.现代饭店餐饮管理.上海:上海人民出版社,1998.

[51] 李君轶.旅游地理学研究重点及发展趋势分析.陕西师范大学继续教育学报（西安）,2001,18(4).

[52] 李山,王慧,王铮.中国国内观光旅游线路设计中的游时研究.人文地理,2005,20(2).

[53] 李旭,马耀峰.海外旅游者对旅游目的地和旅游线路的选择研究.陕西师范大学学报,2003,31(2).

[54] 李永文.旅游地理学.北京:科学出版社,2004.

[55] 李宇宏.景观生态旅游规划.北京:中国林业出版社,2003.

[56] 林璧属.试析旅游规划中的客源市场分析.旅游学刊,2001,16(6).

[57] 林淼.中国旅游价格.北京:中国物价出版社,2002.

[58] 林南枝,陶汉军.旅游经济学(修订版).天津:南开大学出版社,2000.

[59] 林南枝.旅游市场学.天津:南开大学出版社,2002.

[60] 刘旺.论旅游线路产权的界定和保护.四川师范大学学报（社会科学版）,2003,30(6).

[61] 刘振礼,王兵.中国旅游地理.天津:南开大学出版社,1997.

[62] 卢小丽,武春友,于海峰.基于可持续发展的生态旅游餐饮产品的设计.中国人口、资源与环境,2004,(1).

[63] 罗明义.旅游经济学.北京:高等教育出版社,1998.

[64] 马丽明.中国旅游地理.北京:机械工业出版社,2004.

[65] 马耀峰,等.中国入境旅游研究.北京:科学出版社,1999.

[66] 马勇,舒伯阳.区域旅游规划——理论·方法·案例.天津:南开大学出版社,1999.

[67] 马勇,周霄.旅游学概论.北京:旅游教育出版社,2004.

[68] 苗学玲.旅游购物系统研究——以西安为例.中国学位论文全文数据库,2002.

[69] 木子风华.追求另类,享受刺激,世界奇异旅馆一瞥.新闻晚报,2005-06-08.

[70] 潘永涛.我国旅行社旅游线路专营浅析.河南商业高等专科学校学报,2004,17(1).

[71] 欧阳斌.中国旅游策划导论.北京:中国旅游出版社,2005.

[72] (英)佩吉,等.现代旅游管理导论.刘劼莉,等,译.北京:电子工业出版社,2004.

[73] 若泽·塞伊杜.旅游接待的今天和明天.北京:旅游教育出版社,1990.

[74] 石美玉. 关于旅游购物研究的理论思考. 旅游学刊, 2004, (1).
[75] 舒佩玲. "锦江之星"落户北京, 经济型宾馆已成为投资热点. 文汇报, 2004-01-30.
[76] 孙建超, 谭白英. 旅游线路专营的经济学分析. 旅游学刊, 2002, 17(6).
[77] 孙文昌. 现代旅游开发学. 青岛: 青岛出版社, 2001.
[78] 谭彩荷. 旅游线路设计的问题及实证研究. 重庆工学院学报, 2004, (4).
[79] 唐德鹏, 张文娟, 黄宇海. 现代饭店经营管理. 上海: 复旦大学出版社, 2000.
[80] 唐建宁. 我国旅游商品发展现状与开发研究. 财贸研究, 2002, (4).
[81] 田贵君. 论张家界名牌游览线的开发. 旅游学刊, 1997, (3).
[82] 田孝蓉, 李峰. 旅游经济学. 郑州: 郑州大学出版社, 2002.
[83] 万碧汝. 经济型连锁旅店走俏大中城市. 文汇报, 2004-08-21.
[84] 王春利, 窦群. 旅游规划与开发. 北京: 首都经贸大学出版社, 2008.
[85] 王德刚. 现代旅游区开发与经营管理. 青岛: 青岛出版社, 2001.
[86] 王槐基. 浅议风景区管理体制及景区游路规划与设计. 载宋林华, 丁怀元. 喀斯特景观与洞穴旅游. 中国环境科学出版社, 1993.
[87] 王家骏. 旅游决策行为研究: 旅游者对旅游目的地的选择. 无锡教育学院学报, 1994, (3).
[88] 王进. 玉溪红塔大酒店选址评价. 玉溪师专学报(社会科学版), 1997, (3).
[89] 王昕. 关于旅游线路设计的思考. 重庆师范学院学报(自然科学版), 2000, 17(增刊).
[90] 王兴斌. 旅游产业规划指南. 北京: 中国旅游出版社, 2000.
[91] 王衍用. "三孔"游览路线的设计和环境氛围的营造. 旅游学刊, 1995, (2).
[92] 汪克会. 浅析旅游娱乐中突出文化因素的重要性及途径. 辽宁经济职业技术学院学报, 2004, (2).
[93] 文军, 唐代剑, 李星群. 旅游者对景区负面影响的管理技术研究. 商业经济与管理, 2004, (4).
[94] 吴必虎, 唐俊雅, 黄安民, 等. 中国城市居民旅游目的地选择行为研究. 地理学报, 1997, 52(2).
[95] 吴必虎, 徐斌, 邱扶东, 等. 中国国内旅游客源市场系统研究. 上海: 华东师范大学出版社, 1999.
[96] 吴必虎. 地方旅游开发与管理. 北京: 科学出版社, 2000.
[97] 吴必虎. 区域旅游规划原理. 北京: 中国旅游出版社, 2001.
[98] 吴刚, 陈兰芳, 许岩石. 旅游交通发展的目标研究. 综合运输, 2003, (4).
[99] 吴广孝. 旅游商品开发实务. 上海: 复旦大学出版社, 2000.
[100] 吴凯. 旅游线路设计与优化中的运筹学问题. 旅游科学, 2004, (1).

[101] 吴为廉.景园建筑工程规划与设计.上海:同济大学出版社,1996.

[102] 吴旭云.饭店职业经理人执业资格培训课程.沈阳:辽宁科学技术出版社,2003.

[103] 吴艳文,王越子.滇黔桂联合开发国际旅游线路问题探讨.热带地理,2004,24(1).

[104] 吴艳文,黎鹏.滇黔桂联合开发国际旅游线路问题研究.学术探索,2003,(10).

[105] 吴颖,邓祝仁.论深度旅游产品及其开发.社会科学家,2006,(7).

[106] 肖玲.购物旅游——广东省旅游购物发展的新亮点.华南师范大学学报(自然科学版),2002,(8).

[107] 谢彦君.永续旅游:新观念、新课题、新挑战.旅游学刊,1994,9(1).

[108] 谢彦君.基础旅游学.北京:中国旅游出版社,2001.

[109] 谢奕青.冰雪,不单是视觉游戏.新民晚报,2005-02-22.

[110] 许兴臣,冯玉清.旅游行程的设计与推广.旅游学刊,1992,(2).

[111] 许春晓.湖南旅游业空间结构优化原则.湖南经济,2001,(2).

[112] 许春晓.湖南旅游业空间结构研究.长沙:湖南地图出版社,2001.

[113] 徐明,谢彦君.旅游学概论.北京:北京国际文化出版公司,1995.

[114] 阎友兵.旅游线路设计学.长沙:湖南地图出版社,1997.

[115] 阳宁东,周幼平.关于旅游线路专营的思考.旅游学刊,2003,18(5).

[116] 杨丽.试析饮食文化旅游资源的开发.学术探索,2001,(6).

[117] 杨丽华.出游时机挑挑挑.解放日报,2004-09-10.

[118] 杨瑞霞.交通与旅游发展的关系分析.商业经济,2004,(5).

[119] 杨新军,马晓龙.大西安旅游圈:国内旅游客源空间分析与构建.地理研究,2004,23(5).

[120] 叶晔,程道品.花坪自然保护区生态旅游开发分析及思考.资源·产业,2005,(8).

[121] 于桂林.试论旅游线路设计的原则.中国水运,2007,(11).

[122] 余兴发,陈扬丽.试论买卖型商业向游览型商业的演变.财经研究,2000,(2).

[123] 袁国宏.谈旅行社与旅游商店之间的协作关系.旅游科学,1999,(3).

[124] 袁国宏.我国购物旅游发展探讨.北京第二外国语学院学报,2004,(1).

[125] 翟辅东.西藏区域旅游线路组织优化研究.旅游学刊,2008,(1).

[126] 甄翌.旅游商品市场存在的问题及发展对策.商业研究,2003,(24).

[127] 张安,万绪才.南京国内旅游客流人口学特征及旅游决策行为探析.东南大学学报(哲学社会科学版),2004,6(1).

[128] 张春兵.欧洲游,怎么游.上海金融报,2004-09-07.
[129] 张文建,王晖.旅游服务管理.广州:广东旅游出版社,2001.
[130] 郑向敏,郑达.娱乐经济分析.桂林旅游高等专科学校学报,2003,(5).
[131] 周进步,庞规荃,秦关民.现代中国旅游地理.青岛:青岛出版社,2002.
[132] 周尚意,李淑方,张江雪.行为地理与城市旅游线路设计——以苏州一日游线路设计为例.旅游学刊,2002,17(5).
[133] 周思立.新加坡,三日"血拼"还不够.新闻晨报,2005-07-04.
[134] 周世强.生态旅游与自然保护、社区发展相协调的旅游行为途径.旅游学刊,1998,(4).
[135] 朱国兴.区域旅游线路开发设计——以皖南旅游区为例.皖西学院学报,2001,17(4).
[136] 朱了.山西制面赛杂技.文汇报,2004-10-24.
[137] 朱正谊.姜国的旅游门票.文汇报,2004-11-06.
[138] 李玲.《舌尖上的中国》带旺美食旅游,中国旅游报,2012-06-06.
[139] 潘金玉,吴涛.旅游线路产品开发创新的路径研究:以"船进神农架"为例.旅游论坛,2014,(3).
[140] 丝绸之路旅游专列"长安号"首发仪式在西安火车站隆重举行.现代企业,2014,(6).
[141] [作者不祥]畅游丝绸之路.旅游时代,2014,(10).
[142] 王玲伟,张鹏杨,邹慈婷.近15年国内养生旅游综述.市场论坛,2013,(9).
[143] 《北纬30°·中国行》神秘的北纬30度一路秀美,一路诡秘.华西都市报,2012-05-06.
[144] 蔡华锋,邝欣頔.爸爸去哪儿——亲子体验旅游线路推荐.南方日报,2013-11-13.
[145] 张红.有关亲子游产品及其开发的几点思考.旅游开发,2010,12(4).
[146] 丁宁.微游上海,细品都市韵味.中国旅游报,2014-10-10.
[147] 张红梅.2014森林公园十件大事.中国林业网,2015-01-23.

责任编辑:张　萍

图书在版编目(CIP)数据

旅游线路设计／吴国清主编．--北京：旅游教育出版社，2005.10（2021.1）

（全国旅游专业规划教材）

ISBN 978-7-5637-1316-5

Ⅰ．旅… Ⅱ．吴… Ⅲ．旅游指南—专业学校—教材 Ⅳ．F590.3

中国版本图书馆 CIP 数据核字（2015）第 115230 号

全国旅游专业规划教材

旅游线路设计

（第3版）

吴国清　主编

出版单位	旅游教育出版社
地　　址	北京市朝阳区定福庄南里1号
邮　　编	100024
发行电话	(010)65778403 65728372 65767462(传真)
本社网址	www.tepcb.com
E - mail	tepfx@163.com
排版单位	北京旅教文化传播有限公司
印刷单位	河北省三河市灵山芝兰印刷有限公司
经销单位	新华书店
开　　本	720 毫米×960 毫米　1/16
印　　张	11.5
字　　数	182 千字
版　　次	2015 年 3 月第 3 版
印　　次	2021 年 1 月第 7 次印刷
定　　价	22.00 元

（图书如有装订差错请与发行部联系）